NF文庫
ノンフィクション

新説・太平洋戦争
引き分け論

こうすればアメリカに敗れはしなかった

野尻忠邑

潮書房光人新社

序文

昭和十六年八月一日、米国は対日石油全面禁輸を発動し、日米関係は決定的な段階を迎えた。本著「新説・太平洋戦争引き分け論」はこの時点からスタートする。そしてこの時期は山本五十六海軍大将が、連合艦隊司令長官に就任した昭和十四年九月から二年を経過していた。

日米戦争は海軍主体の戦争である。しかし山本大将は軍政畑の出身で作戦、特に戦略は弱いとの海軍部内の評価であった。

日露戦争の避け難くなった明治三十六年十月、海軍大臣山本権兵衛は常備艦隊の司令長官を更迭し、東郷平八郎中将を任命した。

日米海戦を目前にしたこの時、山本大将の固執するハワイ奇襲作戦を危惧する声が海軍軍令部内に高まり、遂に連合艦隊の戦略と人事を一新することとなった。

そして大陸では、支那からの全面撤兵による蔣介石政権との和睦を、太平洋においては、伝統的迎撃戦略の再構築を目的とした連合艦隊の再編成へと、政戦略の大転換が行われた。

これには昭和天皇の大御心を受けた秩父宮と高松宮のご活躍が大きな影響を与えたといわれている。

国策の全面的な転換の要旨は次の通りである。

① 全支那からの撤兵。但し内蒙古、海南島を除く。
② 台湾、海南島、仏印を拠点としての、蘭印資源地帯攻略の準備。
③ 支那派遣軍の満州への転用、対ソ連軍への示威。
④ 南洋諸島への陸軍の派遣と要塞化、海軍基地航空部隊の展開。
⑤ 米との外交交渉による対日禁油の解除要求。

もう少し具体的に解説すると、対米戦略の基本としては、支那からの全面撤退により米国からの石油初め戦略物資の輸入を可能にすること。日本から提示する条件としては、日独伊三国同盟と日ソ中立条約の解消を含め、米英蘭など西欧諸国との友好協定の締結。

但し満州国については、東アジアでの共産主義に対する防波堤として日本の統治権を主張し、海南島と仏印はシーレーン防衛の暫定駐留。

以上の日米外交交渉が成立すれば歴史は大きく変わり、第二次世界大戦は第二次欧州大戦に止まったであろう。しかしそれでは本著を書き進める必要は無くなってしまう。

実際に大東亜戦争を南方で戦った著者として、総数二一二万一千名の戦没者を出した陸海軍指導部に対する見方は極めて厳しいものがある。

本著「新説・太平洋戦争引き分け論」は、前述のごとく昭和十六年八月一日までの歴史事実を前提として、日本帝国、特に日本海軍は如何なる対応をとるべきであったか、単なる「イフ」ではなく当時の国力と戦力を基礎とした実行可能な範囲で、採用すべき戦略を仮説として展開してみることによって本当の意味での反省が生まれるのではなかろうか。

新説・太平洋戦争引き分け論――目次

第二章　新連合艦隊の編成

第三章　大戦突入に至る外交交渉と開戦準備

第七章　統帥組織の改革と索敵出撃の発動

第十章 マーシャル決戦

中支バイアス湾で揚陸作業中の神州丸

陸軍機動艇・SS 艇

陸軍1式砲戦車・自走砲

制式航空母艦翔鶴

防空駆逐艦秋月

英艦隊攻撃に向かう96式陸上攻撃機

カムラン湾に停泊中の重巡最上

空母から発艦する天山艦攻

伊19潜の雷撃で炎上する米空母ワスプ

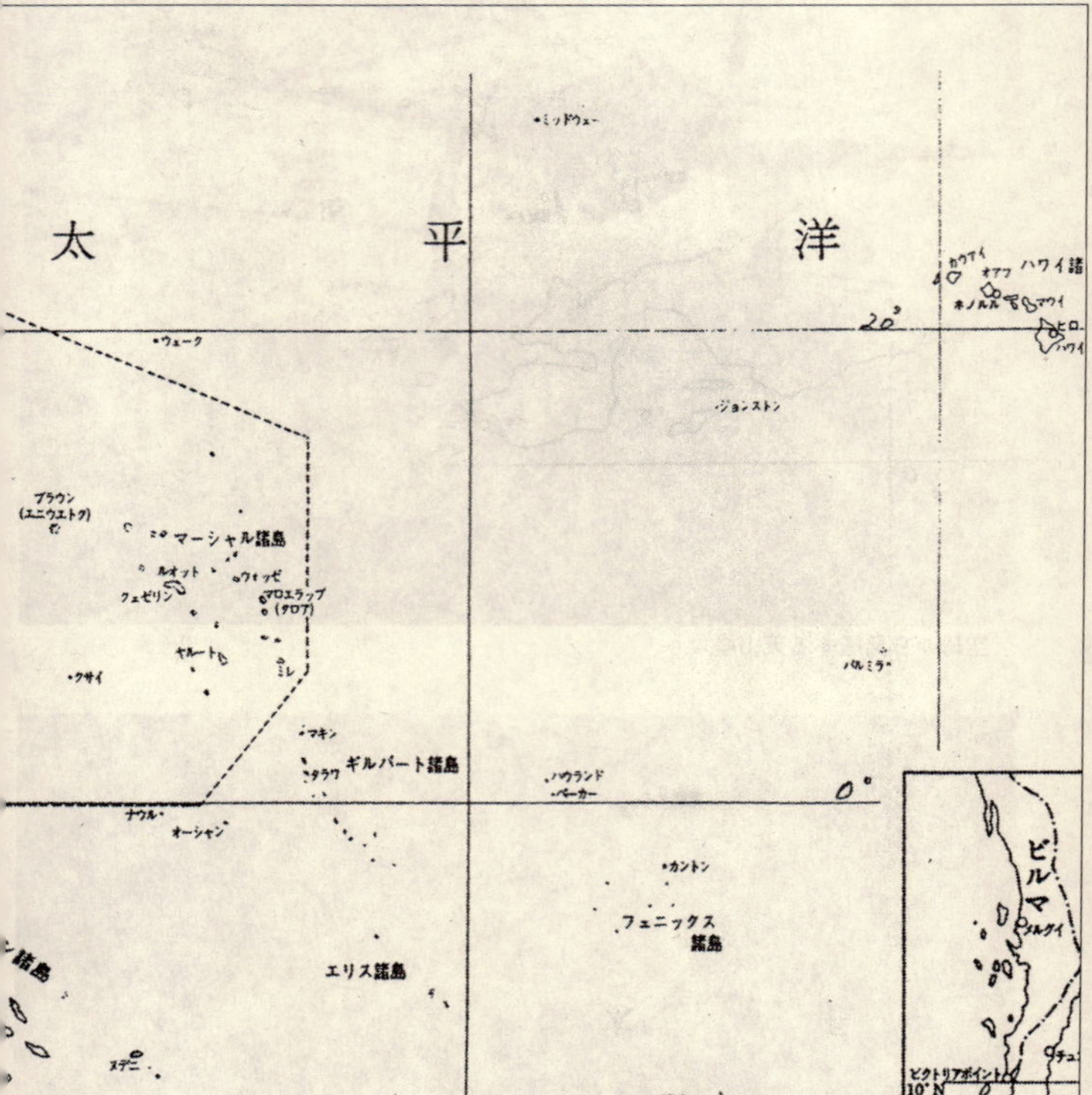

太
平
洋
ミッドウェー
カウアイ
オアフ
ハワイ諸
ホノルル
マウイ
ヒロ
ハワイ
20°
ウェーク
ジョンストン
ブラウン
(エニウエトク)
マーシャル諸島
ルオット
ウォッゼ
クェゼリン
マロエラップ
(タロア)
ヤルート
ミレ
クサイ
パルミラ
マキン
ギルバート諸島
タラワ
ハウランド
ベーカー
0°
ナウル
オーシャン
ビルマ
メルグイ
カントン
フェニックス
諸島
エリス諸島
ン諸島
チュ
ビクトリアポイント
10°N
ヌデニ
サモア諸島
サモア
パゴパゴ
ツツイラ
パンドン
エスピリツサント
ニューヘブリジーズ諸島
(ニューヘブライズ)
フィジー諸島
エファテ
ビチレブ
スバ
20°
ーカレドニア
ヌーメア
トンガタブ
180°

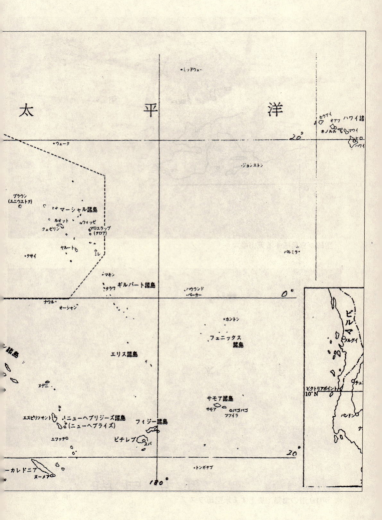

付図1

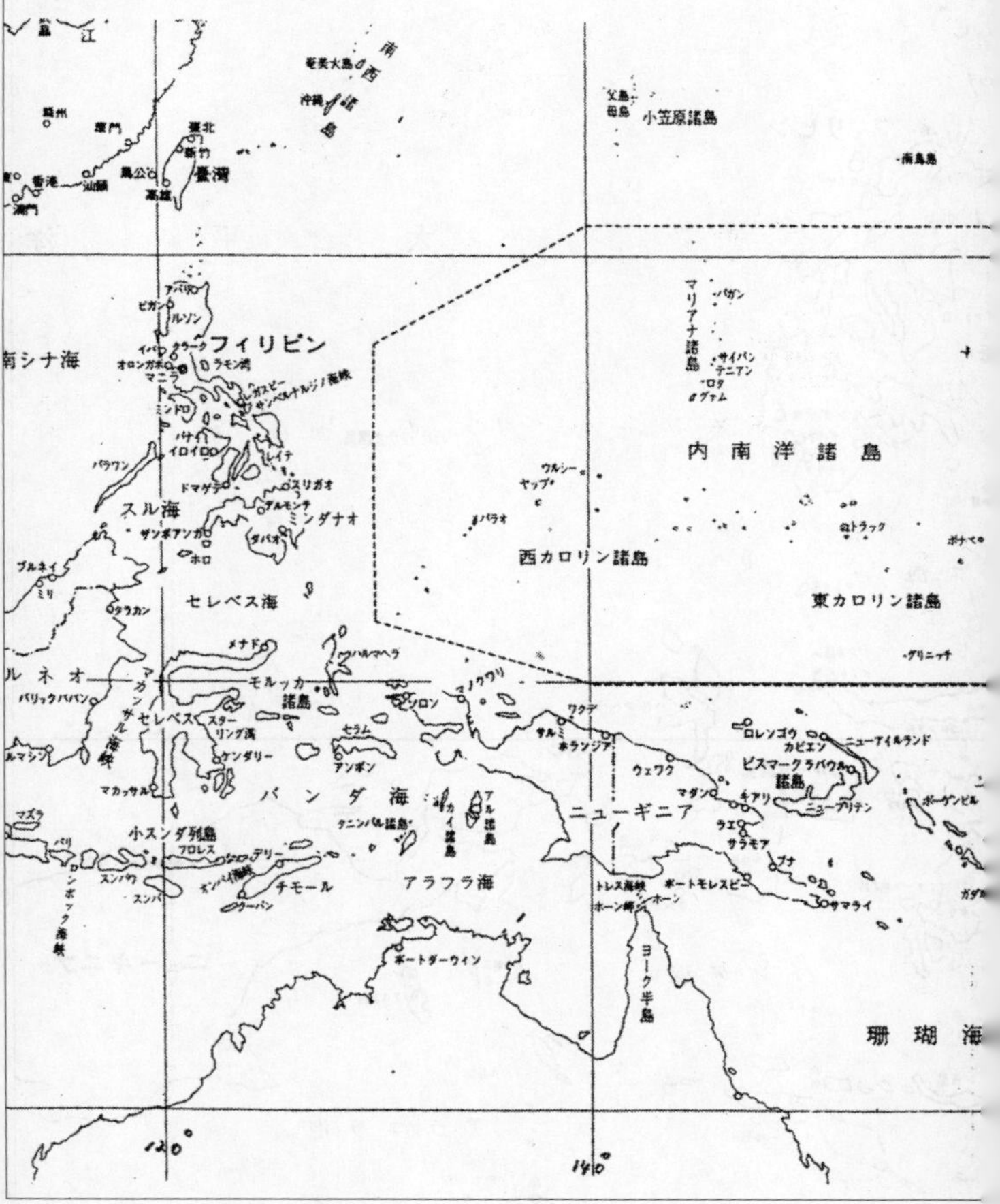

江
福州
厦門
香港
汕頭
澳門
馬公
高雄
臺北
新竹
臺灣
奄美大島
沖縄
南西諸島
父島
母島
小笠原諸島
南鳥島
南シナ海
アパリ
ビガン
ルソン
フィリピン
クラーク
ラモン湾
オロンガポ
マニラ
レガスピー
サンベルナルジノ海峡
ミンドロ
パナイ
イロイロ
レイテ
パラワン
ドマゲテ
スリガオ
スル海
ミンダナオ
ザンボアンガ
ダバオ
ホロ
ブルネイ
ミリ
タラカン
セレベス海
メナド
ハルマヘラ
ルネオ
マカッサル海峡
モルッカ諸島
マノクワリ
ソロン
バリックパパン
セレベス
スターリング湾
ケンダリー
セラム
アンボン
マカッサル
バンダ海
タニンバル諸島
カイ諸島
アル諸島
小スンダ列島
バリ
フロレス
デリー
スンバワ
スンバ
オンバイ海峡
チモール
クーパン
ロンボック海峡
アラフラ海
ポートダーウィン
マリアナ諸島
パガン
サイパン
テニアン
ロタ
グァム
内南洋諸島
ウルシー
ヤップ
パラオ
西カロリン諸島
トラック
ポナペ
東カロリン諸島
グリニッチ
ワクデ
サルミ
ホランジア
ウェワク
ニューギニア
ロレンゴウ
カビエン
ニューアイルランド
ビスマーク諸島
ラバウル
ニューブリテン
ブーゲンビル
マダン
キアリ
ラエ
サラモア
ブナ
ポートモレスビー
サマライ
トレス海峡
ホーン
ホーン岬
ヨーク半島
珊瑚海
120°
140°

南西方面
140°
アパリ
フィリピン
レガスピー
ミンダナオ島
ダバオ
コタバト
マララグ
太　平　洋
パラオ諸島
サンギ島
バンカ島
メナド
ケマ
ゴロンタロ
ハルマヘラ島
モルッカ諸島
スラ諸島
ソロン
セラム島
ブラ
ブルウ島
アンボン
スターリング湾
ホランジア
ニューギニア
バンダ海
カイ諸島
アル諸島
オンバイ海峡
タニンバル諸島
ダンダス海峡
アラフラ海
デリー
チモール島
クーパン
チモール海

付図２

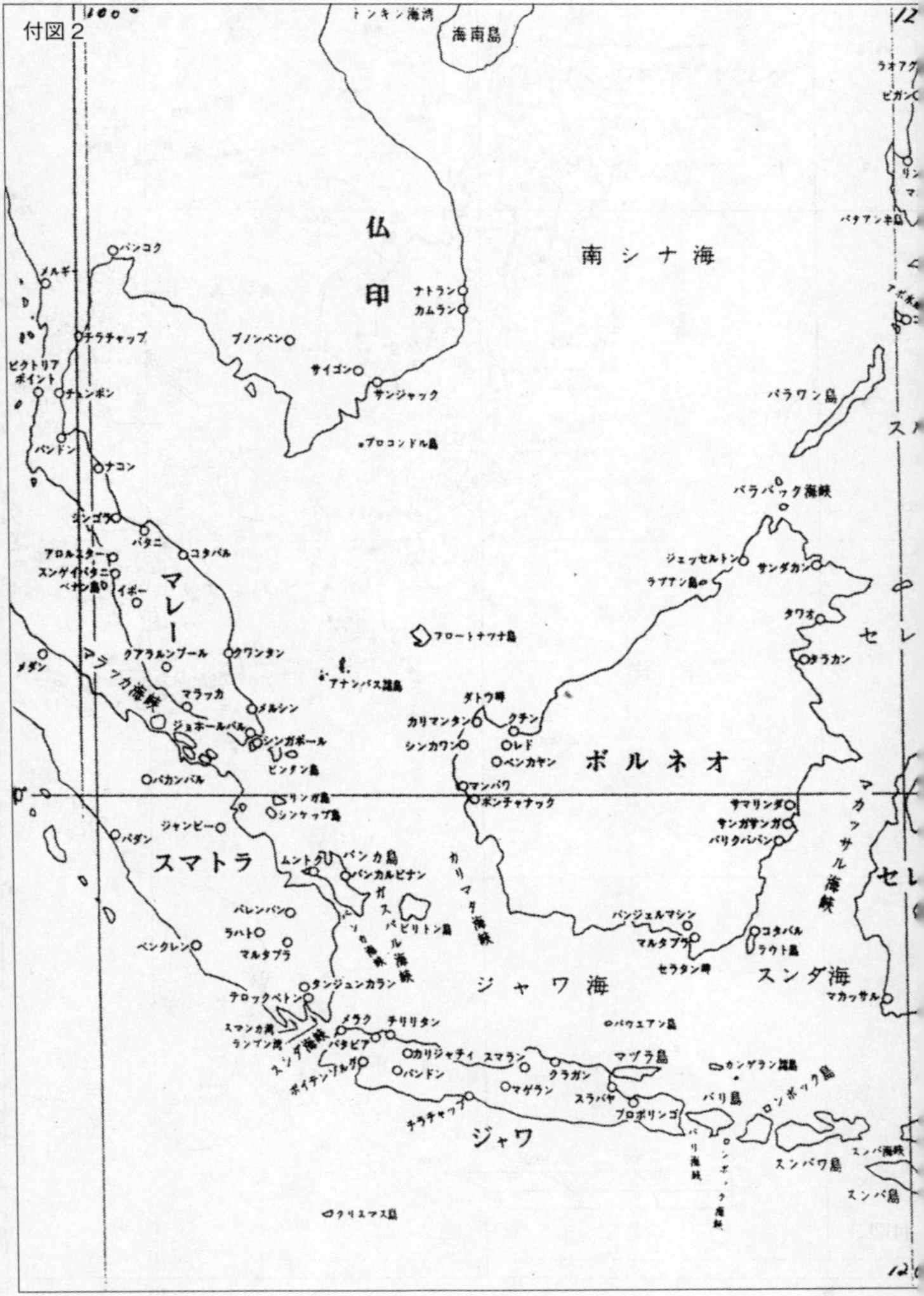

トンキン海湾
海南島
仏
印
南シナ海
バンコク
メルギー
チュンポン
ビクトリアポイント
プノンペン
ナトラン
カムラン
サイゴン
サンジャック
プロコンドル島
パラワン島
バンドン
ナコン
シンゴラ
パタニ
コタバル
アロルスター
スンゲイパタニ
ペナン島
イポー
マレー
バラバック海峡
ジェッセルトン
サンダカン
ラブアン島
タワオ
タラカン
フロートナツナ島
アナンバス諸島
メダン
クアラルンプール
クワンタン
マラッカ海峡
マラッカ
メルシン
ジョホールバル
シンガポール
ビンタン島
ダトウ岬
カリマンタン
クチン
シンカワン
レド
ベンカヤン
ボルネオ
パカンバル
マンパワ
ポンチャナック
リンガ島
シンケップ島
サマリンダ
サンガサンガ
バリクパパン
マカッサル海峡
ジャンビー
パダン
スマトラ
ムントク
バンカ島
バンカルピナン
カリマタ海峡
ガスパル海峡
パレンバン
ビリトン島
ラハト
マルタプラ
ベンクレン
バンジェルマシン
マルタプラ
コタバル
ラウト島
セラタン岬
ジャワ海
スンダ海
タンジュンカラン
テロックベトン
マカッサル
スマンカ湾
ランプン湾
スンダ海峡
メラク
チリリタン
バタビア
バウエアン島
カリジャチ
スマラン
マヅラ島
カンゲラン諸島
ボイテンゾルグ
バンドン
クラガン
マゲラン
スラバヤ
バリ島
ロンボック島
チラチャップ
プロボリンゴ
ジャワ
バリ海峡
ロンボック海峡
スンバワ島
スンバ海峡
スンバ島
クリスマス島
100°

中華民國
東シナ海
南京
漢口
上海
武昌
揚子江
成都
重慶
貴陽
昆明
廈門
臺北
新竹
臺灣
馬公
高雄
廣東
香港
汕頭
澳門
沖縄
デリー
ネパール
ブータン
チンスキア
ミイトキーナ
インパール
フェンニー
インド
ビルマ
カルカッタ
チッタゴン
ラシオ
マンダレー
アキャブ
ハノイ
ハイフォン
海南島
三亞
プローム
チェンマイ
ラングーン
モールメン
タイ
佛領インドシナ
ユエ
ツーラン
南シナ海
ベンガル湾
バンコク
アンダマン諸島
ポートブレア
メルギー
プノンペン
サイゴン
カムラン湾
サンジャック
マドラス
ビクトリアポイント
シャム湾
クラ地峡
カーニコバル
ニコバル諸島
トリンコマリー
セイロン
コロンボ
シンゴラ
コタバル
ペナン
タイピン
マレー
クアラルンプール
マラッカ
シンガポール
サバン
コタラジャ
メダン
マラッカ海峡
スマトラ
リンガ泊地
バンカ
パレンバン
ジャカルタ
(バタビア)
バンドン
スラバヤ
マズラ
ジャワ
バリ
ロンボック海峡
スンバワ
スンバ
フロレス
デリー
チモール
クーパン
小スンダ列島
ボルネオ
ブルネイ
ミリ
クチン
タラカン
バリックパパン
バンジェルマシン
カリマタ海峡
マカッサル海峡
マカッサル
セレベス
セレベス海
メナド
モルッカ諸島
ケンダリー
スターリング湾
フィリピン
ルソン
アパリ
ビガン
クラーク
マニラ
オロンガポ
ラモン湾
レガスピー
ミンドロ
イロイロ
レイテ
パラワン
スル海
サンボアンガ
ホロ
ミンダナオ
ダバオ
スリガオ
インド洋
ココス諸島
パース
フリマントル
80°
100°
120°
20°
0
500
1000
1500km
40°
20°
0°

付図３

新説・太平洋戦争引き分け論

第一章　資源危機と日本の国策転換

I　支那事変の現状

昭和十二年七月七日、盧溝橋事件を発端とした支那事変は拡大の一途を辿り、同年八月北京入城、十一月上海、十二月南京と中北支の主要都市を占領し、さらに昭和十三年五月に徐州を、十月には武漢三鎮の占領に至った。

昭和十三年四月現在の北支方面軍（寺内寿一大将）の兵力。第一軍（香月清司中将）四個師団、第二軍（西尾寿造中将）二個師団、方面軍直轄二個師団　独立混成旅団三個　支那駐屯混成旅団一個、計八個師団　独立混成旅団四個

昭和十三年七月現在の中支那派遣軍（畑俊六大将）の兵力。第二軍（東久爾宮稔彦中将）三個師団、第一一軍（岡村寧次中将）三個師団、派遣軍直轄　四個師団、計一〇個師団

さらに十三年十月、南支の広東攻略のため第二一軍を編成。第二一軍（古荘幹郎中将）

三個師団

かくして昭和十三年末の在支那師団数は一七個師団と四個混成旅団の大兵力となった。他に航空部隊として第三、第四飛行団がある。

昭和十四年九月、支那派遣軍総司令部が設置され、初代総司令官に西尾寿造大将が任命された。

そして十四年末から支那派遣軍は治安の回復を第一義とし、武漢中心の作戦地域では中国軍の反攻撃砕に主眼をおき、戦域の拡大と消耗を避け、航空作戦と封鎖作戦によって重慶政府の戦力の減殺を図る方針を採った。

なお、昭和十六年末の支那派遣軍の総兵力は二一個師団その他となっている。

Ⅱ　日本の石油問題と船舶問題

当時の日本は年間約四〇〇万klの石油を消費していた。そしてその九〇%を輸入に頼り、内七〇~七五%をアメリカから輸入していた。

当時、アメリカの石油生産量は世界の六三・五%を占め、アメリカを含む連合国の生産量は八六%を占めていた。

そのアメリカが昭和十六年八月一日、日本の南部仏印進駐により日本への石油輸出を全面的に禁止した。

1　日本の石油需給問題の検討

昭和十六年六月五日、海軍省の国防政策第一委員会は、①十六年九月以降ソ連以外からの外国買油は全部停止し、②蘭印は開戦後実力下に収めることを条件に戦争三年間の石油需給を検討した。検討結果の要点は以下のとおり。

①需要予想量＝第一年　六〇〇（陸軍六〇、海軍三〇〇、民需二四〇）、第二年　五五〇（陸軍六〇、海軍二五〇、民需二四〇）、第三年　五五〇（陸軍六〇、海軍二五〇、民需二四〇）、計一七〇〇（他に主力決戦がある場合は一回に五〇万kl）

②供給予想量＝貯油　九七〇、第一年　八〇（蘭印〇、国産四五、人石三〇、ソ連五）、第二年　二〇五（蘭印一〇〇、国産四五、人石五〇、ソ連一〇）、第三年　三七五（蘭印二五〇、国産四五、人石七〇、ソ連一〇）計一六三〇

③各年度末在庫（カッコ内は主要決戦用五〇を控除した場合）＝第一年　四五〇（四〇〇）、第二年　一〇五（五五）、第三年　四八五（三三五）

以上の資料から主力決戦がない場合は七〇万klの石油が不足し、主力決戦がある場合は一二〇万klの石油が不足する。戦争は二年間はやれるが第三年は危ないという結論である。

参考までに現実の決戦における石油消費量を示すと、ミッドウェー海戦六〇万kl、マリア

国　名	生産高	構成比
アメリカ	19500 万 kl	65.2%
中南米	4200	14.1
ソ　連	3200	10.7
中近東	1300	4.3
蘭　印	800	2.7
ドイツ	740	2.5
カナダ	120	0.4
日　本	30	0.1
世界合計	29890 万 kl	100.0%

ナ沖海戦三五万kl、比島沖海戦二〇万klであった。

なお、昭和十五年における主力国別原油生産高は上表のとおり。

2　日本の船舶問題

石油同様、船舶について海軍省の国防政策第一委員会が、昭和十六年六月に発表した船舶問題の需給予想は次のとおりであった。

①　徴傭計画＝総船舶　六一〇万トン、陸軍徴傭　一〇〇トン、海軍徴傭　一七〇トン、民需用　三五〇トン、合計六二〇万トン（▲一〇）

②　損耗予想量（過去の戦例から戦時損耗は約一〇％であり、総船舶六〇〇万トンから算出される）＝第一年　六〇万トン、第二年　六〇万トン、第三年　六〇万トン　計一八〇万トン

③　造船予想量（委員会は日本の造船能力から、戦時損耗の補充は可能とした）＝第一年　五〇〜七〇万トン、第二年　五〇〜七〇万トン、第三年　五〇〜七〇万トン、計一五〇〜二一〇万トン

④　実際の損耗数（五〇〇トン以上の年度別喪失数）＝十六年　一二隻、十七年　二〇三隻、十八年　四三七隻、十九年　九六九隻、二十年　六三九隻、合計二三六〇隻

⑤　喪失原因別＝潜水艦　五〇％、機雷　九％、海難　五％、艦砲　一％、母艦機　一六

%、基地海軍機　六%、陸軍機　一三%、不明　一%、計一〇〇%

Ⅲ　石油禁輸に至る国際情勢の推移と開戦時の陸海軍兵力

昭和十四年＝二月十日　日本軍が海南島を占領、五月十三日　ノモンハン事件発生、七月二十六日　米国が日米通商条約の廃棄を通告、八月二十三日　独ソ不可侵条約締結。九月十五日　ノモンハン事件の日ソ停戦決定

昭和十五年＝五月十日　独軍、オランダ・ベルギー・ルクセンブルグ国境を突破し西方攻勢を開始、六月十四日　パリ陥落、ペタン内閣、ドイツと休戦協定調印、八月三十日　北部仏印進駐に関する協定成立、九月二十六日　陸軍の印度支那派遣軍が北部仏印に上陸、九月二十七日　日独伊三国同盟成立

昭和十六年＝四月十二日　日ソ中立条約締結、六月二十二日　独ソ開戦、六月二十五日　南部仏印進駐の決定、七月二十八日～三十一日　陸海軍部隊が南部仏印に進駐、八月一日　米国は対日石油全面禁輸を発動

ここに至って一気に開戦気運が高まったが、その時期の陸海軍の兵力はおよそ次のとおりであった。

陸軍＝五〇個師団、二一独立混成旅団、約一五〇飛行中隊

海軍＝戦艦一一隻（大和を含む）、航空母艦九隻（練習空母・鳳翔を除き改装空母を含む）、重巡一八隻、軽巡一七隻、駆逐艦一一二隻、水雷艇一二隻、敷設艦一〇隻、潜水母艦六隻、潜水艦六五隻、水上機母艦五隻、掃海艇一八隻、駆潜艇一五隻、海防艦四隻、基地航空兵力五三隊

Ⅳ　対米英作戦計画の概要

防衛庁防衛研修所戦史室編纂の「大本営海軍部・連合艦隊①」の内容から、主として対米英作戦の基本計画についてその概要に触れてみる。

1　昭和初期―対米作戦計画の概要

大正十二年策定せられたる帝国国防方針並びに用兵綱領は、我が国防の安固を期するため必須の方策にして、現在においても猶之が改定の必要を認めず――と述べている。

◆第一段作戦

＊比島方面配備　兵力区分　第三艦隊（陸軍護衛部隊、掃討部隊）。作戦要領　①敵アジア艦隊の撃滅、②比島攻略、③比島近海の管制

＊太平洋方面配備　兵力区分　第四艦隊（グアム攻略部隊主力、南洋群島東部部隊、マリ

アナ群島方面部隊)、連合艦隊の一部潜水部隊(米国西岸部隊、ハワイ方面部隊、ウェーク島北方海面部隊)。作戦要領 ①敵主力艦隊監視、接触、減殺、②グアム攻略、③南洋群島防備、④米国西岸通商破壊

＊本邦近海配備　兵力区分　第二艦隊(援護部隊)、第一艦隊(主力部隊)。作戦要領　第二艦隊　①比島及びグアム作戦援護、②東京湾南東海面警戒。第一艦隊　①全作戦支援、②東シナ海方面警戒。

◆第二段作戦　敵艦隊の邀撃決戦

作戦要領　第一艦隊　①東シナ海方面警戒、②決戦。第二艦隊　①敵艦　隊捕捉減殺、②東京湾南東海面警戒、③決戦。第四艦隊、連合艦隊の一部潜水部隊(ハワイ・米国沿岸)①敵艦隊監視、接触、減殺、②南洋諸島防備、③決戦。第三艦隊　①比島各地の要扼、②状況により主力の決戦参加

☆基地航空部隊(当時は「沿岸航空部隊」と呼ばれていた)

艦隊戦闘力の欠陥を補足し、かつ我が戦略的地勢の利用により、予想戦場に適時集中して洋上作戦に協力するは、一に沿岸航空隊の与力にまたねばならない。

当時、決戦、防備、哨戒、通商保護などのために計画されていた主要航空基地は、大湊、横須賀、館山、霞ヶ浦、父島、サイパン、パラオ、ポナペ、トラック、呉、佐伯、佐世保、大村、舞鶴、奄美大島、馬公、高雄。

2　昭和十二年度対米海軍作戦計画——比島航空撃滅戦と潜水艦作戦の重視

＊比島攻略作戦初頭における「敵航空兵力の減殺」は昭和十一年度の作戦計画で定められているが、昭和十二年度においてはさらに上陸前の航空撃滅戦を重視するようになった。これは昭和十一年中期に速力と航続力に優れた九六式陸上攻撃機が制式採用となり、台湾から比島方面の作戦が可能となった。なお作戦初頭、陸軍機の航空作戦をも考慮し、第三艦隊基幹兵力が陸軍と協力して比島の「所要の地点」を占領し、馬公要港部隊が同じくバタン群島要地を攻略することは前年度のとおりである。

＊陸軍兵力の上陸地点は前年度にリンガエン湾、ラモン湾、バレル湾及びタヤバス湾が予定されていたが、昭和十二年度はタヤバス湾の代わりにバタンガス湾が予定されることになった。地形や地勢の検討の結果であるのは明らかであり、両湾は共に地形上、上陸作戦には適しているので、マニラ進撃のためには距離的に、タヤバス湾よりもバタンガス湾の方が有利と判断された結果と思われる。これ以後昭和十五年度まで、バタンガス湾が上陸候補地点となっている。

＊もともと陸海軍の比島攻略は、開戦時に米国艦隊主力がサンディエゴ、ロスアンゼルス、サンフランシスコ方面に所在することを前提としており、連合艦隊は比島攻略作戦終了後、来攻米艦隊との決戦に臨むのを原則としていた。しかし決戦前に比島作戦を行うことの能否と可否が昭和八年頃から真剣に検討されており、米国艦隊の来攻が意外に早い場合には、比

島攻略を行うことなく決戦に臨むことも考えられていた。さらに日米の国交緊張に際し、米艦隊が作戦目的または対日威圧のため、開戦前の比島進出も絶無という保証はなかった。

＊潜水艦作戦の重視

日本海軍は開戦時に、ハワイ及び米国西岸に潜水艦を進出させ、米国艦隊の西進に応じ監視、接触、及び漸減作戦の実施を重視したが、その兵力は昭和十一年度の「連合艦隊潜水艦の一部」から、十二年度は「連合艦隊潜水艦の大部」となった。これは巡洋潜水艦の大量就役によって大部分の潜水艦が本作戦に参加可能と判断されたことに基因する。ただ、潜水艦の特性である低速と監視能力の不足から、本作戦構想がかなり無理な注文であった点は、大東亜戦争の結果からも今や定論となっている。

＊第一二戦隊による対米作戦兵要調査

昭和十二年十二月一日に第一二戦隊が新編成され、連合艦隊長官の直率とされた。兵力は新鋭の敷設艦「沖島」を旗艦とし、水上機母艦「神威」及び第二八駆逐隊から成っていた。司令官は宮田義一少将、首席参謀は小野田捨次郎中佐で小野田中佐はそれまで二年間、軍令部第一課部員として作戦計画立案に参画し、ルソン島及び中支方面の日本軍上陸予定地点の現地調査を行ったことがある。第一二戦隊の任務は、主として対米作戦を考慮して南洋各環礁の兵要調査を行うことであり、水陸の飛行場適地と艦隊泊地の適地をつめることであった。

当時軍令部は陸上攻撃機の長足の進歩により、南洋委任統治領各地の航空基地適地を活用して、潜水戦隊や水雷戦隊のみならず基地航空部隊をも偵察、接触、および漸減作戦に投入することを検討し、マーシャル諸島の戦略的価値が認められ始めており、第一二戦隊の臨時編成の背景には、このような戦略思想の変化が関係していた。

第一二戦隊は昭和十一年末に横須賀を出港し、次の各地をその順序に寄港、調査した。ウルシイ、ヤップ、コッソル水道、パラオ、アンガウル、ダバオ、メナド、アンボン、ラブ（セラム島）、ドボ（アラフラ海）、マノクワリ、グリーニッチ、モートロック、トラック、ボナペ、クサイ、ヤルート、ミレ、マロエラップ、クェゼリン、ウォッゼ、ブラウン、ホール諸島、ロタ、テニアン、サイパン。

3　帝国海軍の対英作戦計画（昭和十四年度）

①　作戦方針

a　第一段　作戦初頭速やかに在東洋敵艦隊及び航空兵力を撃滅して東洋海面を制圧すると共に、陸軍と協同して香港及びシンガポールを攻略し、英領ボルネオ及び英領マレーの要地を占領す。

b　第二段　敵主力艦隊の東洋進出を待ち之を捕捉撃滅す。

②　作戦要領

a　英国に対する開戦企図は極力之を秘匿し、東洋における敵戦備の不備に乗じ、所要最小限度の出師準備完成せば急速作戦行動を開始し、速やかに第一段作戦を完了す。

b　南支那海方面における第二艦隊を基幹とする部隊の作戦要領

(イ)　速やかに在東洋敵艦隊を捕捉撃滅す。

(ロ)　作戦初頭、陸軍先遣支隊を護衛し之と協同して英領ボルネオ及びマレー半島東岸の各要地を奇襲占領し、前進根拠地及び航空基地を獲得すると共に、航空部隊を進出しシンガポール及び付近要地を攻撃す。

(ハ)　陸軍を護衛し之と協同して英領マレーの要地を占領しシンガポールを攻略す。

(ニ)　マレー半島方面における陸軍主力の上陸地を、シャム領マレー「シンゴラ」付近及び英領マレー「メルシング」付近に予定す。その大部の上陸地は情況に応じ之を定む。また一部をシンガポール島に上陸せしむることあり。

c　連合艦隊潜水部隊の一部は開戦時速やかにシンガポール付近及びインド洋方面に進出し、敵艦隊の奇襲並に海上交通破壊に任ず。

4　陸軍作戦要領とシンゴラ上陸の必要性

タイ国領シンゴラへ陸軍兵力が上陸する必要性は、主として参謀本部において陸軍作戦の見地から主張された。軍令部も同意していた参謀本部の昭和十四年度帝国陸軍作戦計画中の対英作戦要領の概要及びそれに対する参謀本部の主要な判断は次のとおりであった。

①使用兵力は、シンガポール方面は二個師団を基幹とする一五軍とし、情況によりさらに約一個師団を増加する。香港方面は、同方面にある第二三軍の一個師団を基幹とするものを充当する。

②作戦要領は、シンガポール方面においては約一個旅団の支隊をタイ国領マレー中央部のシンゴラ付近に、また約歩兵一個連隊基幹の支隊各一個をそれぞれ英領ボルネオ西南岸クーチン付近及び同北部西岸ブルネイ湾付近に上陸させ、飛行場を占領整備し、また要地を占領して軍主力の作戦を容易にする。

③ついで軍主力は、シンゴラまたは英領マレー東岸メルシング付近に上陸し、マレー半島の要地を占領しつつシンガポールを攻略する。この際、軍主力の大部をシンゴラ及びメルシングの何れに上陸させて進撃するかは、敵情及び天候季節等により定めることとする。

シンゴラから陸路シンガポールまでは約二〇〇里あり、この方面の上陸部隊は、要塞攻略にその一部を充当し、大部は途中におけるマレーの諸要地を占領することとしても、極めて長距離であり、鉄道を利用しても相当の困難が予想される。

次にメルシングからシンガポールまでは、陸路約五〇里であるが、この付近の上陸は海岸の状況がシンゴラよりも不便であり、特に北東信風季節、すなわち十月頃から翌年四月頃までは、風波高くて上陸至難の日が大部分である。

右両地点の上陸についての便否は、さらに敵空軍及び潜水艦の状況からも影響される。

したがって情勢に応じて、軍主力の大部を上陸させる地点を定めるのを適当とする。
④香港方面に対しては第二一軍がその陸正面近くに占位しており、まず飛行隊をもって攻撃し、次いで陸正面から攻略するを適当とす。
⑤シンガポール及び香港共に、一部隊を要塞近くに奇襲上陸させて、攻略を促進することがある。
⑥作戦時に予想される敵兵力は、陸軍にあってはシンガポール及びマレー付近は、インドから一部来援するとしても、平時の四大隊を合して約一個師団内外、また香港は四・五大隊程度と判断する。作戦開始までの状況により両方面とも若干の増加を予期する。
⑦シンガポールの陸正面防禦は極めて不完全である。香港においては相当防備を増強しているが、まだ非常に堅固とは考えない。
⑧シンゴラ上陸によるタイ国の中立侵犯については、飛行場を英領ボルネオのみに求めるは不十分であり、また軍の上陸のためにメルシング付近のみを予定することは頗《すこぶ》る危険多く、シンゴラ付近にも之を選定することを絶対必要とする。

5　軍令部の戦争図演

欧州戦争勃発後日本海軍首脳は、蘭印への米軍事力の進出を極度に恐れ、かつ日米戦の可能性が生ずることを危惧していたと言えるが、現実問題として日本海軍は対米年度作戦計画を保有し、かつ年度戦時編成を計画していたが、極論すればいずれも紙上計画であり、対米戦の実質的な準備は全く出来ていないと言える状況であった。

軍令部は昭和十五年五月、日米戦争の場合に日本の持久力を検討するため、図上演習を実施した。それは通常の図演の「作戦」研究と言うよりも、「戦争」研究と言うほうが適切なものであった。

図演はドイツの西方攻勢開始以前から計画されていたものであり、当時の第一課長中沢佑大佐は、当時の業務日誌その他を基礎として、その概要を次のとおり手記している。

①　研究項目。日米戦争に関し、

　a　開戦時および開戦後における彼我の戦備。

　b　戦争の経過に伴う彼我の戦力の推移、我が国の持久戦に対する能力の限度。

②　構成。支那事変中における日米一国作戦。

青軍　日本軍指揮官　橋本軍令部第四課長。

統監　宇垣軍令部第一部長

③　実施経過　昭和十五年五月十五日　〇八三〇図演開始

昭和十五年五月二十日終演

昭和十五年五月二十一日　〇九〇〇研究会

④　研究し得たる結論

a　戦争は速戦即決、概《おおむ》ね一ヶ年以内に勝を制することを絶対に必要とす。日本の持久力は一ヶ年半、甘く見ても二ヶ年。

b　然るに短期決勝の望みは少なく、持久戦となる虞《おそれ》が大。

c　開戦後戦争の経過するに伴い、彼我の兵力比は漸次悪化して開戦後一年にして一〇対五程度に悪化する。

d　その他

南方からの資源輸送の困難性と海上交通線の確保対策。

艦隊練度の維持方策。

戦備の緊急整備の要、並びにこれを対外的に秘匿方法。

米国の対日全面禁輸を予知し得るや否や、及び之に対する方策。

第二章　新連合艦隊の編成

I　編成の基本となる戦略構想

1　東太平洋方面

ハワイ及び米本土西海岸方面に対しては、

①マーシャル諸島基地からの基地航空部隊と伊号潜水艦による索敵。

②トラック島を基地とする主力機動艦隊と新式戦艦部隊による迎撃態勢の確立。

2　南方、すなわち蘭印攻略に備えて、

①フィリピンとシンガポール制圧のため、仏印と海南島への基地航空部隊の展開。

②機動艦隊による南方地域一帯の制空。

③　マニラの米アジア艦隊とシンガポールの英東洋艦隊及び蘭印のオランダ艦隊の撃滅。
④　ルソン島中部とシンガポール島及びジャワ・スマトラ島攻略のため陸軍部隊の輸送護衛。

Ⅱ　具体的な艦隊編成の骨子

1　航空部隊
①　機動艦隊は制式空母六隻を、四隻と二隻に分けて二個艦隊とする。
②　基地航空部隊として二一～二六航空戦隊と、長距離偵察の強化重視のため陸軍司令部偵察機の戦隊を東方と南方に置く。

2　戦艦部隊
戦艦は機動艦隊の護衛のため配属するほか、中部太平洋方面の迎撃作戦に重点配置する。

3　南方方面部隊は一部旧式戦艦の他は巡洋艦中心となるが、開戦時は第二機動艦隊が支援する。

4　潜水艦については、伊号の巡洋潜水艦三個戦隊で潜水艦隊を編成、遠洋索敵並びに漸減作戦による艦隊決戦に当たる。なお東方と南方担当艦隊には、潜水戦隊一を常時配属する。

5　護衛艦隊を特に設け、軽空母・改装空母と対潜水艦艦艇で構成。

6　具体的な艦隊編成は別紙のとおり。

Ⅲ　伝統的迎撃戦略に基づく連合艦隊の編成

1　構想の要点

①　建制のナンバー制はとらないで、任務別・方面別の編成とし、必要に応じて増加～削除できる一種のタクス・フォース制とする。

②　連合艦隊司令部は横須賀など陸上に置く。

2　具体的な編成と指揮官

①　連合艦隊司令長官　近藤信竹大将（三五期・特進）

②　中部太平洋艦隊　草鹿任一中将（三七期）　戦艦　大和、長門、陸奥。重巡　愛宕級四隻、軽巡　五一〇〇屯級一個戦隊、一個水雷戦隊、一個潜水戦隊

③　南方方面艦隊　三川軍一中将（三八期）　戦艦　山城、扶桑。重巡妙高級四隻、軽巡　五一〇〇屯級一個戦隊、一個水雷戦隊、一個潜水戦隊

④　第一機動艦隊　小沢治三郎中将（三七期）　制式空母　赤城、加賀、蒼龍、飛龍。戦艦　金剛、榛名、霧島、比叡。重巡　最上級四隻、一個水雷戦隊

⑤　第二機動艦隊　角田覚治中将（三九期・特進）　制式空母　翔鶴、瑞鶴。戦艦　伊勢、

日向。重巡　利根級二隻、青葉級四隻、一個水雷戦隊

⑥潜水艦隊　山口多聞中将（四〇期・特進）　三個潜水戦隊、潜水母艦三隻

⑦護衛艦隊　井上保雄中将（三八期）　軽空母　龍驤、鳳翔。改装空母　祥鳳、瑞鳳、大鷹。二等駆逐艦、海防艦、駆潜艇

⑧連合艦隊司令部直轄　軽巡　天竜、龍田、夕張。練習巡洋艦　鹿島、香取、香椎

Ⅳ　艦隊長官人事

1　連合艦隊司令長官。

GF長官の任命基準として次の三点を挙げる。

①軍令部作戦畑の経験が豊富なこと。

②艦隊長官や参謀長など実戦部隊の経験も多いこと。

③猛将よりは智将型が望ましい。

以上の基準を念頭に、山本五十六（海兵三二期、ハンモックNo.11）以降の期について主要提督の経歴や評価を検討する。

三三期　豊田副武（No.26）は、海軍省軍務局長、第二艦隊長官、艦政本部長、横須賀鎮守府長官を経験したが、軍令系統の経験はない。三四期古賀長官殉職後にGF長官になったが本人は望まなかった。

三四期　古賀峯一（No.14）は、軍令部第三、第二班長、軍令部次長、第二艦隊長官、支

那方面艦隊長官、横須賀鎮守府長官、そして山本五十六の戦死によりGF長官となるが、米海軍の攻勢重点方向の判断を誤り情報参謀の意見具申を退けて、パラオ基地から比島に後退中に行方不明となり殉職。

以上の二名のうち、豊田提督は軍令部経験がなく、古賀提督は判断力に問題があり戦運にも恵まれない。三三期、三四期には適任者なし。

三五期　近藤信竹（No.1）　連合艦隊参謀長、軍令部第一部（作戦）部長、軍令部次長を歴任、昭和十六年九月第二艦隊長官。

高須四郎（No.10）　軍令部第三部（情報）部長、第五艦隊長官、第二遣支艦隊長官、第四艦隊長官、第一艦隊長官で開戦を迎えたが戦病死。

三六期　南雲忠一（No.7）　軍令畑の出身で開戦時の機動部隊長官であるが、ハワイ、ミッドウェー作戦ともに消極的で判断ミスが多い。

塚原二四三（No.19）　第一一航空艦隊（基地航空部隊）長官、航空本部長、横須賀鎮守府長官。

以上の如く三三期より三六期までの主要提督の中で、実際の太平洋戦争中に連合艦隊にかかわった人物をチェックしてみたが、前述の任命規準である「軍令部作戦畑出身、GF参謀長や艦隊長官の経験、智将型」という三条件に最も適合すると見られるのは三五期トップの近藤信竹中将であろう。

近藤中将は、米太平洋艦隊の智将スプルーアンス提督に似たところのある冷静沈着で、かつ勝負どころでは積極性を発揮する武将であった。現実の太平洋戦争でも開戦を南方部隊総指揮官として迎え、ミッドウェー海戦、夜襲を企図して果敢に米空母を追撃した第二次ソロモン海戦、南太平洋海戦、ガダルカナル島突入の第三次ソロモン海戦などを経て、昭和十八年八月まで第二艦隊長官としてソロモン諸島の争奪戦に重要な活躍をした。

この間、近藤中将は昭和十八年四月に大将に昇進しているので、本稿においては連合艦隊司令長官就任と同時に大将に特進することとした（一九四一年十二月、米太平洋艦隊司令長官に就任したニミッツ提督は少将から大将に特進している）。

2　各艦隊長官の人事

①　中部太平洋艦隊長官　この艦隊は伝統的迎撃戦略に基づいて、来攻する米艦隊を中部太平洋海域で撃滅する任務の部隊であるから、実戦派として令名の高い草鹿任一中将（三七期、No.21）を当てる。草鹿中将は南東方面艦隊長官として第八艦隊と第一一航空艦隊を指揮し、終戦まで陸軍第八方面軍司令官今村大将と共にラバウルを死守した闘将である。

②　第一機動艦隊長官　この艦隊は制式空母四隻からなる主力機動艦隊であるから、かつて機動艦隊生みの親であり、かつ航空戦略の第一人者として評価高い小沢治三郎中将（三七期、No.45）が最適任。連合艦隊参謀長、第一航空戦隊（空母赤城、加賀）司令官、海軍大学校長を歴任、開戦時のマレー方面艦隊長官。

③南方方面艦隊長官　三川軍一中将（三八期、No.3）、軍令部第二部長。第三戦隊司令官（高速戦艦四隻）で開戦。ハワイ、ミッドウェー海戦に参加。昭和十七年七月第八艦隊長官、八月七日、ガ島に米軍上陸の報に接し直ちにラバウル出港。鳥海以下重巡五隻、軽巡二、駆逐艦一でガ島に突入し、得意の夜戦で敵重巡四隻撃沈、一隻大破の完勝（第一次ソロモン海戦）。綿密な情報収集に基づく決断の早さが勝因。

④第二機動艦隊長官　角田覚治少将（三九期）　猛将の誉高く、十七年十月の南太平洋海戦では第二航空戦隊司令官として空母「隼鷹」を指揮し三次にわたる攻撃隊を発進、米空母「ホーネット」の撃沈に貢献した。十九年七月、基地航空の第一航空艦隊長官としてテニアン島で戦死。

⑤潜水艦隊長官　山口多聞少将（四〇期）　航空部隊のホープとして期待された提督であるが潜水艦出身の提督として貴重な存在。少将になってから中国戦線の航空部隊司令官となる。米太平洋艦隊長官ニミッツ大将が潜水艦出身でもあり、中部太平洋での漸減作戦を成功させるためにも不可決の人選。

⑥護衛艦隊長官　井上保雄中将（三八期）　昭和十七年四月に編成された第一海上護衛隊の初代司令官。

Ⅴ　陸海軍上層部の人事

★内閣総理大臣は昭和十六年八月一日現在 近衛文麿
＊海軍大臣 及川古志郎大将（三一期）、次官 豊田貞次郎中将（三三期）
軍令部総長 永野修身大将（二八期）、次長 伊藤整一中将（三九期）
＊陸軍大臣 東条英機大将（一七期）、次官 木村兵太郎中将（二〇期）
参謀総長 杉山元大将（一二期）、次長 塚田攻中将（一九期）
★新人事（海軍においては伝統的漸減戦略を、陸軍においては支那からの撤退と対ソ戦を考慮）
＊海軍大臣 米内光政大将（二九期・現役復帰）、次官 井上成美中将（三七期）
軍令部総長 高橋三吉大将（二九期・現役復帰）、次長 伊藤整一中将（三九期・留任）
＊陸軍大臣 多田駿大将（一五期・現役復帰・特進）、次官 下村定中将（二〇期）
参謀総長 小畑敏四郎大将（一六期・現役復帰・特進）、次長 石原完爾中将（二一期・現役復帰）
☆新任者のプロフィール
＊海軍大臣 米内光政大将。昭和十二年の林銑十郎内閣、第一次近衛内閣、平沼内閣の海軍大臣を務む。
＊海軍次官 井上成美中将。平沼内閣の米内海相、山本次官、井上軍務局長の海軍三羽烏

として有名。彼の持論は「戦艦無用論」と「航空主兵論」。また日独伊三国同盟に最も強く反対した。開戦時は第四艦隊長官として珊瑚海海戦を戦い、海軍大学校長から海軍次官へ。

＊軍令部総長　高橋三吉大将。軍令部勤務が長く、海軍大学校長、軍令部次長、第二艦隊長官を経て昭和九年十一月～十一年十二月まで連合艦隊司令長官。

＊陸軍大臣　多田駿大将。中国通で支那事変の不拡大論者。参謀次長、北支派遣軍司令官を歴任。参謀次長時代に東条陸軍次官と衝突し、後の東条陸相により予備役編入。

＊陸軍次官　下村定中将。参謀本部第四部長、第一部長、陸軍大学校長、第一三軍司令官、西部軍司令官、北支那方面軍司令官を歴任。二十年五月大将。支那との戦争は日本にとって国際的にも孤立しプラスにならずという主張を持つ。終戦時の陸軍大臣として有名。

＊参謀総長　小畑敏四郎中将。参謀本部を中心とした軍令畑を歩み、作戦の鬼才ともいわれるほど独特の構想を持つ。すなわち、北方最重点の「対ソ予防戦争論」であり、中国とは事を構えず、米英とも静謐を第一義をする。荒木貞夫、真崎甚三郎大将の信頼厚く作戦課長を二度勤め、陸大校長、参謀本部第三部長にもなったが、二・二六事件後に予備役に編入された。皇道派びいきの近衛文麿総理の陰の参謀ともいわれている。陸軍省の永田鉄山軍務局長が「中国一撃論」を主張していたのと激しく対立していた。

＊参謀次長　石原完爾中将。満州事変勃発時の関東軍作戦主任参謀、国際連盟への随員、参謀本部作戦課長、戦争指導課長、支那事変勃発時の作戦部長として不拡大方針を主張

したが容れられず、関東軍参謀副長に左遷され、舞鶴要塞司令官を経て京都の第一六師団長。かねて批判をしていた東条陸相により昭和十六年三月予備役編入。東亜連盟、世界最終戦論で有名。陸軍大学創設以来の頭脳との評もある。

☆上層部の新人事で特に考慮した事項

①米内光政海軍大臣　この人の海軍部内の評価として、私心なく包容力極めて大きく、手腕満点に近い人。ロシア、ドイツ、ポーランドに駐在し、ロシア語、ドイツ語、中国語に通じた国際情勢に明るい人。軍令部の情報部長も勤め、外国通であると共に情勢判断の練達者（吉田俊雄著「良い指揮官良くない指揮官」）。

②高橋三吉軍令部総長　現総長の永野修身大将（二八期）は昭和十六年四月に就任したばかりであり、高橋新総長と同様に軍令部次長と連合艦隊長官を経験しており、経歴からいって交代させる理由はない。しかし著者が敢えて更迭を主張する理由は、

a　山本大将が「ハワイ奇襲作戦を承認しなければ辞職する」と主張したのに対し、その強要に妥協した。軍令部の中には「山本長官ぐらい辞めさせてもいいじゃないか。長官適任者は他に何人もいる」との声もあった。

b　「戦争は始まったばかりで、ハワイの空母を全部討ちもらしたのだから真珠湾作戦は失敗だ。にもかかわらず総長が喜びのあまり涙を流すなど、老いては駑馬に劣る」との参謀の嘆きもあった。

c　海兵卒業成績はトップなるが故に順調にエリートコースを昇りつめたが、作戦についてリーダーシップを発揮した実績はない。

d　新総長選任にあたり、これを連合艦隊長官経験者の中に求めると、昭和八年以降では、末次信正、高橋三吉、米内光政、永野修身、吉田善吾、山本五十六と続く。このうち米内・吉田の両者は軍政畑が長く、軍令系統と艦隊長官の両方をバランスよく務めたのは高橋三吉大将である。末次大将は思慮周密で卓越した戦術眼を備えていたが、自信が強すぎて協調性に欠けていた。

③　陸軍首脳

多田陸相・下村次官・小畑総長・石原次長の四人には共通の思想的背景がある。それは支那事変勃発時の不拡大方針であり、満四年を経過した昭和十六年八月の時点では、撤兵による日支の和平締結に他ならない。

昭和二十年に至って戦勢とみに悪化した時、近衛公は昭和天皇のご下間に答えて、「宇垣一成、真崎甚三郎、小畑敏四郎、石原完爾ら退役将軍の復帰が望ましい」と上奏している。米英蘭と事を構えソ連に備えるには、支那派遣軍二四個師団の兵力を満州・南方と太平洋方面に再展開しなければ対応できない。それが出来るのは多田・下村・小畑・石原の四人がベストメンバーといえるのである。

第三章　大戦突入に至る外交交渉と開戦準備

Ⅰ　大戦突入に至る外交交渉

1　日米通商航海条約の廃棄

すでに記した如く、昭和十六年八月一日の対日石油全面禁輸の発動を遡ること二年、昭和十四年七月二十六日、米国は日米通商航海条約（明治四十四年二月二十一日締結）の廃棄を通告した。すなわち昭和十三年十一月三日の近衛首相の「東亜新秩序宣言」は米国を強く刺激し、国務省が通商航海条約破棄を検討するきっかけとなった。対日経済制裁が石油、鉄、錫、ゴム、鉛、銅、亜鉛、パルプ、綿花などの面で日本に与える影響は重大である。

昭和八年三月四日、フランクリン・ルーズベルトが米国大統領に就任した。彼は七年以上も海軍次官の職にあった経歴があり、「日本は米国の第一の敵手である」という米海軍の信念に強く影響されており、また彼の母親が少女時代を中国で生活し、母方の親類から受け継いだ中国に対する深い友情を持っていた。

さらに昭和十四年七月二十四日に発表された天津英国租界問題を議題とした日英会談は英国の屈服に終わり、ルーズベルト大統領とハル国務長官は日本の主張する新秩序を否定し、英国と中国を激励する意図をも含め、七月二十六日、同条約の廃棄を日本に通告したのである。

通商条約の規定から破棄発効までには六か月の猶予期間があったが、日本海軍首脳部はこの条約廃棄通告を極めて重大視した。

米国に代わり得る石油の入手先は蘭領東印度であるが、欧州戦争の勃発と関連してオランダ本国と蘭領東印度の関係は微妙なものとなってきており、海軍省の一部には「帝国が参戦して蘭印を占領した時において、蘭印の処分につき十分発言することを得べし」との見解なども示されるようになった。

さらには「蘭印一部の買収、乃至租借」を交渉し、また要すれば日蘭不可侵条約の締結を考慮して至急交渉を開始する考えも示された。

いずれにせよ、日本海軍は蘭領東印度への関心の増大と同時に、対米関係の調整を熱望した。具体的には「新日米通商航海条約の締結」を希望し、そのため条件付きながら封鎖中の揚子江、珠江の解放を計画し、在支米権益被害の賠償にも熱意を示した。

2　南部仏印進駐と対日石油全面禁輸

昭和十五年九月以来の蘭印との経済交渉は結局不調に終わり、日本政府は芳沢大使に引き揚げを訓令した。この事態に対し陸海軍では南部仏印進駐決行が論議され、六月二十五日、連絡協議会は「南方施策促進に関する件」を決定した。

①　仏印特定地域における航空基地及び港湾施設の設定または使用、並びに南部仏印における所要軍隊の駐屯。

②　帝国軍隊の駐屯に関する便宜供与。

そして七月二日の御前会議で「情勢の推移に伴う帝国国策要綱」を次の如く決定。

「帝国は依然支那事変処理に邁進し、且つ自存自衛の基礎を確立するため南方進出の歩を進め、また情勢の推移に応じ北方問題を解決す」との方針をとり、かつ南部仏印進駐のためには「対米英戦を辞せず」とした。

★南部仏印進駐の目的は、

①　蘭印に対する牽制。②　仏印の政治的確保（ドゴール派への圧力）。

③　南部仏印物資の取得。④　タイへの牽制。⑤　米英の先行への予防。

⑥　中国を含む対日包囲網の分断。⑦　戦略戦術的な空海基地の確保等。

海軍省の岡軍務局長は、万一の場合の戦略展開及び物資（特に米）の取得を重視しており、資産凍結、石油全面禁輸は予想しなかった。しかし、これを予想したとしてもＡＢＣＤ包囲陣が完成に近く、米英が先に来るかもしれないとのセッパつまった気持であった。

「仏印の共同防衛に関する日仏議定書」が、ヴィシーにおいてダルラン副総理と加藤駐仏大使との間に調印されたのは昭和十六年七月二十九日であるが、交渉の模様を注視していた米国は、我が進駐を待たずに七月二十五日、在米資産の凍結を公布し、英国は二十六日に、蘭印も二十七日に追随した。

蘭印は二十八日、日蘭石油民間協定の停止を発表し、米国は既述の如く八月一日、対日石油全面禁輸を明白にして、遂に恐れていた事態に到達した。

石油全面禁輸のあと海軍部内では急速に戦争が現実味を帯び、特に軍令部では一部を除き「戦争するのであれば早く」との論に統一されていったのである。

Ⅱ　ＡＢＣＤ包囲陣と日本陸海軍の開戦準備

昭和初期以来、毎年更新されてきた対米英作戦計画は、ＡＢＣＤ包囲陣の完成近きに及んで単なる計画に止まらず、昭和十六年末を隠忍の限度として開戦に踏み切った場合の、南方資源地帯に対する作戦発動の準備へと日本陸海軍を駆り立てた。

陸海軍中央の新陣容のもと、連合艦隊の新編成を前提に陸軍を主体とした攻略部隊の運用と、上陸用艦船・兵器の準備が着々と進められた。ハワイ奇襲作戦を採用しないための豊富な海軍機動部隊と水上部隊・潜水部隊の陣容は、フィリピン、マレー、ボルネオ、蘭領東印度に対する上陸作戦を強力に支援するのに十分なものがあった。

しかも開戦は、支那派遣軍の撤退により関東軍（満州）と南方攻略軍並びに南洋委任統治領への展開を十分可能にするものであるから、後はいかに隠密裡に作戦軍を推進し、最小限の損害で上陸作戦を成功に導くかにあった。

その観点で最も緊要とみられるのは上陸船団護衛の充実であり、また第一次上陸作戦の先陣を受け持つ水陸両用戦車や、強襲揚陸艦艇群の準備であった。以下、少し細部にわたって検討してみよう。

1　陸軍関係

(1)　水陸両用戦車（特二式内火艇）

特二式内火艇とは海軍の水陸両用戦車のことであるが、陸軍の九五式軽戦車がベースであり、陸軍が依頼を受けて開発に協力したものである。車体はもちろん水密構造で、海上を時速九・五キロでスクリュー航走し、キャタピラで上陸後は車体前後のフロートを切り離し、純然たる戦車となる。

火力は三七ミリ速射砲と重機関銃二丁、陸上の速力は最高四五キロと早い。但し装甲は一二ミリと薄いが、もちろん機銃弾は防げる。

海軍における実際の製造車数は一八四両であったが、陸軍が製造した九五式軽戦車は、昭和十一年以降十八年まで実に二三七四両も生産された。短期間に水陸両用戦車に改造することは可能であり、開戦までに比島、マレー、蘭印（ボルネオ）用として各一〇〇両、合計三〇〇両も準備すれば十分であったと考えられる。

(2) 世界最初の強襲揚陸艦・舟艇母船「神州丸」

第一次世界大戦のガリポリ上陸戦は、有力な火力を持つ敵軍を前にしての上陸が如何に危険なことかを戦訓として残した。帝国陸軍はガリポリから自走舟艇の必要性を学び、昭和七年の上海事変でも舟艇を上陸地点の近くに運ぶ船が必要との戦訓を得た。そして参謀本部の年度作戦計画に盛り込まれたフィリピン上陸作戦の想定が陸軍中央を動かし、大規模敵前上陸を行うための母船を造る決意を固めた。

その第一船として建造されたのが「神州丸」で、その特徴は次のとおり。

① 舟艇を海に敏速に降ろすことができる。
② 戦車も敏速に揚陸できる。
③ カタパルトから飛行機を打ち出せる。
④ デリック（クレーン）によって重量物の揚陸も可能。

いずれも当時は画期的な仕様であった。他国でこれに類する構造と概念を持った上陸用母艦が出てくるのは、米軍が太平洋戦争時に投入した「LSD」あたりまで待たねばならない。「神州丸」は先進的な構造を持つ画期的な船であった。

さらに具体的な特徴にふれてみる。

①最も特徴的なのは艦尾に扉がついていること。ここから（組み合わせにもよるが）大発動艇（大発）七隻、中発動艇（中発）一〇隻、小発動艇（小発）二〇隻を発進できた。しかも大発には中戦車をそのまま載せることができ、「神州丸」には一六両が搭載可能であった。

②舟艇の発進方法は、エンドレス・ワイヤーによる牽引とシーソー（反転台）滑走台を組み合わせたものであり、オリジナリティに満ちていた。歩兵は二二〇〇名が乗船でき、大隊レベルでの部隊運用が可能であった。

③「神州丸」の航空兵装は、船首に二基のカタパルトを装備し、戦闘機並びに軽爆撃機を各六機、合計一二機を発進可能であった。制空権の確保は、本来は海軍の任務とされたが、きめ細かい地上戦の支援は陸軍自ら行う必要があったためと思われる。これらの航空機は上甲板の格納庫に収容されていた。

但し、航空機は発進はできても着艦はできない。したがって上陸部隊により着陸地の確保さえできれば、「神州丸」から発進する一二機の航空機は、上陸地周辺のトーチカ陣地や敵戦車、砲兵陣地の撲滅に大きな戦力となり得たものと考えられる。

このように先進的な仕様を持つ「神州丸」は、昭和八年三月三十一日、播磨造船所に発注された。完成は昭和九年十一月から翌十年初頭らしい。機密のヴェールに包まれた「神州丸」は、支那事変の杭州湾敵前上陸作戦を始め、太平洋戦争初頭のマレー半島シンゴラ上陸などに大活躍をした。

日本陸軍は、外征軍隊である点をよく認識し、世界に先駆けて優秀な上陸母船を創りあげた。最後に既に記述した以外の諸元を示しておく。

排水量七一〇〇トン、全長一五六m、全幅一九m、出力八〇〇〇馬力、速力一九ノット、兵装・八八式七・五糎高射砲、四五糎探照灯、搭載船艇数・大発二〇（最大）通常七、中発一〇、小発二〇、乗員二三〇名、収容歩兵二二〇〇名

なお、大発、小発の諸元についても付言しておく。

大発（鋼製）＝全長（m）一四・八八、全幅（m）三・三五、船体重量（t）九・五、出力（hp）一二〇、速度（ノット）九（八）、航続力（浬）八五、乗員（名）六〜七、搭載量・武装兵七〇名、馬一〇頭、中戦車一両、貨物一二t

小発＝全長（m）一〇・五〇、全幅（m）二・四四、船体重量（t）三・七五、出力（hp）六〇、速度（ノット）一〇（八）、航続力（浬）三六、乗員（名）四〜五、搭載量・武装兵四〇名、貨物三t

(注)（　）内は満載時。大発の中には速射砲や機銃を装備したのも登場した。また装甲艇（別名AB艇）なるものも出現し、全長一二m、排水量一八トン、出力三五〇馬力、速力一四ノット、武装・五七ミリ戦車砲一、機銃二〜四、装甲は砲塔が二〇ミリ、舷側

六〜八ミリ

開戦の場合、陸軍では従来の年度別作戦計画に基づき、比島の主要上陸地をリンガエン湾とバタンガス湾、マレーはシンガポールから五〇里（約二〇〇キロ）と近いメルシングと二〇〇里（約八〇〇キロ）と遠いタイ領マレー・シンゴラの四か所に各一隻ずつ強襲揚陸艦を配当し、一隻を予備とすれば計五隻を備えることとなる。陸軍は昭和一年から四隻を民間造船所に発注し完成させた。（秋津丸、饒津丸《にぎつ》、熊野丸、ときつ丸）。

(3)　陸軍・機動艇（SS艇／戦車揚陸艇）

これは強襲上陸部隊の尖兵となるもので、アメリカ軍が多用したLSTと呼ばれた戦車揚陸艦と同じである。この艦は戦車を始めとする各種車両、物資、人員の渡洋輸送が可能で、揚陸時にはそのまま海岸に接岸し揚陸することが出来る。

外観の大きな特徴は、艦首が観音開きの門扉になっている点である。内部には道板が設けられ、揚陸時にはそれを前方に倒し、通路にする構造になっている。これを最初に実用化したのはイギリスであったが、一九四〇年のダカール上陸作戦において、残念ながら渡洋輸送能力のないことが証明された。

一方、日本陸軍でもほぼ同時期、LSTと同様の発想を持つ渡洋可能な戦車揚陸艦の研究を進めていた。基礎研究は昭和十二年（支那事変勃発時）頃からで、「海上トラック」と陸軍が呼んだ五〇〇トンほどの沿岸用小型貨物船の船首を、実際にランプ状に改造し、昭和十五年八月まで試験が行われた。こうして基礎データを得た陸軍は、昭和十六年初め、試作艇を播磨造船所に発注した。仕様

a　九七式中戦車一〇両を搭載できること。

b　傾斜一／二〇の海岸に対し、戦車を揚陸可能なこと。

c　外見は一般の海上トラックと同様で、平時は貨物輸送も可能なこと。

d　一三ノット以上の速度が出ること。

e　巻き波三mの海岸に達着可能なこと。

f　艦首の喫水を一・七m程度とすること（九七式中戦車の徒渉能力の関係）。

その他。——道板のウィンチは揚錨機との兼用で、電気式リモコンでの単独操作も可能。但し道板の繰り出し方が二段式で複雑な分、米国のLSTより信頼性や利便性は劣っていたらしい。試作艇は昭和十七年四月に竣工し「蛟龍」と命名された。

要目＝排水量八五〇トン、全長五三m、速力一四・五ノット、七五ミリ舟艇砲一、一五〇ミリ迫撃砲一、二〇ミリ高射機関砲三、搭載・中戦車四両の場合、トラック一両、小発二隻、兵員一七〇名

この戦車揚陸艇（SS艇）は、中戦車一個小隊を中心に、歩戦工の兵員一七〇名を搭載し、歩・工兵が乗り込む二隻の小発を発進させ、本艇着岸の一歩前に上陸させることが出来るので、諸兵協同作戦をコンパクトに実現するいう実戦に則した運用が期待できる長所がある。

研究開発から試作まで日時がかかり過ぎているが、難しい改造ではないゆえ、昭和十六年十二月までに実戦配備可能なよう早めに発注することが緊要である。

発注隻数として戦車四個連隊分を考えると、中戦車連隊の場合、中戦車五四両、軽戦車二三両、計七七両が原則であり、四個連隊で三〇八両となる。SS艇一隻に四両として七七隻が必要となり、予備を考えれば一〇〇隻を発注し万全を期したい。

(4)　陸軍の機械化（一式七糎半自走砲）

昭和十五年八月、ドイツ軍事視察団派遣が提議され、その団長に航空総監に就任したばかりの山下奉文中将が内定した。しかし受入側のドイツの事情もあって出発遅れ、十二月二十二日に至って東京を出発し、シベリヤ鉄道でベルリンに向かった。

昭和十六年七月七日、視察団は東京に帰着し報告書を提出した。報告の要旨は、「空軍の独立、陸軍の機械化、陸海空三軍の軍政・軍令を統括する国防省・国防総長の新設」など、国防機能の一元化を強調するものであった。ここで特に至急取り組みたいのが「陸軍の機械化」である。

機甲部隊のカナメとなる戦車部隊の組織編成は、昭和十七年六月にようやく機甲軍が関東軍に編成され、新設の戦車第一・第二師団が満州に、第三師団が蒙彊《もうきょう》に配置された。

しかし肝心の戦車は、依然として五七ミリ榴弾砲装備の九七式中戦車が中心であり、僅か二五ミリの装甲では米・英・ソ・独など列強の戦車に劣ること甚だしいものがあった。戦車砲は逐次四七ミリ速射砲に転換されていったが、当時相対していた米国は、七五ミリカノン砲搭載で正面装甲七六～一〇八ミリというM４型中戦車を、続々と生産していた。

また昭和十七年のソ連軍は、七六・二ミリ砲装備のT－34型中戦車とKB－1型重戦車を、ドイツ軍はⅣ号戦車の主砲を七五ミリ化すると共に、重戦車ティーガーの量産を開始していた。

参謀本部では限られた予算で多くの車両数を整備しようと考えるのに対し、強力な戦車を得ようとする部隊側との意見一致が得られないまま、太平洋戦争の開戦を迎えるに至ったのである。

一方、欧米諸国では機甲兵団砲兵の自走化が進んでおり、日本陸軍はノモンハンの戦訓を踏まえ、昭和十四年末から対戦車自走砲の研究を開始した。そして十六年五月、九七式中戦車の砲搭をはずし九〇式野砲を搭載したものと、九一式一〇糎榴弾砲を搭載したものを開発した。

前者の一式七糎半自走砲の諸元は高低射界一五～二〇度、方向射界は左右各一一度、初速六六八m、全備重量一五・九トン、最大速力三八キロとなっている。新型式中戦車の開発には日数を要するので、この一式七糎半自走砲の大量生産を陸軍は決意した。

この自走砲は著者が所属したビルマ方面軍の戦車一四連隊にも一両だけ配備されており、部隊では砲戦車と呼んでいた。連合軍のM４中戦車と正面から戦って勝てるのは、この自走砲だけであった。

車体は九七式中戦車と同じであり、三菱重工業等の民間工場が量産体制にあったので、十六年十二月まで逐次実戦部隊に配備するよう命令された。事実、戦後の米軍資料でも、「あらゆる連合軍戦車を撃破できる唯一の日本軍装甲戦闘車両」と評価されている。

2　海軍の開戦準備

(1)　建造工事中の大型艦に対する明確な方針

ハワイ奇襲作戦の中止による伝統的漸減戦略に則った艦船の整備方針は如何に修正すべきか。

(イ)　超戦艦「武蔵」（排水量六九一〇〇トン）の建造は、竣工まで一年をきっているのでそのまま継続する。

(ロ)　空母「信濃」（六二〇〇〇トン、四七機搭載）と「大鳳」（二九三〇〇トン、五三機搭載）は、起工後の月数も短く、かつ搭載機数も少ないので建造を取り止める。それに要する鉄鋼関連資材は、強力な対潜艦艇である「海防艦」の量産に振り向ける。

(注)　改良・量産型の「丙型海防艦」の場合は排水量七四五トンであり、一〇〇隻で七四五〇〇トン、一五〇隻で一一七五〇トンとなる。その他の諸元は、最大速力一六・五ノット、航続力は一四ノットで六五〇〇浬。爆雷兵装は三式爆雷投射機が片舷各六基の計一二基、爆雷投下軌道が一基、爆雷搭載数一二〇個、対空兵装は、一二糎高角砲が前

後に各一門、二五ミリ機銃計六門、等となっている。

(ハ) 中型空母「雲龍」「天城」「葛城」(各一七一五〇トン)の三隻は、搭載機数も六五機と比較的多いので建造を継続する。但し、航空機の格納庫は従来の密閉型から開放型に変更するほか、飛行甲板中央のエレベーターを舷外エレベーター方式に変更する。

さらに、今まで無かったカタパルト二本をフライトデッキの前部に設置し、発艦に要する時間を大幅に短縮する。すでに就役中の空母も、可能な限り逐次改造を実施していく。

密閉型の弱点は、空母が被害を受けて漏れた航空ガソリンが気化し、何らかの火源によって引火爆発する危険性が大きいこと。また敵の爆弾が飛行甲板を貫通して格納庫内で爆発した場合、密閉式では爆発力が艦全体に被害を与えるが、開放式では爆発力の大部分が外部に逃げるので被害は少なくて済む。

さらに舷外エレベーターは、飛行甲板に被害を受けエレベーターが使用不能になっても、舷外から航空機を甲板に上げてカタパルトで射出できる。

すなわち、開放型格納庫、舷外エレベーター、カタパルトの三者は一体となって被害の局限と戦闘力の継続に大きな貢献を果たすことが出来るメリットがある。

密閉型格納庫で撃沈された好例が、珊瑚海海戦における大型米空母の「レキシントン」であり、また、マリアナ沖海戦の日本海軍大型空母の「大鳳」であった。両艦とも命中した魚雷や爆弾による漏洩ガソリンが致命傷であった。

米海軍では一九二七年(昭和二年)に竣工した「サラトガ」「レキシントン」の二隻だけ

が閉鎖型であったが、「ヨークタウン」（一九三七年竣工・一九八〇〇屯）以降はすべて開放型に改められている。

(2) 米英蘭海軍の東洋艦隊戦力との対戦方策

(イ) 米アジア艦隊

米アジア艦隊で最も有力な艦は、旗艦である重巡「ヒューストン」で、排水量九〇五〇トン、速力三二・七ノット、主砲・二〇糎砲九門、一二・七糎高角砲八門。

これに続く艦齢一七年の軽巡「マーブルヘッド」は、七〇五〇トン、三四ノット一五糎砲一〇門、七・六糎高角砲八門。そして一九四一年十二月初めに船団を護衛してマニラに入港した軽巡「ボイス」はそのままアジア艦隊に編入された。

「ボイス」は最新鋭の大型軽巡で、排水量一〇〇〇〇トン、一五糎砲一五門、一二・七糎高角砲八門。当艦は日本海軍の「最上」型に対抗する意味で、ロンドン条約の制限一杯に設計されている。しかし、米国巡洋艦の特徴として魚雷発射管の搭載が「マーブルヘッド」の二門以外はない。他の所属艦艇は次のとおり。

第二〇潜水戦隊　潜水母艦一、潜水艦救難艦一、旧S型潜水艦二九。第二九駆逐戦隊　駆逐母艦一、駆逐艦一三、一九一七～一八年建造の四本突の旧式駆逐艦。第一〇哨戒機隊　水上機母艦四、航空機四六。第三魚雷艇隊　魚雷艇六。その他小艦艇　河用砲艦六、砲艦二、敷設艦六、給油艦二。

日本のフィリピン攻撃は充分予期されていたので、司令長官ハート大将は艦隊を中部フィリピンやボルネオ方面に分散させるだろう。問題は約三〇隻とみられる旧S型の潜水艦である。排水量八五〇トン、水上一四～一五ノット、水中一一ノット、魚雷発射管四門の旧式小型の艦であるが、数が多いから上陸作戦に先んじて撃滅する必要がある。

また、米陸軍のB17・四発重爆撃機が三〇機余と、P40戦闘機七〇機余が在比島の戦力として日本軍の上陸作戦を妨害するだろうから、特に開戦と同時にこのB17重爆を撃滅しなければ台湾空襲の恐れが大きく、我が輸送船団の安全は保証されない。したがって開戦初頭の航空撃滅戦による米空軍の撃滅と、約三〇隻といわれる米潜水艦の捕捉撃沈が、比島戦成功の鍵となろう。

なお、比島航空撃滅戦を担当する日本空軍の戦力は次のとおり。

陸軍・第五飛行集団 飛行第八戦隊 九九式軽爆二五機。飛行第一四戦隊 九七式重爆一八機。海軍・第一一航空艦隊 零戦八五機、一式陸攻一〇八機。合計二三六機。

開戦直後という戦機を失しなければ、まず、性能的にも数量的にも日本軍の優位は絶対的なものと判断される。

(ロ) 英東方艦隊

a 艦隊の新設と指揮官・兵力

英国は東洋における海軍力の増強を図るため「東方艦隊」を新設、司令長官に軍令部次長の要職にあったフィリップス中将を大将に昇進させて充てた。

英東方艦隊は支那方面艦隊を吸収し、その兵力は戦艦二隻、重巡一隻、軽巡三隻、駆逐艦四隻等となった。戦艦二隻の要目は次のとおり（一九四一年十月末現在未着）。新鋭戦艦「プリンス・オブ・ウエルズ」（キングジョージ五世型）竣工一九三九年、三六七二七トン、三六糎砲一〇門、二九・二五ノット。旧式巡洋戦艦「レパルス」竣工一九一六年、三三二〇〇トン、三八糎砲六門、二八・五ノット。

b　日本軍の戦略と両軍の空軍力比較

マレー進攻作戦の方策としては、事前に強力な航空機による空襲、軍艦による艦砲射撃、そして急速な上陸作戦を展開しなければならない。したがって南方攻略陸軍航空の作戦方針は重点をマレー方面とし、特に敵の爆撃機、なかんずく雷撃機の所在する飛行場を優先する。

マレー方面の日英空軍力は次のとおり。

［英軍］マレー方面全体で約三二〇機。うちシンガポールには、ホーカー・ハリケーン、バッファロー戦闘機が約六〇機、ブレンハイム爆撃機が約二〇機との情報を得ていた。なお英軍は空軍が独立し陸海空三軍となっている。

［日本軍］★陸軍航空　第三飛行集団（飛行師団の前身）第三飛行団（四個戦隊）コタバル地区飛行場群、第七飛行団（四個戦隊）ケダー地区飛行場群、第一二飛行団（二個戦隊）シンゴラ地区飛行場群、第八一戦隊（司偵）、第一五独立飛行隊（司偵二個中隊）。第五飛行

集団 第一〇飛行団(三個戦隊)コタバル地区飛行場群(第三飛行集団に配属)。機種別 戦闘一八〇機、重爆一三〇機、軽爆一〇〇機、偵察四五機、各種予備機一〇六機

[合計]約五六一機

★海軍基地航空部隊 第二二航空戦隊(司令部サイゴン) 元山航空隊 九六式陸攻三六機、美幌航空隊 九六式陸攻三六機、第二四航空戦隊(第二二航空戦隊に配属)。千歳航空隊 一式陸攻二七機、その他 艦上戦闘機三六機、陸上偵察機九機

[合計]一四四機

(ハ) マレー・比島上陸軍船団の護衛

a 護衛対象の上陸軍部隊兵力

*マレー方面上陸軍は、タイ領シンゴラとマレー領メルシングに、第一次上陸の各一個師団と予備一個師団の合計三個師団。シンガポール及びマレー英空軍基地に対する航空撃滅戦と、シンガポール及びメルシングに対する艦砲射撃の後にメルシングに強襲上陸を敢行する。ただしタイ領シンゴラにはタイ国との事前協定を結び無血上陸を前提とする。

*比島に対しては、ルソン島北端のアパリとミンダナオ島ダバオに各一個連隊を奇襲上陸せしめ、所在の飛行場を確保する。また主上陸地のリンガエン湾とバタンガス湾に対しては、航空撃滅戦による米空軍の撃滅のほか、上陸地点に対する艦砲射撃の後強襲上

空母	竣工	排水量	速力	搭載機
軽空母　龍驤	昭和８年	8000 t	29 ノット	36+12
軽空母　鳳翔	大正 11 年	7470 t	25 ノット	15+６世界初の空母
改装空母　祥鳳	昭和 14 年	11200 t	28 ノット	27+３潜水母艦改装
改装空母　瑞鳳	昭和 15 年	11200 t	28 ノット	27+３潜水母艦改装
改装空母　大鷹	昭和 16 年	17830 t	21 ノット	23+４商船改造
計				128+28

陸を実施するが、兵力は各一個師団と予備混成一個旅団とする。
＊「神州丸」型強襲揚陸艦はマレーのメルシング二隻、比島のリンガエン湾及びバタンガス湾に各一隻使用する。
軍直轄の戦車連隊は第一次上陸のマレー二個師団と比島二個師団に各一個連隊を配属し、また七・五糎自走砲大隊（一個中隊六門の三個中隊編成）も開戦時に間に合い次第、逐次第一次上陸師団に配属する。取り敢えず中隊単位でも可。なお、戦車揚陸艇（ＳＳ艇）も完成次第逐次使用する。

b　護衛艦隊の編成と戦力

第二章で護衛艦隊の構想を示したが、艦種別にその隻数と装備などを具体的に検討してみる。日本海軍は漸減作戦用の空母、戦艦、巡洋艦、駆逐艦、潜水艦の整備には意を用いてきたが、船団護衛や対潜用護衛艦の整備は遅れていた。

護衛艦隊の空母は、各船団上空の直接援護が任務であるが、重点は英領マレー半島のメルシングと比島のリンガエン湾であろう。各空母の配置は軽空母の「龍驤」がメルシング、タイとの協定の上に上陸するシンゴラには搭載機数の少ない「鳳翔」を、比島の主上陸地二か所には潜水

艦　種	隻数	排水量	速力	主砲	魚雷発射管	爆雷投射機
二等駆逐艦　樅型	12 隻	770 屯	36 ノット	12 センチ× 3	4 門	
二等駆逐艦　若竹型	6	820	35.5	12 センチ× 3	4	
水雷艇　鴻型	8	840	30.5	12 センチ× 3		
水雷艇　千鳥型	4	600	28	12.7 センチ× 3	2	
海防艦　占守型	4	860	19.7	12 センチ× 3		2 門 18 個
掃海艇　第 1 号型	6	600	20	12 センチ× 2、8 糎高× 12 門		2 門
掃海艇　第 19 号型	17	648	20	12 センチ× 3		1 門
駆潜艇　第 13 号型	15	438	16	8 糎高× 1		2 門 36 個
哨戒艇　旧型駆逐艦	12（旧 1 等駆逐艦 2 隻、旧 2 等駆逐艦 10 隻）					
合　計	84 隻					

母艦改装の「祥鳳」「瑞鳳」。ルソン島北端のアバリは台湾の基地航空部隊が常時援護するものとし、商船改造の「大鷹」はミンダナオ島ダバオ船団の支援に回す。

以上の措置はもちろん、南方担当の第二機動部隊（制式大型空母の翔鶴、瑞鶴）並びに台湾、仏印に展開する我が海軍基地航空部隊と陸軍第三・第五飛行集団による航空撃滅戦、並びに米アジア艦隊、英東方艦隊の撃滅が優先される。

次に各船団の対潜護衛は二等駆逐艦以下の小艦艇となるが、日本海軍は対潜艦艇の整備に関心が薄かったため、開戦予定の昭和十六年十二月上旬における充当可能兵力は以下の範囲に限定される。

各輸送船団護衛艦艇の旗艦として、主要上陸地のマレー方面二か所、比島方面二か所に連合艦隊直属の練習巡洋艦三隻と軽巡洋艦一隻を充てる。

練習巡洋艦「鹿島」「香取」「香椎」五九〇〇屯、一八ノット、一四糎砲×四門、一二・七糎高×二門、魚雷発射管四門。

軽巡「夕張」三一〇〇屯、三五・五ノット、一四糎砲×六門、八糎高一門、六一糎魚雷発射管四門

Ⅲ　日米交渉と日本の最終提案

第三次近衛内閣は七月十八日、松岡外相の更迭と対米交渉の打開に当たる新外相に重光葵氏を起用した（重光氏は外務次官、駐ソ大使、駐英大使を歴任している）。

重光は中国政策の軌道修正を図るべき時期と考えており、中国における政治的経済的指導を中国人に譲り、今後中国の内政に干渉せず、中国を完全な独立国として遇しようとの考えであった。これはすなわち中国大陸からの全面的撤兵と駐兵権の放棄を意味する。

これはまさしく新しい軍首脳の考えと全く一致するものであり、昭和天皇も全面的にこれに賛同された。

1　重光外相からグルー駐日大使に対する日本の最終提案

具体的内容の要旨は以下のとおり。

①日米通商条約の廃棄及び対日石油全面禁輸の撤回。新たに友好親善条約の締結。

②日本側の条件提示事項。

a　蔣介石政権との和平実現。そのため支那大陸（海南島を除く）からの全面撤兵。

b　日独伊三国同盟の廃棄。

c　日ソ中立条約を廃棄し、日本は北東アジアにおける共産主義への防波堤の役割を果たす。そのため満州の統治権と駐兵を保持する。

d　蘭印とは石油等の輸入契約を締結し、仏印と海南島はシーレン防衛のため当分の間、駐留条約を結ぶ。

2　アメリカの真意

米政府は欧州方面の連合国の苦境を救うため、公然と大規模な援助を行う必要に迫られていた。それには米国が正式に欧州戦に介入する必要があったが、独逸側の自重により戦争介入の口実が得られず米政府の悩みとなっていた。米国では議会の承認を得なければ開戦できない制度であったが、当時の情勢のままではとうてい欧州戦介入に対する議会の支持を得ることは望み得なかった。

米政府は、日本を戦争に巻き込めば三国同盟等の関係から独逸も対米戦に参入し、米国の欧州戦介入の目的が達成できる公算が大きいと判断していた。しかし米国が、あまり大きな危険にさらされることなしに、如何にして日本をして先に手を出させるかは極めて難しい問題であった。

米国は、①　大東亜共栄圏の否定。②　三国同盟からの脱退。③　中国（恐らく満州を含む）及び仏印から日本軍の全面的撤退と重慶政府以外のあらゆる在中国政権の不支持の要求、という、日本側がとうてい受け入れ不能な提案を出し、日本側を立たざるを得ない立場に追い込み、先に手を出させることを期待しているものと、新しい陸海軍首脳部は洞察していた。

3　対オランダ石油交渉の方針

日本はなるべくイギリス・アメリカとはいざこざを避け、オランダに対して石油交渉を行う。貯蔵石油の減少具合を勘案しつつ、機を見てスマトラ島のパレンバンまで石油輸入のタンカーを派遣する。タンカーには護衛の巡洋艦や駆逐艦だけでなく、軽空母と陸戦隊をつけて「砲艦外交」を行う。

日本はあくまで商売としての交渉をし、石油代金はロンドンのオランダ亡命政権か石油会社に前払いしてもよい。

一七世紀頃には大海軍国であったオランダは、米英に匹敵する海軍力を誇る日本の実力の前には、植民地を維持できないことを承知しているから、石油取り引きに応ぜざるを得ないだろう。もし出来得れば、スマトラのパレンバン油田を二〇年間ぐらい租借できたら申し分ない。

どうしても米英が邪魔をして、オランダが石油を売らない場合は、交渉経過を世界に公表して米英の非を強く訴えることも出来る。そしてオランダと戦闘を開始して、スマトラを占領する。また、米英が武力で妨害すれば、堂々と宣戦布告して戦う。その場合、マレーとフイリピンは当然占領することになろう。

その間にも支那大陸からの撤兵は粛々と実施される。日本は満州、朝鮮、南樺太、千島、南洋委任統治領、フィリピン、マレー、スマトラの線を防衛線とし、内線の利を十分に発揮して不敗の態勢を構築することが出来る。

第四章　米軍の西進と日本の迎撃戦略

Ⅰ　米太平洋艦隊の西進戦略

1　アメリカの「オレンジ計画」

一九〇六年〜一九一一年の間に立案された対日戦争計画（コードネーム・オレンジ計画）は、次の三段階からなっていた。

① 日本軍の攻撃によって極東の領土を失う第一段階。
② 反撃に転じて南洋諸島（後に日本の委任統治領となった）を攻略し、次いで日本艦隊を決戦で敗北させる第二段階。
③ 海上封鎖によって日本を屈服させる第三段階。

一方、アメリカは太平洋制覇の長期戦略の一環として、一八六七年にミッドウェー島を、一八九八年にウェーキ島を、一八九九年にはドイツと争ってサモア諸島のチュチュイラ島を領有した。しかし第一次大戦での日本軍の南洋諸島占領は、アメリカ艦隊の西進を妨害するものとして、ベルサイユ講和条約において南洋諸島を国際連盟管理下の委任統治領とし、「本地域内に陸海軍の根拠地または築城を建設することを得ず」という軍備制限を課して、南洋諸島の非軍事化を認めさせた。

2　太平洋進攻作戦とアメリカ海兵隊

一九二〇年一月には、対日作戦においてマーシャル・カロリン諸島を占領するための強襲上陸作戦専門部隊として、六〇〇〇〜七〇〇〇人の海兵隊の必要性が要請され、翌年六月にはパラオ、トラック、ペリリュー等を逐次占領し、艦隊の中継基地としつつ日本に接近する太平洋横断の攻勢作戦「ミクロネシア飛び石作戦」構想を完成させた。

そして実際の上陸演習は一九二三年から開始され、図上演習地も対日戦争を想定し、トラック、パラオ、グアム、サイパン等が選定され、ますます具体化していった。

一九三三年末には海兵隊の人員も戦時定員四万人に増強され、小型の旅団規模の海兵部隊をサンディエゴなど二か所に編成配置された（この計画は二〇年後に開始された太平洋戦争における日本攻略作戦と全く同じ戦略を計画していたものである）。

3　第二次大戦直前期の米国戦略

第二次欧州大戦の勃発と日本の東南アジアへの南進の企図（一九四〇年九月、北部仏印進駐）により、アメリカは日独連合脅威に対処し得る「両洋総合戦略」の必要性を痛感した。欧州第一主義を強調する陸軍と、太平洋での攻勢思想を捨て切れぬ海軍は、一九三八年のオレンジ計画改定で鋭く対立、対一国戦争主義に立脚したカラープランは廃止され、激動する東西両半球に応じた大戦略を律するレインボー計画となった。スターク海軍作戦部長は一九四〇年十一月のドッグ・プランで、両洋艦隊計画の完成までは、対独、大西洋第一主義を守ることを確認した。しかし、ルーズベルト大統領は対日戦についての配慮も忘れなかった。一九四〇年の海軍大演習に引き続き、太平洋艦隊の主力をハワイに残留させて日本の南方進出を牽制し、大西洋に艦隊主力を移動せよとの陸軍の要望を押さえ続けた。但し、太平洋方面は専守防禦に近い態勢をとり、局地攻勢の限界線をマーシャル群島に限るとした戦略計画であった。

Ⅱ　日本海軍の伝統的な対米作戦構想

1　帝国用兵綱領による対米作戦要領

「東洋にある敵を撃滅し、その活動の根拠を覆し、かつ本国方面より来攻する敵艦隊の主力を撃滅するを以て初期の目的とする。これがため海軍は作戦初頭速やかに東洋にある敵艦隊を撃滅して東洋方面を制圧すると共に、陸軍と協力してルソン島及びその付近の要地並びにグアム島にある敵の海軍根拠地を攻略し、敵艦隊主力の東洋方面に来攻するに及び機を見て之を撃滅す」

以上のとおりであるが、ここで意味する「西太平洋での艦隊決戦」とは、日本本土に向かう米艦隊を、中部太平洋の島々を基地とする潜水艦、航空機で攻撃して損害を与え、さらに日本近海で待ち受ける主力部隊が撃滅するという、「漸減作戦」を考えていた。

「漸減作戦」を具体的に述べると、まず第一段階が「敵港湾の監視」、次の第二段階が「敵艦隊の追跡接触、前程進出、包囲」である。これを日本近海まで繰り返す。

そして第三段階が「決戦投入」である。巡潜型（巡洋潜水艦、二〇〇〇トン級、水上偵察機搭載）や海大型（一五〇〇トン級、主力艦隊に随伴可能な艦隊決戦用大型潜水艦）は長距離行動可能で、敵の主力部隊の前程進出可能なように、二二～二四ノットの水上高速を必要とした。

そして米海軍が西太平洋に進攻し、西太平洋が戦場となった場合は、中小型の海中六型、潜小型、特殊潜航艇に期待した。

(注)　海中六型＝呂三三型　七〇〇トン、水上一八ノット、水中八・二ノット。潜小型＝呂一〇〇型　五二五トン、水上一四・二ノット、水中八ノット。特潜（甲標的）甲型＝水上四六トン、水中一九ノット。
特潜は乗員が操縦し、敵艦に潜航肉薄して魚雷を発射する点では単なる小型潜水艦に過ぎぬが、着想が魚雷系統者よりでたため、機構上は大型魚雷ともいうべく、潜水艦としては無類な水中高速性能を有する特徴がある。特潜は元来、洋上の決戦場で敵主力を襲撃する潜水艇である。

2　曖昧・不徹底な艦隊決戦主義

(1)　艦隊決戦と情報

果たして日本海軍の作戦中枢の人物たちは、開戦前後当時どのように漸減作戦による艦隊決戦を認識していたのか。昭和十六年四月から二年余、開戦をはさむ時期に軍令部作戦部長の要職にあった福留繁少将（当時）。彼は海軍大学校を次席で卒業後、軍令部の要職をことごとく歴任。後に連合艦隊参謀長（中将）を勤めた戦略戦術の第一人者である。その福留参謀長が連合艦隊の主力部隊を率い、米海軍の機動部隊を求めて中部太平洋に出撃して果たさず、次の如き意味の見解を述べている。

「攻勢防禦作戦は、机上作戦、つまり兵棋演習や図上演習の範囲では妙案だったが、実際に太平洋の広さの中で使うには、海が広すぎて敵が摑めない。使おうにも使えないことがわかった。我々がやってきた作戦計画は、無駄だった」

「漸減作戦による艦隊決戦が成立するためには、西太平洋のどこか一点で、日米海軍の主力部隊が向き合わねばならない。向き合わないと砲撃戦にならない。いったい、どうやって洋上に敵艦を見つけるのか。敵主力部隊のいるところに、一隻でも多くの味方主力艦を集め、最も有利な方向から有利な隊形で敵に接近しなければならない。太平洋のような広いところでは、敵がどこに来るかわからない」

軍令部の作戦部長を務めた連合艦隊参謀長が、伝統的迎撃戦略に疑問を持つのは極めて重大な問題と思わざるを得ない。

最近の新聞記事に、「三井物産の情報収集力は、かつては国よりも上だった由で、日露戦争でロシア・バルチック艦隊の到来をいち早く察知したのは三井物産だといわれる。ロシア艦隊が寄港地で調達した燃料の量などから航路を割り出したらしい」

要するに情報収集力とその分析である。敵がどこに来攻するかは米軍無線による諜報解析(敵の通信量、宛先、発信者、周波数、呼出符号、電文形式等の観察によって暗号の解読によらない方法で、敵の電文から情報を引き出す方法)や長距離偵察機、例えば「九七式大型飛行艇」(航続距離三二八三浬＝六〇八〇キロ)または「九六式陸上攻撃機」(航続距離三三二四浬＝六一五六キロ)による索敵網の形成のほか、潜水艦の面的配置の移動による捜索など、空・海・水中の立体偵察を実施すれば必ず判定できる。

一般的に日本海軍は索敵・情報収集に不熱心であった。日本海軍の航空機による哨戒は半径四〇〇浬（七四〇キロ）が多かったが、米海軍の哨戒距離は七〇〇浬（一三〇〇キロ）が普通であった。また、空母が索敵機を発進する場合も、日本空母が六機を充当するとき、米軍は三倍の一八機も発進させていた。日本空母は索敵機を節約してこれを攻撃に回す傾向が多かったのである。したがって日米両軍が同時に索敵機を発進させた場合、敵を発見するのは米軍の方が早い例が多い。

(2) 中・西部太平洋の島取り合戦

米海軍の基本戦略は、前述の如く太平洋の主要な島々を逐次占領して艦隊の中継基地としつつ、日本に接近するという「ミクロネシア飛び石作戦」であり、一九二一年、すなわち大正十年以来の基本構想であった。

要するに米軍は最初から対日戦争を「島取り合戦」と心得て、海兵旅団の設立、上陸用舟艇や水陸両用戦車など必要兵器・機材の面でも万端の準備を整えていた。

そして「島取り合戦」の過程において艦隊決戦が惹起され、大艦巨砲主義に基づく新戦艦「ノース・カロライナ型二隻（四〇糎砲九門、二八ノット、三万五千屯、一九四一年竣工）」及び「サウス・ダコタ型四隻（要目同じ、一九四二年竣工）」を起工して対日戦に備えていた。

さらに制式空母は「サラトガ型二隻、各九〇機」と「ヨークタウン型三隻、各八〇機」「ワスプ、六九機」「レンジャー、八〇機」の計七隻が実戦配備されており、搭載機数合計は五六九機である。これは日本の制式空母七隻（赤城、加賀、蒼龍、飛龍、翔鶴、瑞鶴、龍驤）の搭載機数合計五四三機よりも二六機多いだけで実質的に互角である。

米海軍は日本海軍のように、中部太平洋から西太平洋にかけての果てしなく広い大海の一点を求めて、決戦を想定していたのではなかった。あくまで島を占領する過程において海空からの決戦を強要し、時に応じて「飛び石作戦」も併用し、価値の少ない島は後方に置き去りにするという効率的な戦略を想定していたのである。

しかし南洋諸島の島々すべてに戦略的価値があるのではない。飛行場施設を整備するには狭すぎる島や、艦隊の泊地には不的確の島は防備のための兵力や陣地を築く必要はない。そのあたりをよく吟味して孤島防禦の指針を定めて徹底し、かつ孤島間の相互援助システムを確立しなければならない。

このような対応を整備して演練しておけば、日本の漸減作戦は理に適った戦略であり、守る日本軍の方が有利であることに論議の余地はない。

(3) 陸海軍と航空兵力の統一指揮

漸減作戦最大の問題は、米軍の攻勢ルートと標的とする島嶼《とうしょ》を想定し、各島嶼を相互援助可能な如く、陸海空の戦力を効果的に配置運用できるか否かである。そのためには、方面毎に統一指揮可能な組織の構成が必要となる。

第二次大戦中の米軍も、日本軍同様に空軍の独立はなく陸空軍と海空軍は分離していた。

しかし彼らは方面毎（任務毎）に陸海軍を一人の指揮官に統一指揮させる組織運営の方法を採用した。すなわち中部太平洋は太平洋艦隊司令長官のニミッツ大将が最高指揮官となり、南西太平洋（ニューギニア〜フィリピン方面）はマッカーサー陸軍大将が最高指揮官となった。

さらに具体的に述べると、レイテ作戦では上陸軍の陸軍四個師団のほか、護衛空母群や砲火支援の戦艦群を指揮するキンケイド海軍中将は、当然のことにマッカーサー指揮の下に置かれた。しかし、サイパン（海兵二個師団、陸軍一個師団）及び沖縄（陸軍五個師団、海兵二個師団）の上陸作戦においては、攻略軍指揮官ターナー海軍中将の指揮下に置かれている。

日本の対米戦略は、南洋諸島の防衛を通じての漸減作戦であるから、島嶼防禦の陸戦自体は陸軍の専門である。しかし来攻する米軍は、上陸軍を伴った海・空軍であり、島を基地として米軍を洋上に迎撃するのは海軍と航空の専門である。

攻める米軍が一人の指揮官の下に結集するのに対し、守る日本軍が陸海バラバラでは勝負の結果は見えている。果たしてどうするか？　この点が最も頭の使い所であり、戦端を開く前にまず、この大原則を決定しなければ敗戦は避けられない。

Ⅲ　戦争か平和か、日本の隠忍自重とアメリカの高飛車な姿勢

既に述べた如く米国は日本を戦争に巻き込めば、三国同盟などの関係から独逸も対米戦に立ち上がり、米国の欧州戦介入の目的が達成できる公算が大きいと判断していた。

支那からの全面撤兵や日独伊三国同盟の廃棄までも自ら提起して、米国との平和交渉を成立させようとした日本政府に対し、九月一日、米国は日本の提案を不十分とし、さらに満州の放棄と撤兵並びに仏印からの撤兵までも要求してきた。

米国にとって戦備の関係からは、対日戦の開始時期は翌十七年春が望ましかったが、欧州戦の情勢は一日も早い米国の介入が急がれるほど逼迫していたため、日本に対する交渉態度は、どこまでも高飛車的な方針に撤することが必要と判断した。そして日本が和戦の関頭に追い込まれており、開戦は間近いと判断していた。

ここに至って近衛内閣並びに陸海軍首脳も開戦の決意を固め、なお日米交渉の継続に努めつつ、九月二十日を目途に「帝国国策遂行要領」の御前会議における決定を経て、作戦準備発令へのスケジュールを定め、戦争準備を開始した。

第五章　開戦の決定と開戦指導

Ⅰ　戦争決意と戦争準備の概要

1　戦争決意

昭和十六年九月二日、米国からのさらなる要求は満州と仏印からの撤兵にあった。事ここに至って日本も最後の腹を固め、「帝国国策遂行要領」の作成を急いだ。その原案は次のとおりである。

①　蘭印に対し、パレンバン油田の二〇年間租借を交渉し、もし租借が無理であれば石油の長期輸入契約を交渉する。石油交渉がすべて不調に終われば、十六年十一月初旬を目途にオランダに対し、宣戦布告してスマトラ全島を占領しパレンバン油田を無傷で確保

する。

②米英軍が武力をもって日本軍の行動を妨害する場合には、日本からは宣戦を布告せず妨害排除に踏みきり、米英軍の東洋における海軍戦力である米アジア艦隊と、英東方艦隊の撃滅を図ると共に、戦闘行動に至った経緯と日本の意図を全世界に向かって公表する。

③米英艦隊撃滅作戦と並行して、マレー半島とフィリピンに対する航空撃滅戦を展開し、陸軍の上陸作戦によりシンガポール、マニラその他の戦略要点を攻略する。

④中部太平洋艦隊を中心とする連合艦隊主力は、米太平洋艦隊に対する防衛作戦を展開し、その西進をマーシャル諸島近海で阻止する。またこの作戦の一環として、ギルバート諸島のマキン、タラワ島などを攻略して、マーシャル諸島の側面防禦を強化する。

⑤支那派遣軍の撤兵は次の方針に沿って遂行する。

(イ)南支派遣軍は仏印、海南島に移動し南方作戦に備え訓練に入る。

(ロ)北支派遣軍は主力をもって満州に移動し、東部国境の増強を図る。

(ハ)中支派遣軍は撤退にあたり北支派遣軍の撤退側面を援助するほか、自らの撤退完了後は海上機動旅団一〇個を編成し、台湾、沖縄、小笠原諸島、サイパン島で訓練に当たる。残余の部隊は内地と朝鮮に移動する。

(ニ)中、北支派遣軍所属人員より、工場及び農村出身者のうち一〇万人を目途として復員せしめ、国内生産活動の増強に当てる。

この「帝国国策遂行要領」は十六年九月二十日の御前会議において決定された。なお、蘭印との石油交渉が順調に妥結した場合は、当面平和が維持されるが米英の軍事行動を十分に警戒しつつ、いつでも前記作戦行動がとれる準備と訓練に努める。

2　対蘭印石油交渉とパレンバン油田の攻略準備

①　対蘭印石油交渉の経緯

アメリカは石油の制裁（輸出禁止）については極めて慎重な態度をとって来た。戦前の日本は輸入石油の七〇〜八〇％を、カリフォルニア州を主とするアメリカに依存し、ついで一〇〜二〇％を蘭印に依存していた。アメリカ政府は石油輸出を禁止すると、日本はインドネシアに侵入するのではないかと恐れていたのである。

その理由は、一九四一年末（太平洋戦争勃発時期）の日本の石油備蓄量が、平時の計算で二年分、戦時では一年半分しか無いと観測していたからである。

日本政府は平和的にインドネシアから石油を購入しようと、一九四〇年九月から一九四一年六月まで努力を続けた。特派大使（当初現職の商工大臣小林一三、ついで元外務大臣芳沢謙吉）をジャカルタに送り、オランダ総督と交渉した。交渉はある程度進展を見せ、成功しそうであったが結局は失敗に終わった。

日本の軍部は、オランダ総督が強硬なのは、アメリカ・イギリスが背後にいるからと考えていた。一九四一年七月に日本が南部仏印に進駐すると、アメリカは在米資産を凍結し、八月一日には対日全面経済断交となり、イギリスと共にオランダもアメリカに追随した。

② 対蘭強硬姿勢に転じた日本

支那大陸からの撤兵、日独伊三国同盟廃棄という思いきった日本の提案に対し、昭和十六年九月一日、アメリカは満州と仏印からも撤兵というさらなる要求を突きつけた。ここに至って日本は武力による威嚇《いかく》を伴う「砲艦外交」に転換するに決し、十月一日、大型タンカー四隻と軽空母を含む強力な護衛艦隊は呉軍港を出港し、オランダ総督府のあるジャワ島バタビヤ沖と、スマトラ島パレンバン油田沖に向けて出港した。

護衛艦隊の編成は次のとおり。第二機動艦隊　旗艦「青葉」「衣笠」の重巡二隻、軽巡二隻、駆逐艦四隻、南方方面艦隊　一等潜水艦四隻（隠密行動）。護衛艦隊　軽空母「龍驤」、二等駆逐艦三隻。輸送艦艇　強襲揚陸艦「神州丸」搭載　歩兵二二〇〇名、中戦車一〇、自走砲六、戦闘機六、軽爆撃機六、タンカー四隻

㈟　潜水艦の任務は一般的な警戒護衛活動のほか、シンガポール軍港に増援を予想される英海軍新型戦艦や航空母艦に対し、実力を以て阻止をする極秘任務を有していた。

3　日本陸軍の南方作戦部隊編制と作戦構想

南方地域に対する日本陸軍の展開範囲は、蘭領インドシナ、フィリピン、マレーの三地域に限定されるから、作戦軍の規模は一方面軍・三個軍の規模が適当とされた。

(1) 南方方面軍の編成と指揮官

★南方方面軍・軍司令官　板垣征四郎大将（一六期、陸相、朝鮮軍司令官）、総参謀長塚田攻中将（一九期）、総参謀副長二名のうち一名は海軍の将官とする。

☆蘭印作戦軍（第一六軍）＝軍司令官　今村均中将（一九期）、第二師団、第一八師団

☆マレー作戦軍（第一五軍）＝軍司令官　牛島満中将（二〇期）、第五師団、近衛師団、第五六師団

☆フィリピン作戦軍（第一四軍）＝軍司令官　中村明人中将（二二期）、第一六師団、第四八師団、第六五旅団

☆南方方面軍直轄＝第三三師団、第五五師団、戦車第三旅団（戦車二個連隊、第一五軍に配属予定）、戦車第四旅団（戦車二個連隊、第一四軍に配属予定）、海上機動四個旅団（シンガポール、コレヒドール等の強襲上陸用）。合計・一般師団九、旅団一、戦車旅団二、海上機動旅団四

☆第三飛行集団＝集団長　菅原道太中将（二一期）、第三飛行団（戦闘一個戦隊、襲撃一個戦隊、双軽二個戦隊）、第七飛行団（戦闘一個戦隊、重爆三個戦隊）、第一〇飛行団（軽爆一個戦隊、重爆一個戦隊、司偵一個中隊）、第一二飛行団（戦闘二個戦隊）、他に（司偵二個

戦隊、軍偵二個中隊、直協一個中隊)
☆第五飛行集団＝集団長　小畑英良中将（二三期）、第四飛行団（戦闘一個戦隊、軽爆・司偵一個戦隊、重爆一個戦隊）、他に（戦闘二個戦隊、司偵・軍偵・直協各一個中隊）

(2)　第一六軍の蘭印攻略構想

(イ)　パレンバン油田とスマトラ南部飛行場の確保

海上機動一個旅団でムシ河を遡航せしめ、一〇〇キロ奥のパレンバンを占領した後、強襲揚陸船「神州丸」部隊と共に南方に分遣し、テロクベトン、タンジュンカランの二大飛行場を占領し、陸軍航空部隊の進出を容易ならしむ。

上陸部隊の総指揮は、方面軍直轄の第五五師団歩兵団長・桜井徳太郎少将が任命された。パレンバン油田及び飛行場確保の緊急手段として、南部仏印のサイゴンを基地とする陸軍落下傘部隊を準備する。海上機動旅団の編成内容は次のとおり。

旅団本部＝機動大隊（上陸用歩兵大隊）歩兵中隊（軽機関銃一五、重機関銃二、迫撃砲四）、迫撃砲中隊（迫撃砲一二）、砲兵中隊（七・五糎山砲三、四・七糎速射砲二）、工兵隊。戦車隊（軽戦車一四）。機関砲隊（高射機関砲四）。輸送隊（特大発一〇、大発一五〇、駆逐艇一〇、SS艇三）。通信隊。衛生隊。編成定員五四五八名。戦車隊は中戦車を一部使用することあり。

(ロ)　第一六軍主力の行動概要

南部仏印に待機中の第一六軍主力は、オランダに対する宣戦布告と同時に南下を開始し、第二師団の主力はバンタム湾に上陸して首都バタビヤを攻略する。さらにパレンバン攻略の海上機動旅団と二師団の一支隊をもって中部ジャワのエレタンに上陸させ、カリジャチ飛行場の確保とバンドン要塞を攻略させる。

また第一八師団主力は、東部ジャワのクラガンに上陸して蘭印軍を東方から圧迫すると共に、一支隊をもってバリ島の飛行場を確保させる。

スマトラ南部の飛行場に進出した陸軍航空部隊の戦闘三個戦隊、軽爆二個戦隊、重爆二個戦隊は、全力をもって一六軍の戦闘に協力し、カリジャチ飛行場攻略後は速やかにスマトラから進出する。

なお、第一六軍のジャワ島上陸作戦にあたり、方面軍予備の師団から混成一支隊をスマトラに派遣し、マレー半島の英軍に備える。
(ハ)　第一六軍に協力する海軍支援部隊
第二機動艦隊（司令長官・角田覚治中将）＝大型空母「翔鶴」（搭載機八四機）、小型空母「鳳翔」（搭載機二三機・護衛艦隊所属）、重巡「利根」「筑摩」、重巡「古鷹」「加古」、軽巡二隻（南方方面艦隊所属）駆逐艦一二隻
スマトラ先遣隊＝軽空母「龍驤」（搭載機四八機・護衛艦隊所属）、重巡「青葉」「衣笠」（第二機動艦隊所属）、軽巡二隻（南方方面艦隊所属）、駆逐艦四隻（第二機動艦隊所属）、強

襲揚陸艦「神州丸」タンカー四隻、二等駆逐艦三隻（護衛艦隊所属）、潜水艦四隻（南方方面艦隊所属）

◆南方方面に使用予定の残存艦隊

南方方面艦隊（司令長官・三川軍一中将）＝戦艦「山城」「扶桑」（三六糎砲各一二門）、重巡「妙高」級四隻（二〇糎砲各一〇門）、駆逐艦一六隻、潜水艦八隻（軽巡四隻と潜水艦四隻は蘭印作戦に出勤中）

第二機動艦隊＝大型空母「瑞鶴」（搭載機八四機）、戦艦「伊勢」「日向」（三六糎砲各一二門）（重巡六隻と空母「翔鶴」及び駆逐艦一六隻全艦が蘭印作戦に出勤中）

(二) スマトラ先遣隊の作戦行動

すでにスマトラ島パレンバン沖と、ジャワ島バタビヤ沖に待機中につき、即座に蘭印軍に対し戦闘行動を開始することが出来る。

＊軽空母「龍驤」は、スマトラ南部の敵飛行場を攻撃し、地上の敵機を破壊するが、飛行場施設は極力そのまま保存する。また強襲上陸する「神州丸」部隊と、海上機動旅団の戦闘に直接協力する。

＊バタビヤ沖の海軍部隊（重巡「青葉」と駆逐艦二隻）は、速やかにスマトラ沖の空母部隊と合同し、ジャワ島方面からするオランダ艦隊の襲撃に備える。

特にスマトラ～ボルネオ間の三海峡（カリマタ海峡、ガスバル海峡、バンカ海峡）一帯を封鎖して、第一六軍輸送部隊と支援艦隊の進路を確保する。

また前述のとおり、先遣隊の潜水艦四隻をもってインド洋からの英国艦隊、特に戦艦・航空母艦の進出を阻止する。

(ホ)ジャワ島平定後の第一六軍の行動予定
*ボルネオ要地の攻略
石油産地・航空基地を有する北部の要衝タラカン。石油事業都市で海軍の要港でもあり、背後に二個の航空基地を有するバリクパパン。ジャワ島対岸のパンジェルマシン。
*チモール島の攻略。

Ⅱ　太平洋正面の部隊展開と対米戦略

1　中部太平洋方面陸軍部隊の編制と防衛構想

(1)　部隊配置の方針
(イ)　孤島防禦の兵力単位は、島の戦略的位置と地勢を中心に評価し、各島を大・中・小の三種に分類し、大には師団（例えばサイパン、グアム、トラック、パラオ、マーシャル）、中には混成旅団（例えばポナペ、メレヨン、ヤップ等）。小には混成連隊（歩兵一個大隊、迫撃一個中隊、山砲一個中隊、工兵一個小隊）を配置。

＊海上機動六個旅団は、逆上陸及び緊急増援用兵力として数か所に控置する。

(ロ) 築城を重視するため、中将を築城本部長とする独立工兵一〇個連隊を編成し、東方に位置するマーシャル諸島から順次工事に着手する。主要な島には重砲の配置可能な要塞化を実施し、特に師団が配置される島にはシンガポール級の難攻不落の工事を施す。

(ハ) 南洋諸島全域をブロック化して各ブロックに方面軍の戦闘指令所を設け、少将の参謀副長を配置して戦闘指導と方面軍指揮の徹底を図る。ブロック毎に軍司令部は設けない。ブロックは、マーシャル・東カロリン・マリアナ・西カロリンとする。

(ニ) 飛行場の開設・整備は海軍の所管とするが、必要に応じて陸軍も支援する。飛行場設置箇所は概ね次のとおり。

マーシャル諸島＝クェゼリン、ルオット、ミリ、ウォッゼ、マロエラップ、ブラウン、クサイ。水上機基地・ヤルート、エヒジェ。ギルバート諸島＝タラワ。東カロリン諸島＝トラック。マリアナ諸島＝サイパン、テニアン、占領後のグアム。西カロリン諸島＝パラオ、ペリリュー。旧委任統治領以外＝南鳥島、小笠原諸島、占領後のウエーク島などの建設作業は連合艦隊及び中部太平洋方面陸軍部隊の管轄外とし、海軍省直轄とする。

(2) 具体的な部隊配置

マリアナ諸島と西カロリン諸島防衛の中核兵団は現役師団の精鋭部隊とする。

サイパン＝第九師団（金沢、明治三十一年編成、日露戦争・第一次上海事変他）、パラオ＝第一四師団（宇都宮、明治三十八年編成、日露戦争、シベリヤ出兵他）、グアム＝第一五師団（名古屋、明治三十八年編成、日露戦争、中支派遣）、クェゼリン他マーシャル諸島＝第二二師団（仙台、昭和十三年編成、中支派遣）、トラック＝第四〇師団（善通寺、昭和十四年編成、中支派遣）

一個師団のみでは戦力不足と判断され、これに増加配備される場合、または前記の如く中規模の兵力が適当と判断される場合は「独立混成旅団」を配置する。独立混成旅団の配置は原則として次の島嶼が予定された。

＊独立混成第四七旅団＝サイパン島　歩兵四個大隊、野砲一個中隊八門、十榴二個中隊一四門、工兵隊、通信隊。＊独立混成第四八旅団＝グアム島　歩兵四個大隊、山砲四個中隊、工兵隊、通信隊。独立混成第四九旅団＝ヤップ島（西カロリン諸島　歩兵四個大隊、野砲一個中隊八門、十榴二個中隊一四門、高射砲、工兵隊、通信隊。＊独立混成第五〇旅団＝メレヨン島（西カロリン島）歩兵五個大隊、砲兵隊、戦車隊、高射砲、工兵隊、通信隊。＊独立混成第五一旅団＝トラック島。一部モートロック諸島　歩兵六個大隊、山砲六個中隊二七門、高射砲、工兵隊、通信隊。＊独立混成第五二旅団＝ポナペ島（東カロリン諸島）歩兵四個大隊、戦車隊、砲兵隊、工兵隊、通信隊。＊独立混成第五三旅団＝パラオ島　歩兵六個大隊、山砲三個中隊一八門、速射砲、高射砲、工兵隊、通信隊。合計七個旅団、歩兵三三個

大隊

(3) 特科部隊の増強

(イ) 各師団に対する増強

＊対空戦闘＝高射砲一個連隊（乙編成・七糎半高射砲・五個中隊・三〇門）、高射機関砲一個大隊（二〇ミリ機関砲・五個中隊・三〇門）。＊対水際戦闘＝一五糎榴弾砲一個連隊（二個大隊・六個中隊・二四門）、中迫撃砲一個大隊（九七式一五糎中迫撃砲・四個中隊・二四門）、九八式臼砲一個大隊（口径三三糎・無砲弾・三個中隊・二四門）。＊対戦車戦闘＝七五糎自走砲一個大隊（三個中隊・一八両）、四七ミリ速射砲一個大隊（三個中隊・一二門）

(ロ) 各旅団に対する増強

高射砲二個中隊・一二門、高射機関砲三個中隊・一八門、一〇糎榴弾砲三個中隊・一二門、一五糎中迫撃砲二個中隊・一二門、七・五糎自走砲一個中隊・六両、四七ミリ速射砲三個中隊・一二門

(ハ) 特科部隊増強こそ勝利への道

五個師団・七個旅団への増強特科部隊の装備数を合計すると次表のとおり。

特科部隊増強の内訳を数字で示すと、例えば、高射砲二三四門や野戦重砲及び重砲クラスが合計四〇〇門以上など、南洋諸島にこれだけ配備することを疑問に思うと想像されるが、この問題は内地の配備を縮小してでも優先すべき課題であり、本州が米軍に直接攻撃される

ような事態を回避するためにも、第一線の防備を重視しなければ戦争には勝てないのである。巨大戦艦「大和」「武蔵」を戦争末期まで温存するような戦い方は、間違ってもしてはいけないことを銘記すべきである。

	5個師団	7個旅団	合　計
7糎半高射砲	150	84	234
高射機関砲	150	126	276
15糎榴弾砲	120	—	120
10糎榴弾砲	—	84	84
33糎臼砲	120	—	120
15糎迫撃砲	120	84	204
7糎半自走砲	90	42	132
47ミリ速射砲	60	84	144

(4) 海洋における陸軍航空の運用策

中部太平洋防衛作戦における航空部隊の主力はもちろん海空軍であるが、陸空軍としても可能な限り協力しなければならない。

陸軍航空は航続力が海軍航空に比して短いため、戦闘機の分野では孤島防禦戦の防空戦闘に限定し、索敵面では一〇〇式司令部偵察機のスピードを活かした戦略的偵察が挙げられる。

具体的にはマーシャル諸島を重点に、司偵一個戦隊（二七機）と一式戦闘機三個戦隊（一〇八機）位は配置する必要がある。

そして、予備戦力の意味で東カロリン諸島（トラック島付近）に戦闘二個戦隊（七二機）の推進も考えねばならない。但し爆撃機については、陸軍航空では艦船攻撃の経験・能力がない故、全面的に海軍航空に依存するしかない。

(5) 中部太平洋方面軍の首脳部と司令部の位置

方面軍司令官　陸軍中将　安達二十三（二二期）、方面軍参謀長　陸軍中将　武藤章（二五期）、築城本部長　陸軍少将　秋山徳三郎、ブロック担当参謀副長（少将）四名、方面軍司令部の所在地　マリアナ諸島・サイパン島

2　中部太平洋方面の連合艦隊戦略と部隊展開

第二章の連合艦隊編成において建制のナンバー制はとらず、任務別・方面別の編成とする旨を述べた。したがって、蘭印方面に出勤する艦隊編成も南方方面艦隊と第二機動艦隊及び護衛艦隊の混成となっている。

艦隊そのものはナンバー制をとらないが、各艦隊を構成する各種戦隊に関してはナンバーを付した方が分かり易い面もあるので、まずこの点を表示する。

(1)　航空、潜水、水上各部隊の配置

日本連合艦隊としては、対米戦の伝統戦略である漸減作戦を中部太平洋方面において展開すると共に、南方に対しては蘭印石油資源確保に伴う作戦と、これを妨害する米英軍を排除するための比島、マレー、シンガポールでの敵海空軍の撃滅作戦が予定される。

この二正面作戦は、先ず南方方面が先に発生し、太平洋方面は後になる。したがって我が

	中部太平洋艦隊	南方方面艦隊	第１機動艦隊	第２機動艦隊	潜水艦隊
第１戦隊（戦艦）	大和・長門・陸奥				
第２戦隊（戦艦）		山城・扶桑			
第３戦隊（戦艦）			金剛・榛名 霧島・比叡		
第４戦隊（戦艦）				伊勢・日向	
第５戦隊（重巡）	愛宕型４				
第６戦隊（重巡）		妙高型４			
第７戦隊（重巡）			最上型４		
第８戦隊（重巡）				利根型２	
第９戦隊（重巡）				青葉型４	
第10戦隊（軽巡）	球磨型４				
第11戦隊（軽巡）		長良型４			
第１航空戦隊（空母）			赤城・加賀		
第２航空戦隊（空母）			蒼龍・飛龍		
第３航空戦隊（空母）				翔鶴・瑞鶴	
第１水雷戦隊	軽巡１ 駆逐16				
第２水雷戦隊		軽巡１駆逐16			
第３水雷戦隊			軽巡１駆逐16		
第４水雷戦隊				軽巡１駆逐16	
第1·2·3潜水戦隊				潜水艦36	潜水艦36
第４潜水戦隊	潜水艦12				
第５潜水戦隊		潜水艦12			

(注)　護衛艦隊及び連合艦隊司令部直轄の主要艦艇は第二章のとおりで常設の戦隊を編成しない。

海空軍の配備も南方方面を優先し、太平洋方面にはその余剰分を先ず配備し、南方作戦終了後にその主力を太平洋方面に転用することになろう。

(イ)基地航空部隊の配備

前大戦開戦当時の第二一—二六航空戦隊（海軍における航空戦隊

は複数の部隊からなり陸軍の飛行団に該当する）を比島とマレー方面に必要数を配当し、残りをマーシャル諸島、東カロリン諸島のトック島などに配備すると、マリアナ諸島にはごく一部で、西カロリン諸島のパラオ諸島には全く行き渡らない。

これを一表にまとめると、次ページのとおりである。

マーシャル諸島には前述の如く陸軍の戦闘機三個戦隊（一〇八機）が配備されるから、米海軍が来攻した場合の防空戦力は先ず十分に近いものと考えてよい。また長距離・快速の偵察機である一〇〇式司令部偵察機一個戦隊二七機も配備されるから、一二機の飛行艇や陸上攻撃機三六機と協力して、中部太平洋方面の日本の索敵能力は格段に強化されたと判断したい。

(ロ)　潜水部隊の配備

第一、第二、第三潜水戦隊をもって編成された「潜水艦隊」は、マーシャル諸島のクェゼリン島を根拠地とする。クェゼリン島は世界一巨大な環礁といわれ、一大良泊地を形成している。

長距離作戦用の大型潜水艦三六隻は、主力をもってハワイ～南洋諸島間の漸減作戦の中心戦力として位置付ける。また、一部をもて米本土～ハワイ間の索敵、交通破壊に任ずる。

次に、中部太平洋艦隊所属の第四潜水戦隊（一二隻）は決戦海域での戦闘を任務とし、特殊潜航艇（甲標的、水中速力一九ノット）発進による米空母と戦艦の撃沈を優先する。

待機位置はトラック島付近とするが、マーシャル諸島付近の迎撃が有利に予想される場合

		比　島	マレー	マーシャル	トラック	マリアナ
第21航戦	鹿屋空 陸攻54 東港空 飛行艇18	陸攻54			飛行艇18	
第22航戦	美幌空 陸攻36 元山空 陸攻36		陸攻36 陸攻36			
第23航戦	高雄空 陸攻54 第3空 戦45 陸偵6	陸攻54 戦闘45 陸偵6				
第24航戦	千歳空 陸攻27 第1空 陸攻36		陸攻27			陸攻36
第25航戦	台南空 戦54 陸偵6 横浜空 艇12 水戦9 第4・陸攻36			戦闘54 陸偵6 飛行艇12 水戦　9 陸攻36		
第26航戦	三沢陸攻36 木更津空 陸攻36 第6空戦45		戦闘36		陸攻36 陸攻36 戦闘9	
以　外	第2空 戦45	戦闘45				
合　計	陸攻351 戦闘189 陸偵　12 飛行艇30 水戦　9	陸攻108 戦闘90 陸偵6	陸攻99 戦闘36	戦闘54 陸偵6 飛行艇12 水戦　9 陸攻36	陸攻72 戦闘9 飛行艇18	陸攻36

は遅滞なく躍進する。

㈧　水上部隊の配備

☆第一機動艦隊＝トラック島　大型空母赤城・加賀（搭載機90×2）、高速戦艦金剛・榛名（三六糎砲8×2）、重巡洋艦最上・三隈（二〇糎砲10×2）、軽巡洋艦二隻、駆逐艦八隻。

ポナペ島　中型空母蒼龍（搭載機七三機）、高速戦艦霧島（三六糎砲八）、重巡洋艦鈴谷（二〇糎砲一〇）、軽巡洋艦一隻、駆逐艦四隻。ブラウン環礁　中型空母飛龍（搭載機七三機）。エニウェトク　高速戦艦比叡（三六糎砲八）、重巡洋艦熊野（二〇糎砲一〇）、軽巡洋艦一隻、駆逐艦四隻

ポナペ島とブラウン環礁はマーシャル～トラック間の概ね中間に位置し、第一線であるマーシャル諸島への支援容易な位置にある。三個の空母群はそれぞれに輪型陣を組み、各輪型陣は戦艦、重巡、軽巡、駆逐艦によって対空、対潜水艦、対水上艦に応戦可能な編成となっている。しかも各輪型陣は必要に応じて合同、分散可能である。

第一機動艦隊の艦載機合計は上記のとおり三二六機であり、海軍基地航空の一一七機、陸軍戦闘機一〇八機、司令部偵察機二七機を加えると、総計五七八機がマーシャル防衛に参戦できる。

これに対し米太平洋艦隊の空母戦力は次のとおり。サラトガ・レキシントン　九〇機×2＝一八〇機、ヨークタウン型二隻（大西洋から一隻回航）　八〇機×2＝一六〇機、計三四〇機。日本五七八機対米国三四〇機

☆中部太平洋艦隊の配備位置＝小笠原諸島　第一戦隊　新式戦艦大和（四六糎砲九）、戦艦長門・陸奥（四〇糎砲8×2）、第六戦隊　重巡洋艦愛宕型四隻（二〇糎砲10×4）。サイパン島　第一〇戦隊　軽巡洋艦四隻

⑵　駆逐艦一六隻のうち三個駆逐隊一二隻を小笠原諸島において戦艦、重巡の護衛に当

	空母	戦艦	重巡	軽巡	駆逐艦	潜水艦	計
太平洋艦隊	3	9	12	9	64	25	112
アジア艦隊			1	2	13	29	45
大西洋艦隊	4	8	5	8	147	60	232
合　計	7	17	18	19	214	114	389

て、残り四隻はサイパン島に配備する。

(2)　連合艦隊の太平洋戦略

(イ)　米海軍の艦隊編成と対日戦略

米国海軍は太平洋と大西洋の両洋艦隊を持ち、他にフィリピンに小規模なアジア艦隊を置いた。その艦種別内容は次のとおり。

大西洋艦隊の敵はドイツ海軍であり、特に独潜水艦Uボートが強力なため、米海軍は一四七隻という多数の駆逐艦を大西洋に配備していた。一九四一年十二月上旬における米海軍の航空母艦、戦艦、巡洋艦の具体的な配置と主要艦艇の装備は次頁の通りであった。但し、太平洋と大西洋の両洋艦隊は、パナマ運河によって容易に移動可能なことに注目すべきである。

この米海軍の対日戦略の要旨については、第四章の冒頭に述べた如く次の三段階からなっている。

a　日本軍の攻撃によって極東の領土を失う第一段階。

b　反撃に転じて南洋諸島（後に日本の委任統治領となった）を攻略し、次いで日本艦隊を決戦で敗北させる第二段階。

c　海上封鎖によって日本を屈服させる第三段階。

さらに米軍は南洋諸島を逐次攻略する「ミクロネシア飛び石作戦」構想

を策定し、その実現のために海兵旅団の創設と、トラック、パラオ、グアム、サイパン等を奪取のための図上演習まで毎年実施していた。

これら米国の戦略構想は、第一次世界大戦終了直後の一九二一年、すなわち大正十年に策定されたものというから、国家戦略を数十年単位で考えるアングロサクソン民族には驚嘆するほかはない。

その恐るべきアメリカを相手に日本は今、自存自衛の一大決戦を太平洋において開始しようとしているのである。新しい連合艦隊の司令長官・近藤信竹大将の責任はまことに重大と言わねばならない。

【開戦時の米太平洋艦隊】

◆真珠湾在泊中＝戦艦（八隻）オクラホマ級（一九一六年竣工・36×10）・オクラホマ、ネバダ、ペンシルヴァニア級（一九一六年竣工・36×12）・ペンシルヴァニア、アリゾナ、カリフォルニア級（一九二〇年竣工・36×12）・カリフォルニア、テネシー、メリーランド級（40×8）・メリーランド（一九二一年）、ウエスト・ヴァージニア（一九二三年）。重巡（二隻）アストリア級（九九五〇トン・20×9）・ニューオリンズ、サンフランシスコ。軽巡（六隻）ブルックリン級（一〇〇〇〇トン・15×15）・フェニックス、セントルイス、ホノルル、ヘレナ、オマハ級（七〇五〇トン、15×10）・デトロイト、ラーレイ。

◆行動中（空母二隻、重巡一〇隻、軽巡二隻）＝ミッドウェー島向け　空母・レキシントン（三六〇〇〇トン・九〇機）重巡・シカゴ、ポートランド、アストリア、ウェーク島発帰投中　空母・エンタープライズ（一九八〇〇トン・八〇機）重巡・ノーザンプトン、チェスター、ソルト・レイク・シティ、オアフ島南方　重巡・ミネアポリス、ジョンストン島　重巡・インディアナポリス、パナマ　軽巡・トレントン（オマハ級）、ペルー　軽巡・リッチモンド（オマハ級）、護衛　重巡・ペンサコラ、ルイスビル。

◆サンディエゴ在泊中＝空母・サラトガ（三六〇〇〇トン、九〇機）軽巡・コンコード（オマハ級）

◆ピュージェット・サウンド工廠で修理中＝戦艦・コロラド（40×8・一九二三年竣工）

【開戦時のアジア艦隊】

重巡・ヒューストン（九三〇〇トン・20×9）、軽巡・ボイス（一〇〇〇〇・15×15）、マーブルヘッド（七〇五〇・15×10）、潜水艦二九隻、駆逐艦一三隻、水上機母艦四隻、航空機四六機、その他　小艦艇。

【開戦時の大西洋艦隊】

戦艦（八隻）ニューメキシコ級（36×12・一九一七〜一九年）・ミシシッピー、ニューメキシコ、アイダホ、テキサス級（36×10・一九一四年）・テキサス、ニューヨーク、アーカンソー（30×12・一九一二）、［新戦艦］ノース・カロライナ級（40×9・一九四一）・ノース・カロライナ、ワシントン、空母（四隻）レンジャー（一四五〇〇トン・八〇機）、ワスプ

（一四七〇〇トン・六九機）、ヨークタウン（一九八〇〇トン・八〇機）、ホーネット（同）、重巡（五隻）ウイチタ（一〇〇〇〇・20×9）、オーガスタ（九三〇〇・20×9）、アストリア級（九九五〇・20×9）・タスカルーザ、ヴィンセンス、クィンシー、軽巡（四隻）ブルックリン級（一〇〇〇〇トン・15×15）・ブルックリン、サヴァンナ、ナッシュビル、フィラデルフィア、南大西洋行動中・軽巡（四隻）オマハ級（七〇五〇トン・15×10）・オマハ、ミルウォーキー、シンシナティ、メンフィス

(ロ) 島嶼防禦作戦

日本海軍の伝統的な対米作戦構想である「漸減作戦」に関しては第四章のⅡで具体的に述べた。

当初の漸減作戦は、巡洋潜水艦（長距離用大型潜水艦）による反復攻撃が特色であったが、現代の海洋戦は地上戦とは比較にならぬ程制空権の獲得が作戦全体の死命を制する。

中部〜西部太平洋海域には幸いにして極めて多数の島嶼が存在しており、これら多数の島々に飛行場を建設して基地航空部隊を配備するほか、敵上陸軍を撃滅できる十分な防禦兵力と堅固な要塞陣地を構築することによって、文字通りの不沈空母群を構成できる。

これが実現のために中部太平洋方面軍を編成して精鋭五個師団と七個混成旅団を配備したほか、四〇〇門以上の野戦重砲級の火砲や二三〇門の高射砲を増加配備して火力に万全を期した。

さらに陣地構築を専門的に効率よく施工するため、独立工兵の一〇個連隊を配置して米軍の艦砲射撃に備えた。

また特に島嶼間の相互支援や逆上陸を想定して、六個の海上機動旅団を控置した（中支派遣軍撤退部隊の一部を再編）。

そして空中よりの敵艦隊の索敵、雷爆撃による漸減作戦には、海軍基地航空部隊の戦闘機六三、陸上攻撃機一四四、飛行艇三〇、水上戦闘機九、陸上偵察機六のほか、陸軍戦闘機一八〇、長距離用新司令部偵察機二七を特に海軍基地航空部隊の指揮下に編入した。

機種別に陸海軍機を合計すると下記の通り。陸上戦闘機二四三、水上戦闘機九、陸上攻撃機一四四、大型飛行艇三〇、司令部偵察機二七、陸上偵察機六、合計四五九

(ハ)　米軍の具体的な進撃ルートと対応

米軍の進撃起点がハワイ真珠湾軍港であることは間違いない。そして終着点は二つある。一つは日本本土であり、いま一つは比島である。米国も開戦後に比島が日本軍に占領されるであろうことは計算済みであり、日本の年度別作戦計画でも比島とマレーは開戦後速やかに攻略を予定している。

米軍にとって日本の南方資源輸送ルートを絶つために、比島の位置は重要極まりない戦略的意味を持つ。米軍が日本本土を目指すには南洋諸島の北寄りを、マーシャル↓トラック↓マリアナ↓沖縄と進撃すればよい。

日本軍は過去のようにソロモン諸島やニューギニアの線まで進出しないから、比島を目指す米軍は豪州をサブ起点として、ニューギニア→ビアク島→ハルマヘラ島→南部比島へと進む。

このルートは我が南洋諸島の西端パラオ諸島から日本軍の妨害を受けるから、米軍は北寄りルートのマリアナ諸島攻略後、一部を以てパラオ諸島を攻略せざるを得ないだろう。

＊北寄りルートにも問題がある。日本が事前に英領ギルバート諸島のマキン、タラワを占領すれば、米軍はマーシャル攻略の前にギルバート諸島を片づけねばならない。まして米軍としてマーシャルを避けて通ることはとても出来ないから、ギルバートを処理することは不可避である。

マーシャル諸島は、クェゼリン、ウォッゼ、マロエラップ、メジュロ、ミレ、ヤルート、ビキニ、ブラウン等、多くの重要な島々から形成されており、南洋諸島の東部海域として戦略的重要性が大きく日本軍の防備も極めて堅固であろうから、日米決戦は先ずマーシャル諸島の海域で生起する。

また、日本軍がギルバート諸島のマキン、タラワ島を占領しておれば、ここでも島の争奪戦が起こるが、日本としてはギルバート戦でマーシャル防衛戦に支障を及ぼすような損害の発生は避けねばならない。

マキン島からマーシャルの最南端ミリまで一九〇浬（三五二キロ）。マキン島には飛行場設置の広さはなく、南へ一〇〇浬のタラワからミリ島まで五三七キロ。米軍はタラワ飛行場を使用して四発重爆のB17を飛ばし、マーシャル諸島に航空攻撃をかけることが出来るだろう。

日本としてはタラワ飛行場を徹底的に爆破する程度の対策が賢明ではなかろうか。そしてマーシャル決戦で米軍を痛撃、撃退した後に米軍の占領したタラワの基地を、砲爆撃で破壊することが可能になる。最初からマキン、タラワを死守する必要は認めない。マーシャルの日本空軍でB17の撃破も可能であろう。

＊マーシャル諸島と共に漸減作戦での問題になるのは、マーシャルの中心クェゼリン島の北方一〇〇〇キロのウェーク島である。ウェーク島はマリアナ諸島のグアム島と共に緒戦で日本が攻略することになっている。ウェーク島はミッドウェーから二〇〇〇キロ、グアム島から二四〇〇キロ、日本領土の南鳥島から一四〇〇キロの距離にあって戦略上無視出来ない不沈空母である。正確な位置は北太平洋西部の洋上、北緯一九度一八分、東経一六五度三五分にある環礁である。

米国は一九四一年（昭和十六年）になってから急速に島の軍事施設が強化された。守備隊は砲台を持つ海兵隊二個中隊と飛行場には戦闘機約四〇機が派遣された。ウェーク島は西進する米軍にとってマーシャル諸島の側面に脅威を与える好位置を占める。

ウェーク島占領後の飛行場や防禦施設の整備は前述のとおり海軍省直轄としたが、占領そのものは連合艦隊及び中部太平洋方面軍の任務となる。クェゼリン、ルオット基地からの陸上攻撃機と、ブラウン環礁を根拠地とする第一機動艦隊の中型空母「飛龍」基幹の機動艦隊

（戦艦一、重巡一、軽巡一、駆逐艦四）による空爆、艦砲射撃、さらに海上機動一個旅団による強襲上陸作戦によって十分に攻略可能と判断される。

ウェーク島占領後の防衛に関しては、これを小笠原諸島・南鳥島のブロックに含めるか、あるいは中部太平洋方面軍の管轄とするかは議論の分かれるところであるが、中部太平洋方面軍の戦力を余り分散するのも好ましくない故、島内の守備は少将の指揮する海軍陸戦隊三千人程度とし、陣地構築を堅固にして海空の支援は連合艦隊に委ねた上で、小笠原ブロックに含めたいと考えている。

㈡　マーシャル決戦と漸減作戦

a　伊号潜水艦の索敵と前程進出

マーシャル決戦を有利に導くための索敵のうち、遠距離索敵は潜水艦隊の任務である。すでに示したように、潜水艦隊は巡洋潜水艦を中心に三個戦隊三六隻からなる精鋭である。

米海軍の開戦前の主力潜水艦「T型」が一四七五屯、水上速力二〇ノット、魚雷発射管・艦首六門、艦尾四門に対し、日本の「伊一五型」は二一九八屯、水上二三・五ノット、魚雷発射管は艦首六門、水上偵察機一機搭載となっている。

日本潜水艦は米潜水艦に比して速力が平均三ノット早く、水上偵察機も搭載して索敵に使用している。魚雷発射管は米軍が艦尾にも備えているので数は多いが、魚雷自体の性能は日本が断然優れている。日本の魚雷は推進剤として酸素を使用していたため、米国の魚雷に比して次の如く優秀な性能を有していた。

	速　力	射　程
日本海軍	83キロ／時	22キロ
米国海軍	59キロ／時	10キロ

しかも米国の魚雷は不発が多かった。著者がビルマに赴任する時の船団は、改装空母「大鷹」のほか十数隻の海防艦に護衛された一万トン級の優秀船団であったが、バシー海峡で米潜数隻の攻撃を受け、乗船していた「阿波丸」（一一〇〇〇トン）も船首に魚雷一本命中した。しかしこれも幸いに不発のため、無事にマニラ港に入港できている。

次に潜水艦の航続距離と作戦距離の問題、速力と前程進出の点について言及する。

日本海軍の「伊一五号型」をはじめ巡洋潜水艦の航続距離は、一六ノットで一万四千浬～二万浬であり、平均二か月の連続作戦が可能とされていた。すなわち潜水艦隊の根拠地マーシャル諸島のクェゼリン島からハワイまで四〇〇〇キロ、ハワイ～サンフランシスコ間が四一〇〇キロ、計八一〇〇キロで往復一六二〇〇キロであるが、伊一五型の一四〇〇〇浬は二六〇〇〇キロであり、米本土西岸を索敵して悠々往復でき、さらに交通破壊戦を併せて実施することも可能であった。また巡洋潜水艦の大部分、すなわち三七隻が水上偵察機一機を搭載して偵察潜水艦としての性能を誇っていた。そして二三・五ノットという水上速力は、米国戦艦の大部分（メリーランド型四隻、カリフォルニア型二隻、ペンシルバニア型二隻、オクラホマ型二隻、テキサス型二隻、アーカンソー型一隻、計一三隻）の速力が二一ノットで日本潜水艦の方が二五ノット早いから、夜間浮上追跡すると二・

五浬×一二時間＝三〇浬（五五キロ）を追い抜くことが可能となる。

日本の戦艦「長門級」の四〇糎砲は、標準戦闘距離が二万乃至二万四千メートルということから計算すると、日本の巡洋潜水艦は米戦艦の主砲射程の二倍半の距離を一晩の水上追跡で追い抜いて前程進出できる計算となる。

以上が漸減作戦の条件となる日本潜水艦の前程進出～包囲雷撃の反復行動が、実現する可能性の根拠である。

b　米輪型陣と日本潜水艦隊の対決予想

＊米太平洋艦隊の制式空母は、「サラトガ」「レキシントン」（各九〇機）と「エンタープライズ」（八〇機）の三隻であるが、一九四一年八月一日の米国による石油全面禁輸措置を受けて日本陸海軍の動きも活発化したため、米海軍は「エンタープライズ」と同型の「ヨークタウン」を大西洋から回航した結果、米太平洋艦隊は空母四隻体制となり搭載機数の合計は三四〇機となった。これは日本側第一機動艦隊の空母四隻（三二六機）と同戦力と考えてよい。

米海軍のマーシャル攻略軍の編成は、各空母毎に輪型陣を組む四個機動部隊となり、そのうちの二個機動部隊で先ずギルバートのマキン、タラワの両島を空襲し、さらに戦艦・巡洋艦による艦砲射撃となろう。しかしすでに日本軍によってタラワの飛行場は徹底的に破壊され、偽陣地や偽飛行機が並べられているに過ぎない。そしてタラワに海兵一個師団、マキンに海兵一個戦闘団が強襲上陸することになる。

しかし日本軍の敷設した地雷や時限爆弾で損害を受けた米軍は、夜になってマーシャル基地から発進した日本海軍の陸上攻撃機の猛爆を受ける。それと同時に日本潜水艦の雷撃を受けるだろう。目標は空母と戦艦並びに輸送船である。輸送船には重火器や弾薬食料などの大半が残っている。この夜間空襲と潜水艦の襲撃は反復され、米軍本隊のマーシャル攻撃を遅滞させて全体計画を狂わせる効果も大きい。

＊一方でマーシャル攻略のためウォッゼ、マロエラップ、メジュロ等を目標とした米空母の本隊である二個機動部隊は、ギルバート諸島の方が片づくまで艦載機の空襲のみによってマーシャルの日本軍に打撃を与えつつ、各島の防備体制を偵察しようとする。しかし日本の防空戦闘機が強力だから簡単には行かない。

ハワイ〜マーシャル間に展開した日本潜水艦は、第一と第二潜水戦隊の二四隻。マーシャルに待機してギルバート攻撃の米機動艦隊を襲撃したのが第三潜水戦隊一二隻中の一部。以上の米国の四個機動部隊は、ハワイを進発した直後から実は日本の潜水艦監視網に捕まっていたのだ。前大戦当時の日本潜水艦部隊は索敵のための散開線を設けたが、それは各潜水艦の間隔を二〇キロほどに一直線に並べるやり方であった。

米海軍の潜水艦狩りは、大西洋においてドイツ海軍のUボートに苦しめられたイギリス海軍の戦訓から学んだもので、極めて厳しいものがある。

一線散開の弱点は、その中の二か所が発見されるとその延長線上を徹底的に攻撃されることであり、彼らは日本人と違って根気強く、一隻の潜水艦を三日でも四日でもしつこく追い回すから、一線散開は損害が大きくなる。

対策としては線上に配置するのではなく、状況によって距離は異なるが、例えば一辺四〇キロの正方形の海面を真ん中から四つに仕切り、各潜水艦はその一か所、すなわち一辺二〇キロの海面を配当され、自艦の受け持ち区域を一定の順序で回遊索敵を行う。そして四隻の配置海面を一単位として敵情により随時移動する。

＊日本潜水艦隊は米機動部隊を発見すれば包囲・襲撃を反復し、夜間になれば前述のとおり前程進出を図る。空母・巡洋艦・駆逐艦の速力は早いが輪型陣を組む以上、最高二一ノットの戦艦速度に合わせなければならない。二一ノットは最高速力だから、輪型陣を組んで進撃する速度はそれよりも落ちる。

実戦の例からみると最高速度三五ノットの重巡部隊が夜間突入する時の速度は、最高速度の七五％の二六ノット程度の戦例もある。これは戦闘速力とも呼ばれるもので、味方どうしの衝突回避の意味もある。

しかし米機動部隊が輪型陣を組んで、ハワイ～マーシャル間の四千キロを進撃する場合は、いわゆる巡航速度というレベルまで落とす必要があり、戦艦の最高速度の七割、すなわち一四ノット位が限度と思われる。これは夜間の日本潜水艦の前程進出にも好都合であり、昼間の雷撃にも照準し易い速度である。かつ日本潜水艦の半分は水中速度一九ノットの特殊潜航艇を搭載しており、最適の戦機を捉えて特潜の一大強襲を敢行する計画である。

c　日本航空部隊と漸減作戦

＊基地航空部隊の役割

米艦隊が輪型陣を組み、巡航速度一四ノットでマーシャル諸島に向けて進撃するのに要する時間は、四〇〇〇キロを時速二六キロとして約一五四時間。これは六日と一〇時間に相当する。

マーシャルに配備されたのは一式陸上攻撃機一一型で航続距離は四八〇〇キロ、すなわちハワイとの中間点までは十分捜索できる。従来の一般的な索敵距離は、米軍が七〇〇浬（約一三〇〇キロ）で日本軍が四〇〇浬（七四〇キロ）、米軍の方が索敵は日本より徹底していた。

航続距離だけを考えると、四発の九七式大型飛行艇二三型では三六五六浬（六七七〇キロ）が最高で、ハワイまでの約八五％の距離を往復飛べる。但し、速度が遅く二〇八ノット（三八五キロ）に過ぎないから、陸軍の一〇〇式司令部偵察機の六〇四キロにはとても及ばず、敵戦闘機に見つかれば先ず無事には帰れない。

結局、ハワイに近い海域の捜索は潜水艦にまかせ、中間点よりも西側を九七大艇と一式陸攻が担当するのがよい。そして米機動部隊が七〇〇浬（一三〇〇キロ）付近に接近すれば、駿足の陸軍司令部偵察機が駆けめぐることになろう。

また、一式陸攻が索敵に出動する場合は、雷装の編隊と爆装の編隊を整えて、いわゆる索敵攻撃の体制で発進すべきである。しかしマーシャル地区の陸攻が三六機だけでは不足であり、トラック基地には第二六航空戦隊の七二機があるから、その半分程度は早期にマーシャルへ増援の措置を採るべきであろう。

*マーシャル決戦における日本機動部隊の運用

米軍は主目標の攻略にあたり、必ずサブ目標（この場合ギルバート）を設定して攻略し、そこを強力な陸上基地としてB17四発重爆で主目標（この場合マーシャル諸島）に痛撃を与える。マキン、タラワを攻略するために米軍は必ず二組の空母機動部隊を派遣するだろう。

前述のとおり米空母の残り二隻は、主目標のマーシャルに接近しながらギルバート攻略の結果を待つだろうから、米空母四隻は二つの戦力に分散する。その間隔を試算すると、タラワからマーシャル南端のミリまでは約五三七キロ。しかもマーシャル攻略の米軍主力は、マーシャルの東北約一〇〇〇キロ付近に占位するものとしてタラワからの距離は約一五〇〇キロ（約八〇〇浬）と試算できる。

一九四一年当時、米海軍の代表的艦上爆撃機（急降下爆撃機）ダグラスSBDドーントレスの性能は、最大速度四〇六キロ、航続距離一八五〇キロであり、タラワ攻撃の味方空母までは航続距離の八一％だからほとんど片道飛行となり、支援に赴くことは出来ない距離にある。

このことは日本機動部隊にとってギルバートの米空母を撃滅する最大の好機であるから、第一機動艦隊の全力（制式空母四隻）を集中して、二か所に分離されている米機動部隊を各個撃破しなければならない。第一機動艦隊の司令長官は戦略家として著名な小沢治三郎中将だから、万が一にも抜かりはあるまい。

3　第一次マーシャル決戦後の日米海軍の対応

(1) 日米空母戦力の再検討と米軍反攻への時間的余裕

日米艦隊が空母四隻どうしで搭載機数も互角である以上、日本側は多くの陸上基地から雷・爆撃機や戦闘機を参加させることが可能なため、余程のミスがない限り日本軍の方が有利な条件下にある。

米艦隊のギルバート攻略部隊が敗れて二隻の空母を喪失すれば、第一次マーシャル決戦は日本の勝利となり、米艦隊はハワイに後退せざるを得ない。そして大西洋艦隊の残存空母「ワスプ」（六九機搭載）及び「ヨークタウン」型一隻（八〇機）の二隻を太平洋艦隊に配備し、一応の反撃体制構築に懸命になるだろう。

この場合、新規建造中の大型空母「エセックス」級（二七一〇〇トン、一〇〇機搭載）の竣工（一九四二年一隻、一九四三年六隻）を待つしかない。併せて輪型陣の中で空母護衛の核となる新式戦艦（ノース・カロライナ級二隻、四〇糎砲九門、二八ノットは一九四一年竣工済み、サウス・ダコタ級四隻、性能は同じ――一九四三年竣工予定）の太平洋回航も急がねばならない。

一方の日本機動部隊には、南方作戦（五～六か月で一段落予定）終了次第、第二機動艦隊の空母二隻（翔鶴・瑞鶴、二五六七五トン、八四機）が中部太平洋に進出可能だから六隻体制となり、一九四二年中は日本海軍の優位は動かないと判断したい。しかし一九四三年後期にはエセックス級七隻が揃うので、日米の形勢は逆転するとの覚悟が必要である。

ここで日本側の新規建造空母の計画による竣工予定を見てみる。一九四四年八月「雲龍」「天城」(各六五機)、十月「葛城」(同)計三隻の一九五機のみである。エセックス級七隻の七〇〇機対日本側一九五機では、新規増加戦力に格差が大きすぎる。

しかもこの計算には、米側の軽空母「インディペンデンス」級九隻(一一〇〇〇トン、四五機搭載、建造着手の軽巡洋艦船体を利用しての設計変更による)が一九四三年中に竣工する四〇五機を考慮外に置いてのことである。

すなわち一九四三年(昭和十八年)後半以降の日本海軍の伝統的戦略は、再検討しなければ物理的な点からして勝利は難しいという結論にならざるを得ない。

一九四一年(昭和十六年)九月一日に米国が日本に対し、満州・仏印からも撤兵することを要求。日本も武力による威嚇を伴う砲艦外交に転換するに決し、大型タンカー四隻と軽空母「龍驤」を含む護衛艦隊がパレンバン沖とバタビヤ沖に向かって呉軍港を出港した昭和十六年十月一日が現在の時点である。

したがって、今から米海軍のエセックス級空母七隻が完成するまで約二年間の時間的余裕がある。

日本の対オランダ国交断絶に伴う蘭印攻略開始が十月下旬とすれば、スマトラ・ジャワの制圧に一か月として、その間に米英両軍の妨害作戦が開始され、マレー・比島への日本軍の進攻は昭和十六年十一月中に開始されると予想する。この場合に前述の第一次マーシャル決戦が起こる時期は十七年一月〜三月の頃であろう。

そうすると、米海軍のエセックス級新空母七隻が揃う十八年秋までは一年半しか時間がない。この一年半の間に、米海軍に相当大きなダメージを与える方策を考え、それに必要な兵器の準備をしなければならないとすれば、選択の余地は限られてこよう。

したがって、日本海軍として不足とはいえ前述のような新型空母の完成する昭和十九年ではとうてい間に合うはずがない。

(2) 潜水空母の開発による要地攻撃

(イ)「伊四〇〇型」潜水艦建造の動機と性能

昭和十六年十一月三十日、日米開戦にさきだち伊一〇潜はフィジー島の飛行偵察を実施している。また、ハワイ作戦に参加した伊一七五潜以下の五隻は、十二月の中、下旬にハワイ、マウイ島の艦砲射撃行ない、少し離れたジョンストン島やパルミラ島にも砲撃を加えている。北米沿岸に布陣して通商破壊戦を敢行した第一潜水戦隊の八隻も沿岸砲撃を計画し、十七年二月に実施した。

十七年一月五日、伊一九潜は搭載の水偵を用いて真珠湾の偵察を実施している。これらの作戦は成功したものの、潜水艦の一四糎砲以下の砲撃では戦果も小さく、小型水偵では爆撃は難しい。

そこから、潜水艦に爆撃機を搭載して敵地を奇襲攻撃する着想が生じたのも、潜水艦の航空機搭載に伝統を持つ日本海軍ならではであった。

新鋭の伊号甲、乙型潜水艦により航空機搭載は実用段階に達しており、いずれも大型艦なら潜航性能は良好であったから、これをさらに大型化するのも可能だろうとの判断に基づいて、水上攻撃機二機搭載の大型潜水艦建造につき、軍令部第二部長から艦政本部に照会があったのは、開戦翌月の十七年一月のことであった。

そして早くも三月には基本設計が完成し、十八年一月十八日に第一艦の伊四〇〇号、四月二十五日に第二艦の伊四〇一号、三番艦が十月二十四日、四番艦が九月二十九日にそれぞれ起工された。起工後、戦況の影響もあり工事は遅れたが、十九年十二月三十日伊四〇〇号、二十年一月八日伊四〇一号、七月二十四日伊四〇二号がそれぞれ竣工した。

この伊四〇〇型は当初一八隻が計画されたが、最終的に建造予定が五隻となり、竣工したのは三隻のみであった。

建造隻数削減の補塡として、旗艦潜水艦として計画した伊一三型潜水艦六隻のうち四隻を改造し、水上攻撃機二機を搭載して伊四〇〇型（略称・特型）に準じ使用することに計画が変更され、伊一三潜が十九年十二月、伊一四潜が二十年三月に竣工した。以下、特型及び伊一三型潜水艦並びに搭載機の性能を説明する。

＊伊四〇〇型潜水艦（特型）＝排水量　水上三五三〇屯、水中六五六〇屯。速力　水上一八・七ノット、水中六・五ノット。航続力　水上一四ノット／三七五〇〇浬、水中三ノット／六〇浬。主要兵装　一四糎砲一、五三糎魚雷発射管八、魚雷二〇本、晴嵐攻撃機三、射出機一、対空二五ミリ機銃一〇

㈡　水上航続力の三七五〇〇浬（六九〇〇〇キロ）は地球を一周半回れる距離で、四か月間無補給で航海できる距離。水中充電装置（シュノーケル）を装備。

＊伊一三型潜水艦（甲型改）＝排水量　水上二六二〇屯、水中四七六二屯。速力　水上一六・七ノット、水中五・五ノット。航続力　水上一六ノット／二一〇〇〇浬、水中三ノット／六〇浬。主要兵装　一四糎砲一、五三糎魚雷発射管六、魚雷一二本、晴嵐攻撃機二、射出機一、対空二五ミリ機銃七

＊晴嵐水上攻撃機（採用年度・昭和十九年）＝型式　低翼単葉双浮舟、座席二、最大速度二五四浬（四七〇キロ）、浮舟は投棄可能で、その場合の速度は五六〇キロが可能。航続距離六一〇〜八三〇浬（一一三〇〜一五三七キロ）。兵装　一三ミリ旋回機銃一、八〇〇キロ爆弾一、または魚雷一（浮舟なし）、或は二五〇キロ爆弾一（浮舟あり）

(ロ)　攻撃目標と作戦要領

a　ハワイ攻撃の場合

ハワイ軍港は太平洋最大の米軍根拠地であり、その防空施設は極めて厳重だから少数機の

奇襲は成功する可能性は小さい。たとえ上空に侵入したとしても、潜水艦に搭載された十数機の攻撃機では、大型艦数隻に損害を与えるだけであり、石油タンクを爆破しても米本土から大量に輸送することも可能である。その点は造船所や修理工場でも同様であり、多くの施設がある本土の利用により長期間のダメージを与えることは難しい。

b　パナマ運河の破壊作戦

＊パナマ運河の情報収集

伊四〇〇型潜水艦や晴嵐の開発が進められる一方で、軍令部第三部が攻撃予定他の情報収集に当たっていた。主務課は対米情報を担当の第五課で、今井信彦少佐が特別作業としてパナマ運河の調査を命じられた。

今井少佐はたまたま、明治三六年から八年間、パナマ運河の建設工事を最初からほとんど完成間際まで、唯一の日本人技師として設計に携わった青山士《あきら》氏が東京に在住していることを知った。

青山の所持するパナマ運河の各部門の設計図やその他の資料と同氏の補足説明によって、閘門《こうもん》の大きさ、形状、鉄板の厚さ及び構造等は勿論、船舶を曳航する動力やその構造等の詳細も判明し、軍備以外のことは殆ど見当がつくぐらいの知識を今井少佐は得ることが出来た。

攻撃計画立案上、運河の構造に次いで必要なことは、最近の運河付近の防備状況であった。砲台の配置、航空機配備状況、機雷原の設置状況等については、既得の資料からその概要が判明したが、さらにそれらを詳《つまび》らかにするため、今井少佐は大船の海軍捕虜収容所をしばしば訪ね、捕虜のうち最近パナマ運河を通過したことがある者から、阻塞気球の状況、飛行機の哨戒程度、艦艇の警備状況等を重点に、パナマ運河の防備状況を探り出すことに努めた。こうして今井少佐はパナマ運河の現況について、次の推定に達した。

a　阻塞気球、飛行機哨戒ともに、開戦当初に比較して警戒が若干緩和されているらしい。

b　陸上砲台は開戦と同時に相当強化された模様。

c　付近水路は多数の機雷原により航路制限が行われている。

d　沿岸警備隊は常時パトロールを行い、運河を中心に東西両側とも、相当の距離を警戒している。

晴嵐の発進地点としてパナマ西方のコスタリカ沿岸の、ある小さな湾を候補地に選んだ。ここからパナマまで約二〇〇浬の距離にあるが兵要資料は殆ど入手できなかったので、実際の場合、作戦部隊指揮官の判断に一任するほかなかった。

＊パナマ運河の攻撃方法

運河の攻撃方法として、ガツン湖最上部の大西洋側の閘門二〜三か所を破壊できれば、運河を長期にわたって使用不能にすることができそうであった。調査の結果、運河に体当たり攻撃する以外に方法はないように思われた。

大西洋側の閘門を選んだのは、ガツン湖から大西洋に至る距離は短く落差が急激に大きくなっていることに着目したからである。閘門の破壊により大量の溢水がどっと流れ出て、この流れによって下流の門扉は手を下さずして破壊することも考えられ、同時にガツン湖の水位も急速に低下するため、相当期間、艦船の航行は不能となるばかりでなく、たとえ門扉を修理しても湖の水位が元に復するには周囲の山から流れ込む水に頼らねばならないので、大型艦船が通行可能となるまでには相当の長期間を要することは間違いない、というにあった。

これに反し太平洋側は、傾斜が緩慢で、たとえ攻撃に成功しても修理は容易で水位の回復も比較的早いという難点があった。

＊攻撃部隊の編成

問題点の第一は、前述のとおり米軍のエセックス級空母七隻が就役する一九四三年（昭和十八年）の秋以前に、この計画を成就させねばならない点である。

したがって、伊四〇〇型潜水艦（特型、略称・潜水空母）や搭載攻撃機「晴嵐」の開発に一年半以上の時間はかけられない。現在を昭和十六年十月とすれば、兵器資材を一年間で用意し、習熟訓練に六か月で十八年四月となる。そして遅くも十八年夏頃には決行せねばなるまい。

とすると新規の開発ではなく、既存艦船・航空機の改良によるもので我慢するほかはない。

◆パナマ運河攻撃用潜水艦

改造に要する日数を削減するため、竣工済み伊号潜水艦のうち水偵搭載能力のある艦とする。具体的には以下のとおり。

巡潜・伊九型（甲型）伊九、一〇、一一号。伊九潜　昭和十六年二月竣工、排水量：水上二四三四屯、全長一一三・七m、全幅九・六m、速力：水上二三・五ノット、水中八ノット、航続力一六ノット／一六〇〇〇浬、一四糎砲一、発射管六、水偵一。巡潜・伊七型（Ⅲ型）伊七、八号。伊七潜　昭和十二年三月竣工、排水量：水上二二三一屯、全長一〇九・三m、全幅九・三m、速力：水上二三ノット、水中八ノット、航続力一六ノット／一四〇〇〇浬、一四糎砲二、発射管六、水偵一。

巡潜・伊一五型（乙型）伊一五、一七、一九号。伊一五潜　昭和十五年九月竣工、排水量：水上二一九八屯、全長一〇八・七m、全幅九・三m、速力水上二三・五ノット、水中八ノット、航続力一六ノット／一四〇〇〇浬、一四糎砲一、発射管六、水偵一。

以上八隻に水偵ではなく、「天山」艦上攻撃機一機を搭載。搭載爆弾は八〇〇キロ一個が可能であるが、五〇〇キロ一個または二五〇キロ二個でも間に合うだろう。

問題は航続距離であるが、クェゼリン～パナマ運河の距離は約一一〇〇〇キロと概算する（クェゼリン～ハワイ間四〇〇〇キロ、ハワイ～サンフランシスコ間四一〇〇キロ、合計八一〇〇キロを基準に地図上でプラス三〇〇〇キロと測定し、合計一一〇〇〇キロとした）。

使用する潜水艦の航続力は前記のとおり一四〇〇〇浬であり、これをキロに直すと二五九二八キロとなるから、往復二二〇〇〇キロを運航することは可能である。しかし、念のために給油設備のある機雷潜水艦二隻程を帰路に待機させて収容任務に当たらせる。

◆使用航空機の「天山」艦上攻撃機

	晴嵐水上攻撃機	天山艦上攻撃機
全長	10.64 m	10.865 m
全幅	12.26 m	14.894 m
自重	2310 Kg	3010 kg
最高速	470 Km	481 kg
航続	1537 km	3045 km
爆弾	800 kg	800 kg
武装	13ミリ旋回機銃 1	7.7ミリ旋回機銃 2
採用年	昭和 19 年	昭和 17 年

伊四〇〇型が装備した射出能力アップのカタパルトは、今回の「天山」艦攻や「彗星」艦爆を発射する目的で製造されたもので、これを装備する。次に「晴嵐」と「天山」の性能を比較する。

【第五章までの本論の要旨】

本書のスタートは、昭和十六年八月一日に発動された米国による対日石油の全面禁輸を起点としている。この米国による対日制裁に対し、日本は支那からの全面的な兵力撤退と蔣介石政権の承認、日独伊三国同盟の廃棄、日ソ中立条約の解消、米英蘭など西側諸国との友好条約の締結等を基本とした国策の大転換を決意して米国に通告した。

そしてこの国策の転換に即応した諸方針の変更、すなわち満州、朝鮮、内地、台湾、仏印等南方方面、及び中部太平洋方面への部隊の再編成による新たな展開を行い、陸海軍首脳の人事を一新しての戦略の構築を進めた。

しかし米国は日本の譲歩に対して要求をさらに拡大し、満州、仏印からの撤兵をも迫るに及び、日本は直接、蘭印との石油輸入交渉を開始し、もし米英軍がこれを妨害する場合には断固排除しても石油輸送のルートを確保すべく、蘭印への軍事的措置の準備を発動した。

また、中部太平洋方面における日米決戦を想定しての南洋諸島の防備を固め、マーシャル決戦が生起した場合の伝統的漸減作戦戦略の再検討と、特殊兵器によるハワイ、パナマ運河等、要地攻撃による米軍反攻時期の遅延作戦が、戦局全般に与える効果についても吟味し必要な準備に入った。

以上が第一〜第五章に記載した本論の要旨であるが、今後は日蘭石油交渉不成立の場合の対オランダ宣戦布告と戦闘開始、これを妨害する米英連合軍との宣戦布告なき戦い、マレー半島・フィリピン群島の攻略の他、豪州を基点とする連合軍の反攻と米海軍主力の動向等が戦局の焦点となる。

第六章　石油資源確保と南方作戦

Ⅰ　蘭印石油交渉と対オランダ宣戦布告

昭和十六年十月一日、大型タンカー四隻と軽空母「龍驤」を中心とする護衛艦隊は、元外相の芳沢謙吉氏以下の交渉団を乗せて呉軍港を出航した。大型タンカー四隻の最高速度は二〇ノットであるが、巡航速度の一六ノットに合わせて東支那海を南下した。

防諜上、台湾海峡を経由すると呉軍港～馬公要港間は二〇〇〇キロ、馬公～パレンバン沖のバンカ島間三〇〇〇キロ、合計五〇〇〇キロを浬に換算すると二七〇〇浬。これを一六ノットで進むと一六八時間でちょうど七日間に相当する。馬公で一日の予備を設けたとすればバンカ島到着は十月九日、交渉団がバタビヤに上陸するのは十月十日となる。

バンカ島でタンカーと護衛艦隊主力はパレンバン沖を遊弋、使節団を乗せた重巡「青葉」は駆逐艦二隻を従えてバタビヤに入港、蘭印総督と石油交渉に入った。

蘭印総督はすでに、軽空母を伴った日本海軍が大型タンカー四隻と共にパレンバン沖を遊弋している情報に接していた。外交団の交渉は三日を過ぎても進展はなく、総督は米英連合軍の後楯を頼りに日本の要求に応ずる気配は感じられなかった。

1　パレンバン油田とスマトラ飛行場の占領

十月十三日、交渉の妥結が困難な状況について報告を受けた南方方面艦隊司令長官三川軍一中将は、陸軍第一六軍司令官今村均中将と協議し、南方方面軍最高指揮官・板垣征四郎大将にパレンバン油田占領のためスマトラ強襲上陸と、オランダに対する宣戦布告、並びに蘭印全般に対する攻略作戦の発動を要請した。時に昭和十六年十月十四日。

翌十月十五日、日本帝国はオランダに対し宣戦を布告し、南方方面軍及び南方方面艦隊は、かねてよりの作戦計画に基づいて一斉に行動を開始し、フィリピン及びマレー・シンガポールを根拠地とする米英軍に対しても警戒態勢を発動した。

猛将・桜井徳太郎少将の指揮する第一海上機動旅団は、ムシ河を遡航してパレンバン油田並びに飛行場を占領した。参加兵力は海上機動旅団の人員五四五八名及び軽戦車一四両、迫撃砲と山砲、速射砲等。なお、機動旅団の進撃が早く、落下傘部隊の出動はその必要がなかった。

また、強襲揚陸艦「神州丸」（七一〇〇屯、歩兵二二〇〇名、中戦車一六両）は、バンカ海峡を南下してタンジュンカラン沖からスマトラ東岸に強襲上陸し、一気にタンジュンカラン及びテロックペトンの飛行場を無血占領して、陸軍航空隊の進出を可能ならしめた。

さらに「神州丸」は二基のカタパルトを装備しており、戦闘機六機と軽爆撃機六機を搭載していたので、パレンバン油田防衛のオランダ軍を空から攻撃し、その降伏と共にパレンバン飛行場に着陸、その後タンジュンカラン、テロックペトン飛行場の戦闘にも参加して地上部隊の攻撃に協力し、強襲揚陸艦の特徴を遺憾なく発揮した。

2　オランダ海軍の撃滅と第一六軍の蘭印占領

伝統的漸減戦略を採る日本海軍は、開戦劈頭、空母全力を投入したハワイ奇襲作戦を行う必要もなければ、フィリピンやマレーを空襲する必要もなかった。なぜならば、日本は未だ米英と戦闘状態になっていないからだ。日本の最大目標である石油資源獲得のため、真っ先にスマトラの油田を占領しただけである。宣戦布告の相手国はオランダのみであった。

前述のとおりスマトラの油田と飛行場は、沖合いに待機していたタンカーの護衛艦隊によって僅か一日の戦闘で片付いてしまった。第二の目標はジャワ島の占領であり、第三がバリ島とボルネオであった。

第五章94頁に記した計画に従って、ジャワ島の占領は迅速に実行された。ジャワ島の面積は日本本土の三分の一、人口は五千万人。オランダ総督府はじめ政治経済文化の中心であり、防衛力もテルプールテン・オランダ軍中将指揮のもと、オランダ軍二万五千、現地軍は四万、計六万五千であるが、独立を求めるインドネシア人は一致して日本軍に協力的であった。またオランダ海軍は、軽巡洋艦「デ・ロイテル」「ジャワ」の二隻以外は数隻の駆逐艦とその他小艦艇という弱小戦力であった。

これに対する日本軍の戦力は前述のごとく、今村中将指揮する二個師団（第二、第一八師団）であり、これを支援する日本海軍は、角田中将指揮の第二機動艦隊（大型空母翔鶴、軽空母鳳翔、重巡四、軽巡二、駆逐艦一二）という強力艦隊だから、ほとんど鎧袖一触という状態であった。しかもスマトラ先遣隊の軽空母一、重巡二、軽巡二、駆逐艦四、強襲揚陸艦一もタンカーの直衛から離れることが出来た。

南部仏印に待機中の第一六軍主力は、石油交渉団が首都バタビヤに上陸する十月十日、一斉に南下を開始した。

交渉が妥結すれば途中から引き返すつもりで、約五〇隻の輸送船団は上空直衛の艦載機と巡洋艦、駆逐艦の護衛のもと、一四ノットの速力でスマトラ島南端のバンカ島を目指して整々と航行した。船団後方には大型空母「翔鶴」と小型「鳳翔」が続いている。

フィリピンのルソン島とマレー半島南端付近に対し、海軍の九六式陸上攻撃機が南下する船団の間接護衛を兼ねて哨戒飛行に当たった。さらにマニラ軍港とシンガポール軍港沖には、南方方面艦隊所属の伊号潜水艦各四隻、計八隻が米国アジア艦隊と英国東方艦隊の動静を厳重に監視していたが、現在のところ大きな変化はなかった。

またスマトラ島とマレー半島間のマラッカ海峡北部には、既に述べたとおり先遣隊の潜水艦四隻が、インド洋から侵入する英国東洋艦隊主力艦等に備えて厳重な警戒態勢を敷いていた。

十月十五日に行動を開始したスマトラ先遣隊の第一海上機動旅団によって占領されたパレンバン飛行場に対し、第一陣としてマレー方面担当の第二二航空戦隊所属・元山航空隊の陸上攻撃機三六機が十六日に到着、次いでマレー半島東方海域を南下中の空母「翔鶴」を中継して、第二六航空戦隊の零戦三六機もパレンバンに進駐した。以上で蘭印作戦に参加可能な航空戦力は、基地航空の戦爆七二機と「翔鶴」八四機、「龍驤」四八機、「鳳翔」二二機の艦載機一五四機で合計二二六機となった。

十月十八日、パレンバン飛行場を大挙して発進した陸攻三六機と零戦三六機の大編隊は、ジャワ島西部のバンドン要塞を集中爆撃すると共に、スラバヤ軍港に停泊中のオランダ艦艇を攻撃し、軽巡「デ・ロイテル」と「ジャワ」の二隻を撃沈した。これで蘭印のオランダ海軍は事実上壊滅した。

十月二十日、第一六軍司令官今村中将はオランダ総督に対し降伏を勧告した。そして日本海軍の支援艦隊はジャワ北岸の軍事施設に艦砲射撃を加え、第二、第一八師団は上陸準備体制に入った。

十月二十一日、オランダ総督は降伏し、第二師団主力はバンタム湾から上陸、第二師団の一支隊と海上機動第一旅団は中部ジャワのエレタンに上陸してカリジャチ飛行場を占領、さらにバンドン要塞に進出してオランダ軍の武装解除を実施した。
また第一八師団主力は東部ジャワのクラガンに上陸、一支隊をもってバリ島の飛行場を占領した。

上陸戦闘前のオランダ総督の降伏という予想外に早い展開に対し、足の短い陸軍戦闘機は間に合わず、九九式双発軽爆（航続二千キロ）二個戦隊五四機と一〇〇式重爆（航続二・六千キロ）二個戦隊五四機が南部仏印からパレンバン飛行場に逐次進出の処置がとられた。

(1)　小スンダ列島の攻略

蘭印はジャワ島の東に、バリ島、ロンボック島、スンバワ島、フロレス島、チモール島と連なり、フロレス島の西南にスンバ島がある。チモール島の東半分はポルトガル領で、その首都デリーはチモール島北岸のほぼ中央にある。

チモール島西端のクーパンには飛行場があり、連合軍の後方基地である豪州北端のポート・ダーウインから、ジャワへの中継基地として重要な要点である。

十月十五～十六日にスマトラのパレンバンほか二飛行場の占領に活躍した強襲揚陸艦「神州丸」は、占領地の防衛を方面軍予備の部隊に引き継いで、兵員・火砲・中戦車等を収容し、急遽、第一六軍主力に合流すべく東方に向かった。

スマトラ南端のバンカ島からチモール島西端のクーパンまでの距離は約一〇〇〇浬あり、これは一八ノットで二・三日かかる。すなわち十七日早朝にスマトラ南端を出発して、十九日午後にチモール島西端のクーパン沖に達する計算となる。

十月二十一日、横須賀海軍鎮守府第三陸戦隊の落下傘部隊が、南部仏印～パレンバンを経由して、占領したばかりのジャワ島中部のカリジャチ飛行場に到着していた。

そして二十二日早朝五時三〇分、海軍落下傘部隊の精鋭約三〇〇名がクーパン飛行場に降下するとともに、海岸に接岸した強襲揚陸艦から上陸した歩兵二二〇〇名と中戦車一六両は、カタパルトから発射された戦闘機六機・軽爆撃機六機による空地同時の援護の下に迅速に飛行場を占領し、周辺の陣地に拠った蘭印軍は無抵抗のまま降伏した。

続いてジャワ中部のカリジャチ飛行場とバリ島飛行場を経由した零戦隊一八機と一式陸上攻撃機一二機がクーパン飛行場に到着し、チモール島、アラフラ海、バンダ海など周辺海域の哨戒飛行を開始した。

(2) 蘭印作戦の日本軍配置とボルネオ・セレベス作戦

チモール島は連合軍側の反攻ルート正面に位置する戦略要点であるため、南方軍直轄の第三三師団が第一六軍に配属となって、小スンダ列島の東半分の防衛を担当することになった。

この時点での蘭印における日本陸軍の布陣は、スマトラには既述の如く方面軍直轄第五五師団の一支隊、ジャワ西部～中部に第二師団、ジャワ東部～バリ島に第一八師団、小スンダ列島東半分に第三三師団という布陣となった。

これから始まる蘭領ボルネオとセレベス島の攻略には、ジャワ島を占領中の第二・第一八師団及び海上機動第一旅団と強襲揚陸艦神州丸をもって当たることになる。目標要地としてはボルネオがタラカン、パリクパパン、パンジェルマシン。セレベス島がメナド、スターリング湾、ケンダリー、マカッサル等。

このようにジャワ島から北上してボルネオ、セレベスを攻略するという作戦線の方向付けは、北方から南下すれば比島〜ボルネオ間のスル海を海空の大部隊が通過することになり、米国との間に無用の摩擦が生ずる懸念があるためであった。

ここでボルネオ・セレベス等における前記攻略地点の概要を解説しておく。

［ボルネオ島］＝タラカン　北ボルネオの要衝で有名な石油の産地。航空基地と砲台を備えた蘭印防衛の最北の第一線。バリクパパン　タラカンの南五〇〇キロにあり石油事業を中心とする商業都市。沿岸には砲台とトーチカが並び、背後に二個の航空基地を有し、潜水艦や魚雷艇を入れる要港でもある。パンジェルマシン　パリクパパンの西南四〇〇キロにあり、ジャワ海を隔てて東ジャワのスラバヤ軍港がある。航空基地を有す。

［セレベス島］＝メナド　セレベス島の東北端にあり、セレベス海を隔てて対岸に比島・ミンダナオ島のダバオがある。飛行場あり。ケンダリー　セレベス島の東南端に位置。航空基地あり。マカッサル　セレベス島の西南端にあり、マカッサル海峡に面し航空基地あり。

［セラム島］＝アンボン　セレベス島の東、セラム島の西端にあり。バンダ海の中心に位置し有力な航空基地。

以上のセレベス島三か所並びにセラム島のアンボンについては、海軍の担当となって陸戦隊がこれに当たり、メナドへの落下傘部隊の降下から始まり、ケンダリー、アンボン、マカッサルの順に連続して各飛行場を占領した。

そしてボルネオ攻略には十月三十日、パンジェルマシンに対して海上機動第一旅団と第二師団の一個大隊が、パリクパパンには強襲揚陸艦「神州丸」と第一八師団の一個大隊が、それぞれジャワ島を進発した。

上陸部隊を支援する海軍の中心は第二機動艦隊主力であり、空母「翔鶴」「鳳翔」の艦載機一〇六機と第八戦隊の重巡「利根」「筑摩」、第九戦隊の重巡「古鷹」「加古」並びに軽巡二隻と駆逐艦一二隻。

重巡の火砲は二〇糎砲二八門、軽巡の一四糎砲一四門、駆逐艦の一二・七糎砲七二門。これを陸軍の野戦重砲連隊に換算すると、一五糎榴弾砲二四門で一個連隊だから、概算で一一四門の艦砲は約五個連隊に相当する。

これだけの支援艦隊の艦砲射撃を受けてオランダ軍の防御陣地は徹底的に破壊され、艦載機の銃撃によって地上の敵機はほとんど全滅の状態となった。

その機に乗じた海上機動第一旅団と強襲揚陸艦「神州丸」の上陸戦闘は、ほとんど無傷で成功し、所在のオランダ軍は降伏した。

各一個大隊の守備部隊を残置して「神州丸」と海上機動旅団は、十一月一日に北部のタラカンに向かったが、ジャワのオランダ軍総司令官は、タラカンを含むボルネオのオランダ軍に対し戦闘停止・降伏を命じ、ボルネオ作戦は意外な程日本軍の完勝に終わった。

Ⅱ　米英軍の介入・反攻予想と蘭印の防衛戦略

1　日本の蘭印占領と米英の動き

蘭印攻略の日本軍は、大型空母以下の強力な艦隊（軽空母二、重巡六、軽巡四、駆逐艦一六、二等駆逐艦三、潜水艦四）の支援のもと、第一六軍の二個師団と軍直部隊を載せた大輸送船団をもって、比島とマレー半島を素通りしてスマトラ・ジャワの両島と、小スンダ列島のチモール島に至る約三〇〇〇キロの戦略地帯と蘭領ボルネオを、昭和十六年十月十五日から十一月一日までの僅か半月間の戦闘によって攻略した。またセレベス島とセラム島（バンダ海）は主として海軍陸戦隊が担当して迅速に占領した。

この作戦の成功は、陸軍の南方方面軍と南方担当海軍部隊（南方方面艦隊、第二機動艦隊、護衛艦隊）の綿密な事前計画と作戦行動開始後の協力によるところが大きい。

そして海上機動第一旅団と強襲揚陸艦「神州丸」の活躍がスマトラ南部の三飛行場を速やかに攻略したため、海軍基地航空部隊と陸軍航空部隊のスマトラ進出を容易ならしめ、オランダ空軍の早期撃滅を可能ならしめた点を重視しなければならない。

この蘭印攻略作戦の間、意外にも比島の米軍、マレー半島の英軍の直接介入はなかったが、これは日本軍作戦の早さによるものであり、実際の内部的動きは相当あったはずである。果たして米英は今後どのような政戦略に出ようとするのか、この点を検討することとしたい。

2　予想される米英の政策と戦略

オランダは米英と一体不可分の関係にあり、日本が蘭印を攻撃した場合、米英は日本と戦闘状態に入るのが当然視されていた。但し比島における米軍も、マレー・シンガポールにおける英軍も、日本軍との戦力比較においては空軍はもちろん、海軍における米アジア艦隊も英東方艦隊も、日本の連合艦隊とは比較にならない程劣勢であった。

第三章の69頁にも記載したが、米アジア艦隊は重巡一、軽巡二、駆逐艦一三、旧S型潜水艦29等から編成された補助艦艇中心のローカル部隊に過ぎなかった（潜水艦は一九二〇年代前半の旧式艦）。

また英東方艦隊（東洋艦隊はインド洋のセイロン島等を根拠地としており別の部隊）もシンガポールには戦艦・空母は一隻もなかった。航空戦力も比島が一〇〇機、マレー方面が三二〇機で質量共に日本軍が圧倒的に優勢であった。

東洋に配置された彼らの戦力では、動こうにも動きがとれなかったというのが実情であった。

(1) 対英作戦＝スマトラ防衛とマレー半島の包囲

蘭印の日本軍に対する西方からの脅威は、インドのセイロン島を主要基地とするイギリス東洋艦隊である。この艦隊はセイロン島南西約一千キロの「モルジブ諸島」南端の「アッヅ環礁」を秘密基地としている。主な編成は次のとおり。

新型空母二隻（イラストリアス型　二三〇〇〇トン、インドミタブル、フォーミタブル六〇機）、軽空母一隻（ハーミーズ　一〇八五〇トン、二〇機）、旧式戦艦五隻（ウォースパイト一九一三～一九一五年竣工、三万屯　三八センチ砲八門、ロイヤル・サブリン型　一九一四～一九一六年竣工、ロイヤル・サブリン、レゾリューション、リベンジ、ラミーズ　二九〇〇〇屯　三八センチ砲八門）、重巡二隻（コーンウォール、ドーセットシャー）、軽巡六隻、駆逐艦一五隻。

空軍力は前記のとおりマレー・シンガポールの三二〇機であるが、新鋭戦闘機のスピット・ファイアは配備されていない。

スマトラの日本軍にとって最大の脅威は、英空軍が印度からビルマを経由してマレー半島に増強され、その援護と東洋艦隊主力の支援によるスマトラ北部への反攻上陸である。

これを未然に防止するには、マレーにおける空軍の増強を阻止するためビルマ南部を占領するか、あるいはマレーの空軍基地を撃滅するしかないが、日英間に戦闘状態が生起していない現状としては、いずれも出来ない相談である。

次善の策として、スマトラ北部の航空基地を中心に印度洋に対して広範囲の索敵網を形成すると共に、潜水艦を増強すること、スマトラ中・北部への地上兵団の増派という策であろう。

スマトラ防衛に関する対策として次の処置がとられた。

a　スマトラ中・北部に、南方方面軍直轄の第五五師団全力を進出させると共に、独立混成第二五旅団（歩兵四個大隊、迫撃二個中隊）を南部スマトラの防衛に充てた。さらに戦車第一五連隊を第五五師団に配属し、スマトラ中・北部の機動打撃力として配置された。

b　陸軍航空部隊の配置に関しては、マレー半島上陸作戦の前に蘭印作戦が終了したので、第五飛行師団をスマトラ・ジャワに展開することとした。主な部隊は次のとおり。第四飛行団（戦闘一戦隊、重爆一戦隊、軽爆・司偵一戦隊）、第七飛行団（戦闘三個戦隊）、第一〇飛行団（軽爆一戦隊、重爆一戦隊、司偵一中隊）

(注)　各戦隊は三個中隊からなり一個中隊の機数は単発機は一二機、双発機は九機。すなわち戦闘一個戦隊は三六機、爆撃一個戦隊は二七機が定数。三個飛行団を合計すると。戦闘機　四個戦隊、一四四機。軽爆機　一戦隊と二個中隊、計五個中隊、四五機。重爆機　二個戦隊、五四機。司偵　二個中隊、一八機。合計二六一機

従来のマレー方面英軍機は三二〇機（性能は劣る）であり、印度からの増援を一〇〇機とみても合計四二〇機。

日本軍はスマトラに陸空軍二六〇機、仏印にマレー担当海軍機一三五機（第五章105頁）地上空軍機合計三九五機。第二機動艦隊の空母艦載機一六八機　総計五六三機。

これでは飛行機の性能、乗員の練度、機数の点から見てマレーの英空軍は南北から包囲された状態であり、到底勝ち目はない。

(2)　対米作戦＝豪州を基点とする南東太平洋からの反攻

中部太平洋海域でのマーシャル決戦に関しては第五章において広く検討した。日本の東南アジア資源地帯への進攻に関して、米国が採るであろうもう一つの作戦線は豪州を基点とするものである。

しかしこれには二つのルートがある。第一は豪州から直接、蘭印のジャワ・小スンダ列島→セレベス→ボルネオ→フィリピンと北上するルートである。

第二はニューカレドニア→珊瑚海→ビスマーク諸島→パラオ諸島→フィリピンと西北進するルートが考えられる。

第一のルートは日本軍が大・小スンダ列島からバンダ海一帯を堅固に防衛している故、抵抗が大き過ぎる難点がある。

これに比して第二のルートは、日本の勢力が未だ及んでおらず、ニューギニアと日本の内南洋諸島の間隙を突破する格好となる故、日米海軍の決戦がこの海域で生起されるだろう。

しかしハルマヘラ島、モロタイ島、ビアク島などが日本軍に占領される公算もあり、パラオ諸島との間に巨大な空中城砦が形成されると、日米両軍の戦力差が大きくないと簡単には突破できないと彼らも考えるだろう。

日本としては、ビスマーク諸島（ニューブリテン島、ニューアイルランド島など）を敵に先んじて攻略し、ラバウルを防衛拠点とする案も考えられるが、東ニューギニア南岸にあるポートモレスビーには強力な米豪軍基地があり、この方面まで戦線を拡張することは戦略防禦の限界を越えるものとして危険性が大きい。

資源地帯のジャワ、スマトラ、ボルネオの東側防衛線としては、パラオ諸島――モロタイ・ハルマヘラ――セレベス――セラム島――チモール島の線が堅実であり、さらに一時的な前進基地としてはビアク島、ヌンホル島、西ニューギニアの飛行場適地（ワクデ、サルミ、マノクワリ、ムミ、サンサポール、エフマン島、ソロン）などが考えられる。

(3) 蘭印東側防衛線に対する陸軍戦力の増強

前項で述べた米軍反攻の第二ルートに対する防衛は、日本が蘭領ニューギニア（西ニューギニアと呼称する）に一兵も駐留させていないし、今後も西ニューギニアまで戦線を拡大しない方針のもと、資源地帯としての蘭印（スマトラ、ジャワ、ボルネオ）を堅固に防衛することである。

この東側防衛線は、北より「モロタイ・ハルマヘラ・セレベス・セラム・チモール・アル・カイ」の各島嶼によって構成され、この線以西の防衛をすべて陸軍の管轄に移して、地上兵力を配置した。
ハルマヘラ島　第三二師団（中国山西省より移動）独立工兵一個連隊配属、モロタイ島独立混成第二七旅団（歩兵四個大隊・砲兵隊、工兵隊、通信隊）、セラム島　独立混成第二八旅団（同上）、アル、カイ、タンニバル諸島　独立混成第二六旅団（同上）、セレベス島独立混成第五七旅団（歩兵六個大隊、同上）、チモール島　第三三師団（第一六軍から移管、戦車第四連隊及び独立工兵一個連隊配属）

以上の部隊をもって第一九軍を新設し、軍司令部をセレベス島のケンダリーに置いた。第一九軍の兵力は二個師団と四個旅団。

第一九軍の新設とボルネオ島に対する新たな部隊配置によって、第一六軍の配置兵力は次のようになった。
ジャワ島　第二師団（西部）、第一八師団（東部とバリ島）、スマトラ島　第五五師団（中・北部、戦車第一五連隊配属）、独立混成第二五旅団（南部、歩兵四個大隊、砲兵、工兵、通信隊）、ボルネオ島　独立混成第五六旅団（北部、歩兵六個大隊、同上）、独立混成第七一旅団（南部、歩兵四個大隊、同上）、第一六軍。計三個師団と三個旅団

◆南方方面軍のうち実戦配備についた第一六、第一九軍に対する砲兵部隊の増強（合計、五個師団と七個旅団）。

中部太平洋方面軍と同様の基準（第五章97頁参照）によって、高射砲、高射機関砲、一五糎榴弾砲、一〇糎榴弾砲、三三糎臼砲、一五糎迫撃砲、七糎半自走砲、四七ミリ速射砲を増

	5個師団	7個旅団	合　計
7糎半高射砲	150	84	234
20ミリ高射機関砲	150	126	276
15糎榴弾砲	120	—	120
10糎榴弾砲	—	84	84
33糎臼砲	120	—	120
15糎追撃砲	120	84	204
7糎半自走砲	90	42	132
47ミリ速射砲	60	84	144

強した。

なお自走砲は五七ミリ砲搭載の九七式中戦車の砲搭を取り外して、防楯付きの九〇式機動野砲を搭載したものであり、車体そのものはそのまま使用するので改装に手間はかからない。米軍のM4中戦車を撃破できる唯一の戦闘車両として、昭和十六年五月の試作以来、全力で生産中のものであった。

(4)　蘭印東側防衛線に対する海軍航空戦力の増強

陸軍航空の増強については第六章144頁において述べた。ここでは西部南洋諸島における海軍航空の手薄さとの関連からも、蘭印東側防衛線海域の航空戦力不足を検証してみる。

旧南洋委任統治領の防衛に関しては、第五章103～104頁で説明したようにマーシャルを第一の重点とし、その補充をトラック諸島に配備するという方針であったので、マリアナ諸島にはごく一部の兵力に止まり、西カロリン諸島には全く配備する余裕はなかった。

故に結論として第一九軍管轄地域（モロタイ・ハルマヘラ・セレベス・セラム・チモール・アル・カイの各島嶼）である蘭印東側防衛線と西カロリン・マリアナ諸島配備のため、最低三個航空戦隊の兵力を編成する必要がある。具体的な機種と機数は次のとおり。
◆マリアナ諸島＝第二七航空戦隊　既設　陸上攻撃機　一個戦隊　三六機、新設　陸上攻撃機　二個戦隊　七二機、戦闘機　二個戦隊　七二機、飛行艇　二個中隊　一二機、陸上偵察機　二個中隊　一二機、計二〇四機
◆西カロリン諸島＝第二八航空戦隊　戦闘機　二個戦隊　七二機、陸上攻撃機二個戦隊　七二機、飛行艇　二個中隊　一二機、陸上偵察機　一個中隊　六機、計一六二機
◆蘭印東部諸島＝第二九航空戦隊　戦闘機　三個戦隊　一〇八機、陸上攻撃機三個戦隊　一〇八機、飛行艇　三個中隊　一八機、陸上偵察機　二個中隊　一二機、計二四六機
◎合計　戦闘機　七個戦隊　二五二機、陸上攻撃機　七個戦隊　二五二機、既設　陸上攻撃機　一個戦隊　三六機、飛行艇　七個中隊　四二機、陸上偵察機　五個中隊　三〇機、合計六一二機

(5)　蘭印海域配備の海軍艦艇

蘭印攻略にあたり上陸軍を支援した艦艇については、上陸作戦の経過において説明した。本項では米英豪など連合軍の蘭印奪回作戦に伴う妨害を排除するために、南方方面艦隊、第二機動艦隊、護衛艦隊等の配置状況について考察する。

a　スマトラ・リンガ泊地＝護衛艦［タンカー直接護衛］二等駆逐艦四隻、海防艦・占守型四隻、駆潜艇・一三号型六隻。［船団間接護衛・上陸支援］　軽空母「龍驤」「鳳翔」（搭

載機計六九機)。連合艦隊直属〔空母直衛〕

軽巡「天竜」「龍田」「夕張」

b ジャワ島・スラバヤ〔各方面支援〕=第三機動艦隊 重巡「青葉」「衣笠」(二〇糎砲六門)、南方方面艦隊 駆逐艦二隻

c チモール島・クーパン〔豪州方面警戒〕=南方方面艦隊 軽巡長良型二隻、駆逐艦二隻、潜水艦二隻

d セレベス島・スターリング湾〔西部ニューギニア方面警戒〕=南方方面艦隊 重巡「足柄」「羽黒」(二〇糎砲一〇門)、駆逐艦四隻

e スマトラ・マカッサル海峡〔印度洋方面・特に英艦隊警戒〕=南方方面艦隊 潜水艦四隻

◎艦種別合計=戦闘部隊 軽空母三、重巡四、軽巡五、駆逐艦八、潜水艦六、計二五隻。タンカー護衛部隊 二等駆逐艦四、海防艦四、駆潜艇六、計一四隻。合計三九隻(南方方面艦隊一八、第三機動艦隊二〇、護衛艦隊一六、連合艦隊直属三)

3 連合軍の戦略態勢の再編

この場合の連合軍とは、アメリカ、イギリス、オーストラリア、ニュージーランドのことであり、蘭印は降伏して且つオランダ本国政府はイギリスに亡命しているので、オランダ軍

は存在しない。

米国は昭和十六年（一九四一年）十一月一日、フィリピンにあったマッカーサー中将に対し、近く編成され予定の南西太平洋軍の指揮官となるため豪州に移動するように命じた。

そして米英間の協議で、マレーとスマトラ、インド洋を英軍の担当区域とし、スマトラを除く全蘭印、比島及び豪州を含む太平洋方面全域を米国の担当区域とすることに意見が一致した。

太平洋全域を担当することになった米国は十一月五日、その職域を南西太平洋方面と太平洋方面に二分し、（比島は南西太平洋方面、トラック島などは太平洋方面、南太平洋ではガダルカナル島中央を通る緯度線が境界線）、太平洋方面をさらに北太平洋、中部太平洋、南太平洋に三分することに決定した。

十一月十日、南西太平洋方面指揮官にマッカーサー中将、太平洋方面指揮官にニミッツ海軍大将が任命された。

十一月十八日、南西太平洋方面軍司令官に対し、次の通り指導方針の指令が発令された。

①　将来日本に対する攻勢作戦の基地として、また日本の南西太平洋方面の征服を阻止する目的をもって、豪州の重要な軍事地域を保持すること。

②　豪州及び豪州に対する重要な交通線に対する敵の進撃を、また東部マレーシア、ニューギニア、ビスマルク、ソロモン各諸島地区に進出してくる敵の戦闘部隊、補給船、飛行機及び基地を粉砕して、その進攻を阻止すること。

③最近敵が征服した地域から原材料を日本に運ぶ船舶を撃破して、敵に経済的圧迫を加えること。
④南西太平洋方面とその近接地域における地上、海上及び空中の補給路を保護すること。
⑤南西太平洋方面の航路を定めること。
⑥太平洋方面及びインド方面の友軍の作戦を支援すること。
⑦攻勢準備をすること。
また太平洋方面部隊指揮官に対する指導方針の指令は次の通りであった。
①米国と南西太平洋方面の中間において交通補給線を確保し海軍、航空部隊及び上陸部隊の作戦に必要な島を保持すること。
②南西方面軍を支援すること。
③太平洋方面における日本軍を牽制すること。
④北米大陸の防衛を支援すること。
⑤重要な海上及び空中の交通補給を保護すること。
⑥日本軍の保持する基地に対し、大規模な上陸攻勢の実施を準備すること。初期の攻勢は南太平洋方面及び南西太平洋方面から、これを発起するはずである。
なお、マッカーサー中将が大将に進級したのは十二月二十日、同日正式に南西太平洋方面軍司令官に就任し、ニミッツ海軍大将が太平洋方面部隊指揮官に就任したのは十二月一日であった。

これより先の十月二十一日、米合衆国艦隊司令長官キング大将は、太平洋の米海軍部隊に対する作戦方針を要約次の通り明らかにした。

①ハワイ—ミッドウェー線を援護、確保するとともに、それと米国西海岸との海上交通線を維持する。

②なるべく早い時期に、ハワイ—サモア—フィジー—豪州東岸まで海上交通線を拡大し、米豪連絡路を確保する。

＊なお亜細亜艦隊に対しては、マレー防衛線防衛のため、できるだけ前方で日本軍の阻止その他を指示した。

◆マーシャル米陸軍参謀総長は十月二十日、極東地域の作戦に連合軍部隊を統合指揮する職域指揮官設置の必要性を強調した。

各国協議の結果、その総合指揮官に現英インド軍司令官ウェーベル陸軍大将を充てることを内定した。

ウェーベル大将は蘭印の逼迫《ひっぱく》した情勢に鑑《かんが》み、差し当たり次の作戦方針をとった。

①中東、印度方面から到着する全増援兵力は、すべてシンガポールに投入する。

②全使用兵力をシンガポール——ポートダーウィンの線に集中し、東蘭印からの日本軍の前進を阻止する。

③比島支援は潜水艦及びマレー・英領ボルネオから行う。

Ⅲ　蘭印石油の内地輸送と連合軍の妨害排除

1　石油輸送の開始

スマトラ先遣隊の大型タンカー（一万トン級）四隻は、オランダ総督の降伏した十月二十一日以降、パレンバン油田の原油を満載して、ボルネオ攻略の終了した十一月一日にリンガ泊地を出港、海防艦四隻及び駆潜艇六隻の護衛を受けて仏印のサイゴンに向かった。リンガ泊地〜サイゴン間の距離は約一五〇〇キロ（八一〇海里）、船団の速力一三ノットで六二時間、すなわち二日半の行程である。護衛艦のうち最も速力の遅いのが駆潜艇の一六ノットだから、船団の速力が一三ノットはやむを得ない。また蘭領ボルネオ南部の上陸作戦を支援していた小型空母「鳳翔」は、二五ノットの全速でタンカー船団に追及し、連合艦隊直属の軽巡「夕張」（三五ノット）が「鳳翔」の直衛にあたった。

そしてサイゴン到着とともに内地までの護衛艦艇と交代し、あらかじめ待機していた空のタンカー五隻を護衛してパレンバンに向け南下した。内地行きの船団の護衛空母は、商船改造の「大鷹」（一七八三〇トン、搭載機二七機）であった。

パレンバン〜サイゴン間は片道二日半、往復五日。パレンバンでの給油日数を二日とすれば一週間で一万トンタンカーが一回転する。昭和十六年当時の現有大型タンカーは四七隻、四四万総屯。日・蘭印間の輸送回数を一〇〜一五往復とし、年間輸送量は約五〇〇万トンと計算されていた。

2　対米英戦備の再チェックとタンカー護衛

問題は比島とマレーが手つかずの状態になっていることで、米アジア艦隊潜水艦二九隻のほかは水上艦艇で脅威となるものは無いが、比島の一〇〇機、マレーの三二〇機と推定される空軍は、日本の石油船団輸送にとって無視できない戦力と判断される。日本は国策として石油資源獲得の関係上、蘭印とのみ戦闘状態に入ったが、米・英・豪・ニュージーランドとは、相手が戦闘を仕掛けて来ない以上、当方から火蓋を切ることはあり得ない。

しかし、既述したとおり米英豪ニュージーランドは、日本に対して同一の行動をとることに間違いないから、蘭印を攻略して石油の内地輸送が開始された現在の段階で、比島、マレーに対する攻略作戦の再チェックが必要であろう。

特にハワイ、ミッドウェーなど中部太平洋に展開する米国海空軍と豪州から蘭印を窺《うかが》う米・豪空軍の戦力は侮り難いものがあるからだ。中部太平洋方面からの米海軍の牽制作戦はいずれ開始されるだろうが、差し当たり具体的対応を策定する必要のあるのは、西南太平洋、すなわち石油輸送ルート周辺での連合軍の妨害行動パターンと、日本軍の即応体制の樹立であろうと考える。

(1) タンカー船団の護衛

船団の隻数は少なければ輸送効率が低下するし、隻数が多ければ敵潜水艦の目標は大きくなり襲撃し易くなる。縦陣の列数が多いと船団内の船の密度が大きくなり、敵潜の魚雷命中確率は増大する。また一列では船団の長さが過大となり護衛艦の必要数が多くなる。以上の諸点を考慮に入れて船団を形成するタンカーの隻数を考えると八~一〇隻程度が護衛し易く、かつ敵潜水艦の魚雷命中率も低くなるものと思われる。この場合、船団の形は二列縦陣、すなわち一列に四~五隻となる。

さらに敵情によっては、二列縦陣を組んだ外洋側の船のうち、二隻程度は空船にするのも必要と考える。吃水線を下げる必要があれば海水を入れる方法もある。

次は護衛そのものについてであるが、著者が南方に赴任するため乗船した船団の護衛空母(商船改造)では、九七式艦上攻撃機が昼間の警戒に当っていた。

しかし艦上攻撃機を敵潜水艦の捜索に当てるのは、船団の周辺という狭い範囲の偵察には必ずしも適当とはいえない。海軍航空機には他に適当な機種がないから、陸軍航空機に代替機を求めるとすれば九八式直協偵察機がある。単発、乗員二名、速度三四九キロの直協偵察機は低速飛行と短距離離滑走による離着陸が容易であった。

もちろん乗員は空母での離着陸に習熟するための訓練が必要で、海洋における潜水艦の発見技術の習得も欠かせない。直協機には小型爆弾二発の積載の必要性も考えられるが、敵潜発見箇所に発煙筒を投下し、護衛艦が直行して爆雷を投下した方が確実である。

また、海防艦や駆潜艇には「爆雷投射機」という兵器が装備されている。これは火薬の燃焼ガスによって爆雷を打ち出すもので、潜水艦の機動が予測される一定海域に爆雷を効率よく散布することが出来る。

この九四式爆雷投射機は左右に砲身を持つY砲で、両舷同時または片舷のみの発射が可能であった。爆雷の搭載数は一撃九個で四撃分の計算。この爆雷投射機を搭載したのは「海防艦」と「駆潜艇」。

しかし航洋型護衛艦としての「海防艦・占守型」（八六〇トン、一九・七ノット、航続力八〇〇〇浬、爆雷投射機二個）は開発が遅れて昭和十六年には四隻を保有するのみであった。一方の「駆潜艇・一三号型」（四三八トン、一六ノット、爆雷投射機二機、爆雷三六個）は、戦時量産型の船団護衛用として一五隻が竣工していたことは第三章74頁に記載したとおりである。

著者は戦時中に一万トン級十数隻の船団に乗船し、商船改造護衛空母「大鷹」以下十数隻の護衛艦に護られてシンガポールに向かう途中、バシー海峡で米潜水艦の集中攻撃を受け、約半数のタンカーや貨物船が撃沈された悲劇に直面した経験がある。

その経験から必要と思われる対策の一つとして、船団護衛を受け身に解釈するのでなく、敵潜水艦の襲撃が予想される九州近海と、バシー海峡、シンガポール海域等に四～五隻の対潜艦艇グループを配置して、一定水面区画を徹底的に掃討しつつ適宜移動して敵潜の撲滅を図らねばならない。この対潜艦艇グループに水上偵察機が協力すれば、さらに効果的と考えられる。

前大戦当時の船舶被害の最も多かったのが雷撃によるもので、その主力は潜水艦であった。参考までに数字で示しておく。

	空　爆	雷　撃
昭和17年	43隻　206千屯	142隻　610千屯
昭和18年	115隻　320千屯	293隻　1312千屯
昭和19年	397隻　1256千屯	567隻　2388千屯

とにかく日本本土の防衛に与えたダメージのうちで最大のものは、B29の爆撃ではなく、潜水艦の雷撃による資源輸送の壊滅であったと米軍は分析している。

(2) シーレーンに対する米英軍の妨害と日本軍の対応

米国領の比島、グアム島と英国領のマレー、シンガポール、英領ボルネオは、スマトラ島からの我が石油輸送にとって最大の妨害基地としての位置を占めている。そして公海を通じての陸海戦力補充や空軍力の強化も可能である。

但しマラッカ海峡（マレー半島とスマトラ島間の海峡）とスンダ海峡（スマトラ島とジャワ島間の海峡）は機雷原によって封鎖されされているので、これを排除しない限り通過は難しい。しかし、航空機の通過はインドからビルマを経由して可能なことは既に述べた。

パレンバンからの石油輸送は、シンガポール・マレー半島・比島という敵の基地を中央突破して北上するルートであるから、妨害しようとすれば幾らでも可能である。

しかし少しでも妨害があれば（航空機の雷爆撃、潜水艦の雷撃、水上艦艇の砲撃等）、彼らの空軍基地と軍港は、既に出撃態勢をとっている日本の南方艦隊及び第二機動艦隊と、さらに仏印、台湾、スマトラ、ジャワ、旧蘭領ボルネオに展開する日本空軍の猛攻を受けて壊滅的打撃を被ると共に、待機中の陸軍強襲上陸兵団が上陸作戦を敢行することになる。

すでに記述済みであるが、この方面において出撃態勢完了の航空兵力は次のとおりである。
◆比島方面＝海軍基地航空部隊（仏印・台湾各基地）第二一航空戦隊　陸上攻撃機五四、第二二航空戦隊　陸上攻撃機七二、第二三航空戦隊　戦闘機四五、陸上攻撃機五四、陸上偵察機六、第二航空隊　戦闘機四五。［合計］　戦闘機九〇、陸上攻撃機一〇八、陸上偵察機六。
陸軍第三飛行集団（仏印プノンペン基地）　双発軽爆撃機二五、重爆撃機一八。
◆マレー方面＝海軍基地航空部隊（南仏印基地）　第二二航空戦隊　陸上攻撃機三六、第二四航空戦隊　陸上攻撃機二七。［合計］　陸上攻撃機六三。陸軍第五飛行集団（ジャワ、スマトラ各基地）　第四飛行団　戦闘機三六、重爆撃機二七、双発軽爆撃機一八、司令部偵察機九、第七飛行団　戦闘機一〇八、第一〇飛行団　双発軽爆撃機二七、重爆撃機二七、司令部偵察九。［合計］　戦闘機一四四、双発軽爆撃機四五、重爆撃機五四、司令部偵察機一八。
中部太平洋方面第一線のマーシャル諸島の防衛に異常なき限り、西南太平洋の日本軍の配備は強靭なものであるから、米海軍の制式大型空母が日本海軍の二倍を超えない限り、すなわち建造を開始中との情報のあるエセックス型空母（二七一〇〇屯、搭載機一〇〇機）が七

〜八隻竣工しない限り、マーシャル決戦で日本が敗れることはないものと考えたい。

（注1）昭和十六年当時の米太平洋艦隊所属空母は、サラトガ、レキシントン、エンタープライズの三隻。大西洋艦隊所属は、ヨークタウン、ホーネット、ワスプ、レンジャーの四隻。米海軍空母の合計七隻。エセックス型の竣工時期 一九四三年一隻、一九四三年六隻、一九四四年七隻

（注2）日本海軍の制式空母 第一機動艦隊 赤城、加賀、蒼龍、飛龍、第二機動艦隊 翔鶴、瑞鶴、護衛艦隊 龍驤、鳳翔（この二隻は軽空母）

（注3）日本潜水艦の単独攻撃による米空母の損害 昭和十七年一月十一日 サラトガ大破 伊六号潜水艦、八月三十一日 サラトガ大破 伊二六号潜水艦、九月十五日 ワスプ撃沈 伊一九号潜水艦

（注4）日本空母機による米空母の損害 昭和十七年五月八日 レキシントン撃沈（珊瑚海海戦）、五月八日 ヨークタウン大破（珊瑚海海戦）、六月四日 ヨークタウン撃沈（ミッドウェー海戦）、十月二十六日 ホーネット撃沈（南太平洋海戦）、十月二十六日 エンタープライズ大破（南太平洋海戦）。

支那全土から撤兵して中部太平洋と西南太平洋地域に展開した日本の地上戦力は極めて強力なものがあり、支那事変での四年間の実戦体験は陸海空三軍の練度向上に大きな貢献をもたらした。

以上の諸点に鑑み、シーレーンに対する米英の妨害作戦は、日本に比島及びマレーに対する攻略作戦発起の口実を与えるものでしかないことを米英の指導者が気づかぬはずはないと判断したい。

3　開戦前の米艦隊比島進出に対する日本の戦略

第一章Ⅳ—2で次の点に言及した。

「連合艦隊は比島攻略作戦終了後、来攻する米艦隊との決戦に臨むのを原則としていた。しかし、米国艦隊の来攻が意外に早い場合は、比島攻略を行うことなく決戦に臨むことも考えられていた。また米艦隊が作戦目的もしくは対日威圧のため、開戦前の比島進出も絶無という保証はなかった」

①　この問題をシーレーン防衛との関連で分析すると、米軍は石油輸送船団を直ちに潜水艦や航空機で攻撃するか、それとも空母一隻を基幹とする機動部隊をマニラに派遣し、対日威圧によって暫時模様を見るのか？　という問題を考える必要があろう。

または、グアム島防衛強化のため空母による航空機の補充や守備隊の増強を図ることも当然考えられる。実際の太平洋戦争においてもウェーク島とミッドウェー島に空母機動部隊が海兵隊戦闘機の輸送を行っていて、十二月八日にはハワイに空母は停泊していない。

今回は日本軍がハワイ攻撃を実施せず、先に蘭印を攻略したから実戦とは事情が異なっている。米軍としても難しい決断を迫られたことになった。

②日本としては米国に先に手を出させることが最善の方策だから、カラの中古貨物船団をスマトラ～サイゴン～海南島三亜間を繰り返し往復させること、甲板には木製の戦車や大砲を積載する。

護衛艦は敵の潜水艦には反撃するが、航空機の攻撃には友軍航空基地に無線連絡して船団を離れる。そして待機中の陸海空全軍は、比島とマレーに進撃を開始する。

米英との宣戦布告なき戦闘開始であり、先に手を出したのは米英の方だから日本には何の落ち度もない。

しかし米軍としては日本の輸送船団を攻撃するのはいつでも出来るから、まず比島に空軍と陸軍を大量に送り込んで、防備を固めてから日本の船団を攻撃した方が日本軍の比島攻略を阻止し易い。

そのためには、豪州からニューギニアの北岸伝いに比島南部のミンダナオ島へのルートと、マリアナ諸島と沖の島の中間海域を通ってルソン島へのルートを併用する。

南ルートから二個師団、北ルートから三個師団の地上部隊を送り込むと共に、空軍は南ルートからミンダナオ、英領ボルネオ、比島のルソン島に展開する。その第一陣として約三〇〇機。

③しかしこれは米軍にとっても理想論であり、護衛を考えると大変な兵力輸送となる。

陸軍一個師団輸送の必要船舶は、人員・兵器・資材・弾薬・糧食・車両・燃料等を含めると四〇隻は必要となる。したがって米軍の南ルートで八〇隻、北ルートで一二〇隻となり、これに洋上給油のための油槽船も加わる。

また護衛のための機動部隊も、一個師団の船団に最小限一個部隊としても五個機動部隊となる。一九四一年当時の米海軍の大型・中型の空母数は太平洋艦隊に三隻、大西洋艦隊に三隻で計六隻しかない。

実戦のガダルカナル島上陸作戦でも、海兵一個師団の護衛に空母三隻、戦艦一隻、巡洋艦一四隻、駆逐艦三一隻で支援している。輸送兵力を削減して南ルートから一個師団、北ルートから二個師団としても、ガダルカナル上陸作戦当時以上の護衛が必要となろう。一九四一年末の米国といえども、到底そんな余裕はなかった。

また日本軍としても、これだけの大船団と支援艦隊を無事に通過させるはずがなく、南北ルートとも連合艦隊と陸海空軍は鉄壁の陣を敷いているから、総動員して連続攻撃を加えることは間違いない。これは滅多にない戦機であり、まさに形を変えた日本の伝統的戦略の実現戦場が彼らによって提供されたと考えるべきだろう。一二〇隻以上の大輸送船団が一〇〇隻以上の空母機動部隊に支援されて西太平洋に進攻したとすれば、これはまさしく米国の日本に対する挑発であり、米軍の攻撃行動を待つ必要はなく、日本の先制攻撃は正当防衛として世界の評価と承認を得ることが出来よう。

④　結論＝種々検討してみると、両軍とも先に相手に手を出させるのが得策と判断しているから、米軍としても先ず空軍を先に比島とグアム島に輸送することに落ち着くのではなか

ろうか。

この場合、航空機を輸送するに適した艦船は「護送空母」ということになるが、米海軍が一九四一年当時に保有していたのは貨物船改造空母の「ロング・アイランド」一隻だけである。排水量一万一千トン、速力一八ノット、搭載機数二一機という小型一隻では話にならない。

結局、機動部隊の核となる「制式空母」に海兵隊機・小型陸軍機を搭載する方法となる。米太平洋艦隊所属の戦闘空母は「サラトガ」、「レキシントン」（共に九〇機搭載）と「エンタープライズ」（一〇〇機）で合計二八〇機であるが、そのうちの三割程度は自衛目的の艦載機を用意しなければならず、実質的な輸送機数は一回の運航で二〇〇機弱となろう。そして各空母の護衛に巡洋艦二隻と駆逐艦五隻程度を充て、各機動部隊七〜八隻を比島に向けて逐次に出港させれば、日本海軍に大きな刺激を与えることなく比島の空軍力を増強できるから、米軍としても先ずこの程度で日本の出方を見ることになるだろうと考えたい。

第七章　統帥組織の改革と索敵出撃の発動

Ⅰ　統帥組織の改革

太平洋戦争中における米軍中央組織は次図の如き形であった（一九四四年当時）。すなわち米軍の最高指揮官は大統領であった。そして陸海軍はそれぞれ独立していたが、大統領のもとに陸海軍の作戦部門を統一した。航空部隊は陸海軍に分かれていたが、戦略空軍だけは別組織としていた。また、対日作戦の実戦部隊については、南西太平洋（ソロモン、ニューギニア、蘭印、フィリピン、豪州等）はマッカーサー将軍が指揮し、その他の太平洋全域は海軍最高指揮官のニミッツ提督が統括した。

すなわち、米軍は大統領（最高司令官）の下に中央指揮組織は統一され、実戦部隊も方面別に単一の指揮官によって統帥されていた。

実例として、サイパン島攻略軍指揮官ターナー海軍中将が、海兵師団と陸軍師団をも指揮

大統領、アメリカ陸海軍総司令官

↓

統合参謀本部　大統領幕僚長レーヒ提督
マーシャル陸軍参謀総長
キング海軍作戦部長兼合衆国艦隊司令長官
アーノルド戦略空軍司令官

↓

太平洋艦隊・太平洋方面最高指揮官ニミッツ提督
南西太平洋方面最高指揮官マッカーサー将軍

し、沖縄攻略でもターナー海軍中将が第一〇軍司令官バックナー陸軍中将の指揮する上陸軍を隷下に置いていた。すなわち指揮命令はワシントンから沖縄まで一本の線で結ばれていたのであった。

一方、米国に対する日本軍の中央組織は次のとおりであった。日華事変が拡大し始めた昭和十二年十一月には、日露戦争当時からの戦時大本営に代わる大本営令が制定され、その後の日本の敗戦までつづく大本営が開設された。大本営の編成や機能は、基本的には日露戦争当時と変わらない。参謀本部と軍令部が統合されないままに大本営の陸軍部と海軍部となり、宮中で開かれる大本営会議だけが、統合の場になっていたと解釈できる。図で示すと概ね次図のとおりとなる。

大本営会議には、天皇の御前で行う場合（大本営御前会議）と、そうではない場合があった。

別に政治外交と作戦のすり合わせを行う性格が強い御前会議も行われており、首相、陸相、海相、外相、蔵相、内相、参謀総長、軍令部総長、枢密院議長が恒例のメンバーであった。

この他に政府と大本営間の意思疎通を図るために、毎週定期的に政府・大本営連絡会議が聞かれた。

しかし、天皇が大本営会議において陸海軍の作戦に直接的な介入をされることは先ず無く、陸海軍の統帥部で決定したことはそれぞれ別個に天皇の裁可を受けて発動された。したがって、ハワイ作戦、ミッドウェー作戦、ガダルカナル作戦等は、いずれも海軍が単独で策定したものであり、ガダルカナル島を占領して飛行場建設作業を実施していることなどは、陸軍では参謀本部でも承知していなかった。これは陸海軍の軍令系統が統合されていなかった好例である。

天皇陛下・大元帥陛下

↓

大本営会議	陸軍参謀総長、同次長 海軍軍令部総長、同次長 陸軍大臣、海軍大臣、その他若干の参謀

◆新しい「日本統帥組織」の制定

蘭印石油交渉団を乗せたスマトラ先遣部隊が、呉の軍港を出港した昭和十六年十月一日、日本帝国の新しい統帥組織が制定された。その概要は次のとおりである。

①　天皇のもとに「最高戦争指導会議」を設ける。議長は総理大臣とし、会議の構成員は以下のとおり。総理大臣、外務大臣、陸軍大臣、海軍大臣、陸軍参謀総長、海軍軍令部総長、大蔵大臣、内務大臣、企画院総裁。（事務局長は参謀次長、軍令部次長、外務次官の六か月交替制）

②　「最高戦争指導会議」の下部組織として「統合幕僚会議」を設ける。会議の構成員を次のとおり。陸軍参謀総長、同参謀次長、第一部長（作戦）、第二部長（情報）、第三部長（後方・通信）、海軍軍令部総長、同軍令

部次長、第一部長（作戦）、第二部長（軍備・動員）、第三部長（情報）

（事務局は、陸軍省と海軍省の課長若干名で構成し、事務局長は陸海の軍務局長が六か月の交替制とする。幕僚会議の事務局に軍政の中堅幹部を充当したのは、軍令の突出を防止して堅実な作戦計画の策定と運用を考慮したためである）

Ⅱ 索敵出撃の発動

昭和十六年十一月一日のボルネオ守備隊の降伏をもって、蘭領東印度作戦は終了した。十月一日の石油交渉使節団が護衛艦隊とともに本州を出発してから僅か一か月の短期決戦であったこともあり、米英を主とする連合軍の妨害作戦は全く見られなかった。スマトラ、ボルネオからする日本の石油輸送作戦はこれからが本番であり、かねて想定した米軍の妨害ないし反撃作戦は当然に開始されるであろう。中部太平洋方面の第一機動艦隊及び基地航空部隊の展開はほぼ完了しており、マーシャル諸島、トラック諸島方面の陸軍部隊展開と陣地構築も計画の半ばに達していた。

今、連合艦隊並びに南方方面軍における緊急かつ最重要課題は、米英を中心とする連合軍艦船と航空機の動静である。すなわち全方位に及ぶ索敵活動の開始にほかならない。そして具体的な方面・海域を選定して索敵部隊の構成と活動要領を総合的に考え、限られた索敵兵力を重点配分するにはどうしたらよいか。以下、これらの諸点を考察してみる。

1　方面別・海域別の索敵対象

①ハワイ諸島以西〜マーシャル諸島間＝ハワイ・パールハーバー周辺、ミッドウェー島周辺、マーシャル諸島東方と北方海域、ジョンストン島周辺、ギルバート諸島周辺。②米本土西岸〜ハワイ諸島間＝サンジェゴ、サンフランシスコ、サン・ペドロ、シアトル各周辺。③米本土西岸〜豪州間＝サモア諸島、フィジー諸島、ニューカレドニア各周辺、豪州東岸・ブリスベーン、シドニー。④豪州〜蘭印諸島間＝珊瑚海、アラフラ海、ビスマーク諸島海域、ポートダーウィン、ポートモレスビー、ラバウル。⑤インド洋方面＝セイロン島、印度・ビルマ沿岸海域。⑥南支那海方面＝マニラ他比島海域、シンガポール周辺。⑦本州東方海域＝北緯四〇度以南・本州東方海域、小笠原諸島、南鳥島周辺

2　主要な索敵戦力

索敵という行動は如何なる部隊でも戦闘行為の前段階、並びに戦闘行為の後段である戦果の拡張と確認にとって不可決の要素といえる。

そして主に索敵行動を担当するに相応《ふさわ》しい艦艇・航空機を、昭和十六年後半の日本陸海軍の中から選択すると、概要次のとおりである。

①潜水艦＝潜水艦隊（第一、第二、第三潜水戦隊・伊号三六隻）、艦隊所属潜水艦（第四潜水戦隊・伊号一二隻）、（第五潜水戦隊・伊号五隻、機雷潜四隻、呂号七隻）。②索敵巡洋艦＝重巡「最上」「三隈」「鈴谷」「熊野」（水偵各三機、第一機動艦隊）、重巡「利根」「筑摩」（水偵各六機、第二機動艦隊）。③軽空母（潜水母艦改装）＝「翔鳳」「瑞鳳」（一一二〇〇屯、二八ノット、三〇機搭載）。④航空機＝九七式大型飛行艇（一部二式大型飛行艇）マーシャル諸島（一二機）、トラック諸島（一八機）、マリアナ諸島（一二機）、西カロリン諸島（一二機）、蘭印東部諸島（一八機）、合計　六〇機。陸上攻撃機（九六式・一式）マーシャル諸島（三六機）、トラック諸島（七二機）、マリアナ諸島（一〇八機）、西カロリン諸島（七二機）、蘭印東部諸島（一〇八機）、合計三九六機。陸軍一〇〇式司令部偵察機　中部太平洋方面（二七機）、南方方面（一八機）、合計四五機。

㈴ 日本海軍の航空部隊は、索敵に関し第一線部隊の取り組みは不徹底であった。具体的には以下のとおり。

(イ) 空母用の艦上偵察機、基地航空部隊の陸上偵察機共に開発が遅れて、実戦の役に立つには性能不足であった。したがって陸上攻撃機の一部を索敵専用に使用していた。その陸上攻撃機も速度、防御力が不足したため敵戦闘機による損害が目立った。

(ロ) 米軍の哨戒半径が七〇〇哩であるのに対し、日本海軍の哨戒範囲は四〇〇哩までであった。

(ハ) 日本軍は索敵用の攻撃機を攻撃用に使用することもあった。

3　索敵出撃の発動

日本はすでに蘭印を攻略して陸海空の各部隊を南方方面に展開した。さらにスマトラからの石油輸送も開始されている現在、陸軍の南方方面軍では第一六軍と第五飛行師団及び蘭印東側防衛線の第一九軍、海軍では南方方面艦隊、第二機動艦隊、蘭印東部諸島の第二九航空戦隊が占領地前方の戦術的索敵を実施している。

また仏印、海南島所在の陸海軍航空部隊は、シーレーン防衛目的の索敵活動をすでに実施中で、これらは作戦軍として当然の措置であった。

しかし今発動を要するのは、米英豪軍の反攻を事前に防止するための戦略的な遠距離索敵に他ならない。このため昭和十六年十一月十日、統合幕僚会議はこの原案を審議して決裁し、翌十一月十一日には最高戦争指導会議において可決された。

①　中・東部太平洋方面の索敵出動

連合艦隊司令長官近藤信竹大将は、第一機動艦隊司令長官小沢治三郎中将、中部太平洋艦隊司令長官草鹿任一中将、潜水艦隊司令長官山口多聞中将、第一一航空艦隊司令長官塚原二四三中将に対し、中・東部太平洋方面の戦略索敵に関し次の如く指令した。

㈡　基地航空部隊のうち、第二四航空戦隊（マリアナ）、第二五航空戦隊（マーシャル）、第二六航空戦隊（トラック）の部隊をもって第一一航空艦隊を編成し、司令長官に塚原二四三中将（海兵三六期）が発令された。
a潜水艦隊＝第一潜水戦隊（伊号一二隻）米本土西岸〜ハワイ諸島間、第二潜水戦隊（伊号一二隻）ハワイ諸島〜マーシャル諸島間、第三潜水戦隊（伊号一二隻）米本土西岸〜豪州間。b中部太平洋艦隊＝第四潜水戦隊（伊号一一隻）主力はトラック諸島待機、四隻をビスマーク諸島方面派遣。c第一一航空艦隊＝第二五航空戦隊（マーシャル）、大型飛行艇一二機と陸攻一二機で東方海面七〇〇浬を索敵。第二六航空戦隊（トラック）陸攻一二機でトラック南方七〇〇浬を索敵。第二四航空戦隊（マリアナ）陸攻一二機でサイパン北東海域七〇〇浬を索敵。

② 南方方面の索敵出動

統合幕僚会議の決定に基づき、南方方面軍司令官板垣征四郎大将は次の如く索敵出動を下命した。

a 潜水部隊（大西新蔵少将・四二期）

(イ) 南方方面艦隊・第五潜水戦隊の伊号四隻（第一三潜水隊・水偵搭載）は印度洋、ベンガル湾、アラビア海方面に索敵出動。

(ロ) 呂号潜水艦・呂六〇型七隻で第一四・一五潜水隊を編成、第五潜水戦隊に編入し、アラフラ海、バンダ海、マラッカ海峡、スンダ海峡、シンガポール、マニラ等の索敵警戒に任ずる。

(注)　呂号六〇型潜水艦（九八八屯、水上速力一五・七ノット、航続力五五〇〇浬、魚雷発射管六門）

(ハ)　機雷潜水艦四隻（伊号一二一型）で第一六潜水隊を編成し第五潜水戦隊に編入。主として豪州東岸のブリスベーン、シドニー、北岸のポートダーウィン等の索敵・機雷敷設に任ず。

(注)　伊号一二一型潜水艦（一一四二屯、水上速力一四・九ノット、航続距離一〇五〇〇浬、魚雷発射管四門、機雷四二個）

b　海軍航空部隊

第二八航空戦隊（西カロリン諸島）と第二九航空戦隊（蘭印東部諸島）は連合艦隊直属とするが、当面は南方方面軍に配属し、海軍派遣の方面軍参謀副長・大西瀧次郎少将の指示を受ける。

＊第二八航空戦隊（西カロリン）＝大型飛行艇一二機と陸攻一二機で、西ニューギニア北方海域と比島東方海域の索敵。＊第二九航空戦隊（蘭印東部諸島）＝大型飛行艇一八機と陸攻一二機でアラフラ海、バンダ海、小スンダ列島南方の索敵。

c　陸軍航空部隊

第五飛行師団（ジャワ、スマトラ）は一〇〇式司令部偵察機九機と九九式双発軽爆撃機一二機をもって、マレー東岸、シンガポール、マラッカ海峡、ニコバル諸島、スンダ海峡の各海域の索敵。

㈲ 潜水艦の出撃・整備休養期間＝約二か月の作戦行動を行う大型潜水艦（二〇〇〇屯級）ではおよそ四〇日間、約一か月の行動力を持つ中型潜水艦（一五〇〇屯級）では約二十日間、約三週間の行動力を持つ小型は十日～二週間。

Ⅲ 中部太平洋の風雲

1 米軍の対マーシャル戦略とギルバート諸島

米太平洋艦隊司令長官ニミッツ大将とその幕僚たちは、マーシャル諸島に対する攻略は、陸上基地の連合軍航空機で適切な写真偵察を行い、空母艦載機を補足するよう、ステップ・バイ・ステップ方式によって達成すべきであるという結論に達した。

目標とするマーシャル諸島は、島々による連鎖の西北端に位置した。その連鎖の東南端が米・英領サモア諸島である。その中間に英領ギルバート諸島とエリス諸島がある。米英軍はサモア諸島とサモア諸島の北方八〇〇哩、ギルバートの東方九六〇哩にある米・英領カントン島に飛行場建設を計画した。

一方、米軍部隊は日本軍のギルバートに対する行動を防止するため、サモアから連鎖を北上して近くのエリス諸島、タラワから七〇〇哩のフナチナ環礁に泊地と爆撃機基地の建設を考えた。

一九四一年十一月一日、米統合参謀本部は、日本軍の進攻により蘭印軍降伏の情報を得て、中部太平洋からの日本軍攻撃のためギルバート作戦を準備するよう、米太平洋艦隊のニミッツ提督に命じた。

その直後の十一月十一日に日本の最高戦争指導会議は、陸海空の中部太平洋方面部隊及び南方方面軍に対し、前述の如き戦略的遠距離索敵の出動を命じたのである。

2　第三潜水戦隊・東南太平洋に出動

米本土西岸と豪州間の索敵は潜水艦隊・第三潜水戦隊の任務であり、その編成は次のとおり。第七潜水隊（伊一、二、三、㊄号）巡潜Ⅰ型（一〜㊄号）㊄号のみ水偵一機、航続二四四〇〇浬。第八潜水隊（伊四、㊅、五三、五四号）㊅号は巡潜Ⅱ型、航続二〇〇〇〇浬、水偵一機。第九潜水隊（伊五五、五六、五七号）海大Ⅲ型（五三〜五七）、航続一〇〇〇〇浬。

★旗艦　伊㊆号、巡潜Ⅲ型、航続一四〇〇〇浬、水偵一機。司令官・三輪茂義少将。司令部施設と強力な通信施設を有す。

以上のとおり第三潜水戦隊は伊㊄、㊅、㊆に各一機の水偵を搭載。

サモアからサンフランシスコまで八〇〇〇キロ、豪州東岸のシドニーまで約四〇〇〇キロだから、サンフランシスコ〜シドニー間は一二〇〇〇キロとなる。第三潜水戦隊の分担範囲が途方もなく大きいことが分かるが、しかし物事にはすべて重点志向という考えがある。目下の重点は、ギルバートを中心にカントン島へ九六〇浬（一七五〇キロ）とエリス諸島のフナチナ環礁までの七〇〇浬（一七五〇キロ）の扇状部分内における米軍艦船と航空機の動静、並びに両島の後方基地のサモア諸島が主要な索敵対象となる。

戦隊司令官三輪少将は、最も遠いサモア諸島周辺に航続距離の大きい第七潜本隊の四隻、カントン島周辺に第八潜水隊、若干近いエリス諸島フナチナ環礁に旗艦の伊七号と第九潜水隊という配置であった。

日本海軍潜水部隊は一時期、一線散開を常用したが、一線に並んで散開線を形成する場合、その中の二隻が敵の警戒艦に発見されると、その延長線上に位置する他の潜水艦も、芋づる式に発見されて損害を大きくする弊害がある。

そこで各潜水戦隊では、目標海域に正方形の区画を設定し、四隻でその四分の一ずつの海域を分担哨戒する。そして司令の判断によって、その正方形区画を適宜移動しながら目標周辺を索敵する。この方法によると、従来の一線散開のように殆ど同一地点に止まらないため敵に発見されにくく、また会敵の機会も増加することとなる。

このようにカントン島、エリス諸島、サモア諸島の三つの海域に各潜水隊を配置することによって、米本土西岸と豪州の間はほぼ完全に遮断されることになった。しかも各潜水隊には水上偵察機搭載潜水艦が一隻ずつ配置されている。

3　米海兵隊のマキン島偵察上陸と日本軍の反撃

第三潜水戦隊の第九潜水隊は十一月十二日クェゼリン発、概ねヤルート～マキン～タラワを経由してエリス諸島を目指す予定の進路をとった。クェゼリン～ヤルート間は四〇〇キロ、ヤルート～マキン間は五〇〇キロで計九〇〇キロ（約四九〇浬）。

戦隊旗艦と第九潜水隊の計四隻は、平均一六ノットの速力でマキン島まで約三〇時間の行程を南下したが、途中、各種の編隊行動訓練を実施。翌十一月十三日正午頃、マキン島まで一時間の地点から旗艦の水偵をカタパルトで射出、マキン島を上空から偵察したところ、意外にも島の北側泊地に米大型潜水艦二隻を発見した。

しかもマキン島には約二〇〇名の米兵が上陸していた。水偵は直ちに第三潜水戦隊司令官・三輪少将に無線報告、クェゼリンの潜水艦隊司令長官・山口中将にも転電された。

㈡日本海軍の無線暗号は十六年九月一日に全面改定された。

一方、ポナペ島を基地とする索敵重巡「鈴谷」（一二四〇〇屯、三五ノット、二〇糎砲一〇門、魚雷発射管一二門、水偵三機）は一等駆逐艦二隻を随伴してギルバート諸島東南海域索敵の任務を持ち、二〇ノットの速力でマキン島西方三〇浬地点をマキン島に向けて航行中であった。

連合艦隊司令部は、直ちに米軍をマキン島より撃攘せよとの命令を第一機動艦隊司令長官

・小沢治三郎中将に下達、重巡「鈴谷」部隊は三〇ノットの戦闘速力でマキン島に殺到、「鈴谷」の二〇糎砲一〇門と駆逐艦の一二七糎砲一二門がマキン島上敵兵と泊地の米潜水艦に対して一斉射撃を開始した。

潜水戦隊の水上偵察機が弾着の修正に協力する間、艦砲射撃は功を奏して米潜水艦一隻撃沈、地上部隊の約半数を残置したまま別の潜水艦は急潜航して退避した。

日本海軍は戦闘の拡大を望まず潜水艦の追跡を実施しなかったが、中部太平洋方面軍司令官・安達二十三陸軍中将は、マーシャル諸島の南端に近いヤルート島に待機中の海上機動第五旅団（南洋諸島に展開の海上機動六個旅団の一つ）に対し、マキン島への緊急上陸作戦命令を下達。旅団は翌十一月十四日、潜水母艦改装空母「祥鳳」（搭載機三〇機、二八ノット、一一二〇〇屯）並びに鈴谷部隊支援のもとマキン島に上陸、負傷兵を含む残置米兵を捕虜とし、旅団の機動大隊（歩兵中隊、迫撃砲中隊、砲兵中隊、工兵隊）、戦車中隊、高射機関砲中隊は直ちに陣地占領を開始した。

なお、クェゼリン島から海軍の大型飛行艇三機と水上戦闘機五機が進出し、索敵・哨戒飛行を開始した。

米軍の偵察上陸に対し日本軍が直ちに反応したのは、ギルバートが英領で未だ米英軍の基地にはなっていないが、日本の強力な前線基地のマーシャル諸島がギルバート諸島のマキン島、タラワ島からの爆撃圏内にあるからであった。

マキン島事件に遭遇した第三潜水戦隊はマキン島海域に止まることなく、第七・第八・第九潜水隊それぞれの目的地に向かって航行を継続した。

またマーシャル諸島の第二五航空戦隊のうち、マキン島北方一九〇浬（約三五〇キロ）のミリ島飛行場に、零戦一二機と陸攻九機が進出してギルバート諸島周辺の哨戒に当たることになった。ミリ島はマーシャル諸島の最南端に位置している。

なお、マキン島事件に関し統合幕僚会議（連合艦隊司令部から参謀長・宇垣纒少将出席）が開催され、ギルバート諸島、特にタラワ島に対する米軍の進攻に関し、日本軍のとるべき方策につき審議した。

その結果、もしタラワ島に米軍が進出して飛行場を建設した場合、米陸軍のB17長距離重爆撃機によってマーシャル諸島全域が爆撃圏内に入ることから、米軍の進出は実力をもって阻止する必要がある。

今後、米空軍の偵察飛行が頻発し、そのタラワ進出が予想される時は機先を制して海上機動旅団の奇襲上陸作戦を実施し、戦闘機用飛行場を建設して防衛に当たるよう意見の一致を見た。そしてタラワ奇襲上陸の作戦発動時期に関しては、連合艦隊の近藤司令長官に一任された。

4　ハワイ、米本土方面の潜水艦索敵

①ハワイ～マーシャル諸島間を担当する第二潜水戦隊の編成は次のとおりであった。第

四潜水隊（伊二三、二四、六一、六二号）、第五潜水隊（伊二六、五一、五二、六三号）、第六潜水隊（伊二五、六四、六五号）。旗艦　伊九号　巡潜甲型、航続一六〇〇〇浬、水偵一機。司令官・山崎重暉少将。巡潜乙型（伊二三、二五、二六）航続一四〇〇〇浬、水偵一機、巡潜丙型（伊二四）航続一四〇〇〇浬、海大Ⅰ型（伊五一）航続二〇〇〇〇浬、海大Ⅱ型（伊五二）航続一〇〇〇〇浬、海大Ⅲ型（伊六三）航続一〇〇〇〇浬、海大Ⅳ型（伊六一、六二、六四）航続一〇〇〇〇浬、海大Ⅴ型（伊六五）航続一〇〇〇〇浬

ハワイ～クェゼリン島間は四〇〇〇キロあるが、最も航続力の短い海大型でも一万浬、すなわち一八二五〇キロであるから、二往復してもまだ余裕がある計算になる。

この中間にある米領のジョンストン島はハワイから一三三〇キロの位置にあり、ちょうど四〇〇〇キロの三分の一にあたる。したがって三個潜水隊の配置はハワイ～ジョンストン間に第四潜水隊、ジョンストン～クェゼリン間の中間北寄り、すなわちジョンストン～ウェーク島間に第五潜水隊、ジョンストン～クェゼリン中間の南寄り（マーシャルのマロエラップ東方）に旗艦と第六潜水隊が配置された。そして各潜水隊は正四角形の四等分区画内を担当して哨戒することは他の潜水隊と同様である。

②　第Ｉ潜水戦隊（米本土西岸～ハワイ間）の編成は次のとおり。第一潜水隊（伊＊一五、一六、＊一七、一八号）巡潜乙型＊二、丙型二、第二潜水隊（伊＊一九、二〇、＊二一、二二号）巡潜乙型＊二、丙型二、第三潜水隊（伊五八、五九、六〇号）。旗艦　伊八号　巡潜甲型、

航続一四〇〇〇浬、水偵一機。司令官・佐藤勉少将

艦種別の航続距離は第二、第三潜水隊の項で示したのと同じ。巡潜甲型と乙型は水上偵察機を搭載、丙型は水位を搭載する能力はないが、魚雷発射管を艦首に八門を設備し、日本潜水艦では最大の雷撃力を持っていた艦である。

第一潜水戦隊には水偵搭敵艦の甲・乙型が五隻あり、水上速力も全潜水艦中最高の二三ノット。さらには丙型四隻を加えた巡潜九隻が一四〇〇〇浬（二五五五〇キロ）の航続力を持ち、昭和十五年と十六年に竣工した日本海軍の最新鋭艦揃いであった。

ハワイ～サンフランシスコ（またはサンディエゴ軍港）間の距離は約四二〇〇キロであるが、監視の重点は米本土西岸付近とハワイのオアフ島東方海域となろう。したがって各潜水隊の配置は次のとおりとする。

サンフランシスコ沖合半日行程の位置に第一潜水隊（二〇ノット×一二時間＝二四〇浬＝四四〇キロ）。サンディエゴ沖合半日行程の位置に第二潜水隊。旗艦の伊八号は米本土西岸沖の第一・第二潜水隊と、オアフ島東方半日行程の位置に第三潜水隊。オアフ島東方の第三潜水隊の中間を南北に各三〇〇キロ（一六ノットで一〇時間）ずつ往復哨戒しながら各潜水隊を指揮統制する。

一九四一年十一月二十八日、ウィリアム・ハルゼー中将が指揮する空母「エンタープライズ」（一九八〇〇トン、三四ノット、八〇機搭載）基幹の機動部隊が、ウェーク島に海兵隊戦闘機F４Fワイルドキャット一二機を陸上げした。

この機動部隊を第二潜水戦隊の第五潜水隊（伊二六、五一、五二、五三号）がジョンストン～ウェーク島間で発見し、クェゼリンの潜水艦隊司令部に電告している。

しかしこれは米国領土間の戦力移動であり、攻撃対象とはなり得ない。第五潜水隊は引き続き同海域を索敵のため、昼間潜航・夜間浮上航行による四角形区画の索敵体制を継続した。

また同じく海兵隊戦闘機をミッドウェー島に運ぶため、ニュートン中将の指揮する空母「レキシントン」（三六〇〇〇トン、三四ノット、九〇機搭載）基幹の機動部隊が十二月五日に真珠湾を出港したが、ハワイ～ジョンストン間を哨戒中の第四潜水隊（伊二三、二四、六一、六二号）は、第五潜水隊が遭遇した「エンタープライズ」の例に鑑み、伊二四、六二号の二隻を真珠湾北西一〇〇浬に分派して警戒中、「レキシントン」機動部隊を発見し潜水艦隊司令部に報告した。

潜水艦隊司令部では中部太平洋艦隊に要請して、第四潜水戦隊の第二一潜水隊（伊七四、七五号　海大型・航続一〇〇〇〇浬）をハワイ西北方海域に急速派遣し、第四潜水隊の二隻と交代させた。

米軍は、これらミッドウェー、ウェーク島に対する戦闘機等軍備器材の輸送を空母機動部隊を動員してまで実施していることが判明し、米軍が日本軍との戦闘開始に備えていることが実証された。

③　トラック諸島南方・ビスマーク諸島方面の索敵

索敵出撃発動の項（168頁）で、中部太平洋艦隊（草鹿任一司令長官）所属の第四潜水戦隊（伊号一四隻）に対し、主力はトラック諸島に待機し、一個潜水隊四隻をビスマーク諸島方面に索敵派遣するよう命じてある。第四潜水戦隊の編成は次のとおり。

第一〇潜水隊（伊六六、六七、六八、六九号）海大型、一五七五屯、水上二〇・五ノット、航続一万浬、一九三二～一九三五年竣工。第一一潜水隊（伊七〇、七一、七二、七三号）海大型、一四〇〇屯、航続一四〇〇〇浬、水上二三ノット、一九三五年一九三七年竣工。第一二潜水隊（伊七四、七五号）海大型二四二〇屯二三ノット一万浬、一九三八年竣工。旗艦伊⑩号巡潜甲型、二四三四屯、二三・五ノット、航続一六〇〇〇浬。司令官・吉富説三少将（三九期）、水偵一機、一九四一年竣工

第一二潜水隊の伊七四、七五の二隻は、米機動部隊を発見した第四潜水隊の二隻と交代して、ハワイ西北方海域に派遣され、ハワイ～ミッドウェー間の哨戒に当たっている。ビスマーク諸島には第一〇潜水隊の伊六六、六七、六八、六九の四隻が十一月十二日に派遣されている。ビスマーク諸島とは、ニューギニア東端にあるパプア半島（日本の九州の面積に相当）の北にあるニューブリテン島とその東北に連なるニューアイルランド島等である。

ニューブリテン島の北端にはラバウルがあり、日本軍の有力基地であるトラック島から一三〇〇キロしか離れていない。旧ドイツ領であったが第一次大戦後はオーストラリア領となり、飛行場や港湾施設も整備されている。

トラックからラバウルまで一三〇〇キロであれば、四発の大型飛行艇を使わなくても一式

陸上攻撃機は最高時速四二八キロ・航続力三七〇〇キロだから、ラバウル飛行場の偵察には十分役に立つ。

さらに索敵陸攻部隊の護衛も兼ねて、潜水母艦改造空母の「瑞鳳」(一一二〇〇屯、二八ノット、三〇機搭載)に戦闘機を主力に載せ、索敵重巡の「三隈」と駆逐艦二隻を同伴させ、十一月十三日にトラック〜ラバウルの中間海域に向かって出撃した。

Ⅳ　比島・マッカーサー軍の動静と索敵出動

この頃、アメリカ南西太平洋方面最高指揮官マッカーサー大将は、どこで何をしていたのだろうか。

彼は日本が蘭印攻略を開始した昭和十六年十月十五日から、ボルネオのオランダ軍が降伏した十一月一日まで、比島マニラの軍司令部にあって戦況を注視しながら防備の強化に全力を傾注していた。

1　米国の「オレンジ作戦」と比島防備の現状

米海軍はかねてから「オレンジ作戦」を策定して、海上からする比島の防衛を計画済みであった。「オレンジ作戦」の要点は、日米開戦の場合に日本陸軍が比島に進攻し、群島中の幾つかの島嶼で戦闘中、米太平洋艦隊は渡洋進航し、洋上で日本の主力艦隊を撃破したうえ、比島マニラ湾に殺到して日本の上陸軍を封鎖し、日本本土との連絡を遮断してこれを撃滅するという作戦であった。

その海洋作戦の所要期間は最大六か月と予定され、したがって比島の陸軍は日本の侵入軍を半年だけ支えれば足ると計算されていた。

米国陸軍・前参謀総長のマッカーサーは、一九三五年（昭和十年）からケソン大統領の最高顧問として来任し、比島陸軍の建設に力を注ぎ始めたが、建設計画は順調に進んでいなかった。

それでも昭和十六年十月末には、米軍約一個師団の他に比島人師団が一〇個師団編成された。米比軍の配置はマニラに米軍一個師団のほか、リンガエン、サンフェルナンド、オロンガポ、パタンガス、ラモン湾に比島人師団各一個ずつを配備しルソン島に計六個師団、パナイ島、セブ島、レイテ島、ネグロス島、ミンダナオ島に各々一個師を常駐させて陸の守りを固めた。

比島の米軍に関して日本軍では、陸軍よりも空軍の方が警戒を要するものと理解していた。クラークフィールド飛行場は重爆用の滑走路を有し、世界的に有名な「空の要塞」・ボーイングB17重爆撃機が三五機すでに出現しており、軽爆撃機一五機、戦闘機カーチスP40・七二機を含み計一〇〇機、飛行艇三二機など合計約二〇〇機を算し、それらが十数個の飛行場に配されて比島の上空を守っていた。

台湾に最も近いルソン島北部には、アパリ、ビガンの二飛行場があり、開戦当初におけるこれらの占領が日本軍の急務であった。そして米空軍は日本軍の蘭印攻撃開始前から哨戒飛行を実施していた。その範囲は北に二五〇浬（約四五〇キロ）、東に二〇〇浬（三六五キロ）であり、日本の偵察機を数回視認して警戒を強めていた。

2　比島への支援ルートと日本軍の索敵

すでに述べたように日本は石油交渉の不成立に当たって、オランダのみに宣戦布告して蘭印を攻略し、スマトラのパレンバン油田からタンカー船団を連ねて堂々と比島の玄関口を通り、日本本土に石油輸送を開始した。しかし、米英豪の連合国側としては日本から軍事攻撃を受けていない以上、自ら先に戦端を開くには大義名分が不足している。

目下のところは米本土から豪州を経て比島に、空軍と訓練された地上兵団を輸送するのが第一と考えているが、豪州から直接に蘭印諸島を突破するのは日本軍との衝突が必至となる故、ニューギニアの東側～ビスマーク諸島～ニューギニア北岸～比島・ミンダナオ島のルートが適切と判断するに至った。

ここに「ビスマーク諸島」索敵の重要性が急浮上して来たのである。

十一月十二日朝、トラック島を出港した第一〇潜水隊の伊号潜水艦四隻は、昼夜とも浮上航行でニューアイルランド島北端のカビエンを目指した。トラック～カビエン間は約一千キロあり、一五ノットの巡航速力では三六・五時間、すなわち約一日半を要し十三日夕方までに着く。

一方の軽空母「瑞鳳」部隊は、十一月十三日朝トラック発、二〇ノットでアドミラル諸島のマヌス島を目指した。トラック～マヌス島間の距離は約一一五〇キロ、カビエン～マヌス島間は約三〇〇キロ。

水上部隊のマヌス島到着は所要時間三一・五時間、すなわち十四日正午頃と推定。しかし軽空母中心の水上部隊は、マヌス島の手前約二時間航程ぐらい北方で東に変針し、ニューアイルランド島北方海域を遊弋《ゆうよく》して索敵任務の陸上攻撃機護衛のため零戦を発進させた。

当然、日本海軍の艦船や航空機の行動は米豪軍に察知されると思われるが、当方の意図は完全な隠密行動ではなく、ある程度の示威行動を伴う点は目論み済みである。ニューギニア北ルートによる比島への輸送は危険を伴うことを彼らに自覚させるのも目的の一つであった。

索敵任務の陸攻二機は、軽空母「瑞鳳」の零戦編隊六機による直接援護を受けて、まずカビエン飛行場を斜め上空から写真撮影し、そのまま南下してラバウルに接近したところ、米軍のP40戦闘機が三機緊急発進して上昇してきた。陸攻は素早く飛行場を撮影し、東方に避退してブーゲンビル島北方海上に出て帰途に着いた。

軽空母「瑞鳳」は零戦隊を収容し、重巡「三隈」と駆逐艦二隻の護衛を受けてトラックへ向かった。米戦闘機の追跡はなかった。

写真判定の結果、カビエンには水上機数機のみであったが、ラバウルには単発機十数機が進出しあり、約一〇機のP40戦闘機のほか、数機がダグラス・ドーントレス偵察兼急降下爆撃機と判定された。要するに、米空軍の哨戒部隊がすでにラバウルに進出しているということである。

なお、カビエンの水上機はカタリナ飛行艇で、偵察・対潜作戦・救難・雷爆撃と何でもできるが、速力が遅く防禦火器も少ない機種である。

以上の偵察結果はビスマーク諸島索敵の第一〇潜水隊（伊号潜四隻）に電告され、ニューギニア東端のパプア半島東側のソロモン海から、ビスマーク諸島間の敵艦船の動静を捜索すべき命令が発せられた。

なお、ニューギニア南岸の空軍基地ポートモレスビーについては、南方方面艦隊の機雷潜四隻が豪州北岸のポートダーウィン、東岸のシドニー・ブリスベーンと併せて索敵する任務を帯びている。

第八章　戦局の急転

I　痺れを切らした連合軍

1　中部太平洋を窺う米潜水艦隊

米太平洋艦隊司令長官・ニミッツ大将は潜水艦乗りの出身である。すでに述べたとおり一九四一年十一月十三日、英国領ギルバート諸島のマキン島に偵察上陸した米海兵隊二〇〇名とこれを輸送した大型潜水艦二隻が、日本海軍の「鈴谷部隊」（重巡鈴谷、軽空母瑞鳳基幹）の攻撃により潜水艦一隻が撃沈され、海兵隊の半数が捕虜になるに及び、米海軍作戦部長キング大将はニミッツ提督に対し全潜水艦による無制限潜水艦戦の実施を命じた。ここで太平洋における米海軍の潜水艦部隊編制と潜水艦性能に関し解説しておく。

①太平洋艦隊・潜水艦部隊（第七任務部隊・索敵部隊潜水艦群）＝潜水艦三〇隻主力。指揮官ロバート・イングリッシュ少将。P型・一〇隻（一三〇〇屯、水上一九ノット、水中八ノット、発射管六）一九三五～一九三七年竣工。新S型・一六隻（一四五〇トン、水上二一ノット、水中九ノット、発射管八）一九三五～一九三九年竣工。T型・一二隻（一四七五屯、水上二〇ノット、水中八・七ノット、発射管一〇）一九四〇～一九四一年竣工

この三型式三八隻が中心で、三〇隻の太平洋艦隊の索敵潜水艦が編成されていると考えられる。大戦中に大活躍した「ガトー級」潜水艦は、開戦時は三隻が竣工した記録があるだけである。

②米アジア艦隊＝第二〇潜水戦隊・旧式潜水艦二九隻。この潜水艦は「旧S型」が主力で八五〇屯、水上一四・五ノット、水中一一ノット発射管四となっている。いずれも一九二〇年代前半の竣工。指揮官はジョン・ウイルクス大佐。

③両潜水部隊の行動能力と日本軍の南洋諸島への展開

米アジア艦隊の旧S型潜水艦は日本の呂号潜水艦に相当し、航続力の詳細は不明であるが、一九二〇年代竣工の日本の呂号潜は概ね五五〇〇浬であり、これと同様とした場合の行動範囲は、西南太平洋及び西カロリン諸島程度と推定される。

したがってハワイ軍港から日本領の南洋諸島内へ深く進入する場合に、米潜水艦の航続力は如何程必要か。ハワイ～トラック間が五六〇〇キロ（三〇七〇浬）、往復六一〇〇浬。ハ

ワイ～マリアナ間が六六〇〇キロ（三六二〇浬）、往復七二〇〇浬。

この距離を往復して作戦するとすれば、日本の「海大型」（一四〇〇屯級で約一万浬）と同様の性能が必要となる。故にマリアナ諸島以東であれば、ハワイを基地として日本軍の防衛する全島嶼に対する作戦遂行が可能と判断される。

一方、米海軍の遠距離用潜水艦の活動サイクルは、潜水部隊を三グループに分け、Aグループが目的海面で作戦中の場合、Bグループは基地で修理・休養を行い、Cグループが基地と作戦海面の往復に当たる。米太平洋艦隊の遠距離作戦用潜水艦が三〇隻だから、作戦海面に常時あるのは一〇隻だけとなる。

これに対して日本潜水艦隊の三六隻は、索敵出動に当たり全力をもってマーシャル基地から出撃した。基地を前線に設置したためこの措置が可能であった。また、趣旨が数方面同時索敵であった故にこうぜざるを得なかったのである。

しかし索敵段階から戦闘段階に進む場合には、敵の進攻方向も集約されるから、日本潜水艦も集中運用が可能となる。太平洋における日米対決は、米国の攻勢に対する日本の防勢がそれぞれの基本戦略として、明治・大正以来演練を重ねてきた。その面から考えると、米海軍ハワイ基地の遠距離潜水艦が三〇隻だけというのは少なすぎたといえる。

その結果、日本・中部太平洋方面軍の五個師団、七個混成旅団、六個海上機動旅団が全南洋群島に展開する時間的余裕を与えた。

また、ハワイ基地から一〇隻程度の潜水艦が南洋群島に侵入できたとしても、日本海軍基地航空部隊の警戒飛行で昼間は浮上できず、夜間は四個水雷戦隊六四隻の一等駆逐艦を初め、対潜艦艇として二等駆逐艦、水雷艇、海防艦、駆潜艇、掃海艇、哨戒艇など合計八四隻を保有しており、スマトラ油田からのタンカー護衛一四隻を控除しても、七〇隻を中部太平洋の米潜水艦掃討に振り向けることができる。

なお既述の如く、起工後間もない大型艦の建造を取り止め、量産型の海防艦約一五〇隻を鋭意建造中であり、竣工次第、第一線に配備されつつあるので、米潜水艦対策は順調に進展しつつあった。

2　インド洋からするイギリス軍の脅威

(1) セイロン島とアンダマン諸島

蘭印を占領した日本軍に対する西方からの脅威が、英国東洋艦隊を中心としてスマトラ北部に指向されている点は明白である。印度からビルマを経由してマレー半島への補給ルートについてはすでに述べた。

第七章で南方方面の索敵活動のうち、インド洋方面には南方方面艦隊の第五潜水戦隊に所属する伊号潜水艦四隻（水上偵察機搭載）が、航空部隊ではスマトラ・ジャワを基地とする陸軍第五飛行師団の一〇〇式司令部偵察機が主として担当することになっていた。

ただ、スマトラを防衛するうえで邪魔になるのは、スマトラ北端から約八〇〇キロ西北に位置するアンダマン諸島の存在であった。このアンダマン諸島のポートプレアには戦闘機の使用可能な飛行場が設置されてあり、また飛行艇や潜水艦の使用に適する港湾があった。ここには英軍の一個中隊が守備しており、機先を制して一個旅団程度の兵力で進攻したいという希望を南方軍は持っていた。

しかし、英国に対して宣戦を布告していない日本としては先に手を出すことはできない。ただし英軍の大部隊が進出すれば、スマトラ防衛上黙視できないのは当然である。

十一月二十日、南方方面艦隊司令長官・三川中将は第五潜水戦隊所属第一三潜水隊（伊号潜四隻）に対し、先ずアンダマン諸島、次いでセイロン島の索敵を命じた。また陸軍第五飛行師団長・小畑英良中将は、パレンバン飛行場の一〇〇式司令部偵察機（航続距離二四七四キロ）にアンダマン諸島ポートプレア偵察の任務を与えた。

一〇〇式司偵二機は二十一日午前五時、スマトラ北部の飛行場から発進して時速四八〇キロ・所要時間一時間四〇分で目標上空に到達。目視による偵察の結果を次の如く電告した。

①　飛行場に戦闘機十数機駐機。②　港湾に飛行艇数機と輸送船五隻碇泊。③　港湾沖に巡洋艦二隻と駆逐艦三隻警戒中。④　空母は見えず。

南方方面軍司令部では、上陸した英軍の兵力を戦闘部隊約一個連隊及び作業部隊と推定し、飛行場を拡張して爆撃機進出を意図しているものと判断した。そして第一三潜水隊に対し、一隻をポートプレアに残置して監視を継続せしめ、主力三隻をもってセイロン島に急行し、主として英空母と戦艦の動向を偵察するよう電命した。

ここでインド洋における英国東洋艦隊と、西南太平洋における日本海軍の戦力について再検してみる。

☆英国東洋艦隊＝司令長官・ジェームス・ソマービル大将。新型空母二隻（インドミタブル、フォーミタブル、二三〇〇〇トン、六〇機）、軽空母一隻（ハーミーズ、一〇八五〇トン、二〇機）、旧式戦艦五隻（ウォースパイト、三〇〇〇〇トン、三八糎砲八）、（ロイヤル・サブリン、二九〇〇〇トン、三八糎砲八、レゾリューション、リベンジ、ラミーズ、三八糎砲八）、重巡洋艦二隻（コーンウォール、ドーセットシャー）、軽巡洋艦六隻、駆逐艦一五隻

★日本南方部隊＝＊南方方面艦隊　司令長官・三川軍一中将。旧式戦艦二隻（山城、扶桑、三四五〇〇トン、三六糎砲一二）、重巡洋艦四隻（妙高、那智、足柄、羽黒）、軽巡洋艦四隻（長良、五十鈴、名取、由良）、水雷戦隊一個、軽巡一隻、駆逐艦一六隻、潜水戦隊一個、潜水艦伊号四隻、機雷潜四隻、呂号七隻。＊第二機動艦隊　司令長官・角田覚治少将。新型空母二隻（翔鶴、瑞鶴、二五六七五トン、八四機）、旧式戦艦二隻（伊勢、日向、三五八〇〇トン、三六糎砲一二）、重巡洋艦六隻（利根、筑摩、青葉、衣笠、古鷹、加古）、水雷戦隊一個、軽巡一隻、駆逐艦一六隻

空母の艦載機数は英軍の一四〇機に対し日本は一六八機。戦艦の主砲は英軍の三八糎砲四〇門に対し日本は三六糎砲四八門。重巡の主砲は英軍が二〇糎砲一六門に対し日本は南方方面艦隊の四隻が四〇門、第二機動艦隊の利根型二隻で一六門、青葉型四隻で二四門合計八〇門。

空母機で日本が二〇%優勢、戦艦の主砲では口径で英軍が二糎大きいが門数で日本が二〇%優勢。重巡の砲力では日本は英軍の五倍あり軽巡と駆逐艦の隻数は同等。結論として日本艦隊は英国東洋艦隊に対して二〇〜三〇%優勢と判断してよい。問題はマレー・シンガポールの英空軍とジャワ・スマトラの日本基地航空の優劣である。

◆日英の空軍力比較

インド洋方面に対する索敵の前に、蘭印の全オランダ軍が降伏した十一月一日以降、日本陸軍の俊足を誇る一〇〇式司令部偵察機Ⅱ型（最高時速六〇四キロ）は、連日スマトラ南部の基地からマレー半島とシンガポールの英軍飛行場の写真偵察を高空から実施していた。その結果シンガポール飛行場には一部ホーカー・ハリケーン戦闘機（最高時速五四六キロ）及び、旧式のブリュースター・バッファロー戦闘機を主力とする戦闘機約六〇機、二流品といわれるブレンハイム軽爆撃機二〇機を確認した。

なお英国では空軍が陸海軍から独立しており、マレー空軍司令官のブルフォード空軍中将は、バッファロー戦闘機でも日本機に十分対抗できると考えていた。

シンガポールの英空軍は、前記の八〇機を含み使えるものは一四一機であったという記録もある。このシンガポールの一四一機を含みマレー半島全英軍の航空機数が三二〇機と理解している。

㈱　英軍の飛行場所在地＝シンガポール　三か所。マレー半島　コタバル市周辺、コタバル飛行場、タナメラ飛行場。東海岸南部　シンガポールから二七〇キロ・クワンタン飛行場。西海岸　スンゲイバタニ飛行場。南部マレー　カハン飛行場

☆マレーを包囲する形の日本陸海軍の基地航空は次の如くである。

陸空軍＝飛行第五師団（スマトラ・ジャワ）三個飛行団・戦闘機一四四機、軽爆撃機四五機、重爆撃機五四機、司令部偵察機一八機、計二六一機。海空軍＝マレー担当（仏印）戦闘機三六機、陸上攻撃機九九機、計一三五機、合計三九六機

(2)　混成機動部隊・インド洋へ出撃

南方方面軍は十一月二十三日、仏印のカムラン湾及び蘭印各地を警戒中の南方方面艦隊（司令長官・三川軍一中将）と第二機動艦隊（司令長官・角田覚治少将）から混成の機動部隊二個を編成した。その構成は次のとおり。

☆「翔鶴」機動部隊（指揮官・角田覚治中将）　大型空母「翔鶴」（旗艦）、戦艦「日向」、重巡洋艦「利根」「筑摩」、駆逐艦四隻（以上、第二機動艦隊）☆「龍驤」機動部隊（指揮官・第九戦隊司令官・田中頼三少将）　軽空母「龍驤」（護衛艦隊所属）、重巡洋艦「青葉」（旗艦）、「衣笠」駆逐艦四隻（以上、南方方面艦隊所属）

この二個機動部隊を、S（セイロン）A（アンダマン）作戦部隊と呼称した。なお、「龍驤」の代わりに護衛艦隊空母として、商船の春日丸を改装した空母「大鷹」（一七八〇〇トン、

二一ノット、二七機搭載）を充当した。

◆「龍驤」機動部隊は十一月二十六日一八時、ペナン島沖のマラッカ海峡を隠密裡に通過し、ニコバル諸島の東を通ってカーニコバル島（ペナン島北西）約一千キロ（五五〇浬）に向かった。

また大型空母の「翔鶴」機動部隊は、ジャワ～スマトラ間のスンダ海峡を十一月二十六日朝六時に通過し、スマトラ島の西岸を西北進してニコバル島とセイロン島の中間点を目指した（約一三四〇浬）。

本作戦の目的は英東洋艦隊の東方進出を阻止し、もし英軍の実力行使があれば断固として敵を撃滅するにある。「龍驤隊」が敵の頭を抑え、「翔鶴隊」が敵の後方線を遮断する。さらに次の処置が事前に採られていた。

a　仏印基地の陸上攻撃機九九機のうち、六個中隊五四機がスマトラ北部の二飛行場に前進待機済みであった。

スマトラ北端からセイロン島コロンボ基地までの距離は一八五〇キロ（約一千浬）であり、九六陸攻の航続距離三三二四浬（約六千キロ）一式陸攻は二六〇〇浬（約四七五〇キロ）であるから、本作戦において基地航空部隊の陸上攻撃機が活躍する余地は十分あると判断された。そして陸攻の装備は主として魚雷と決定されていた。

b　空母搭載機の機種構成に関しても変更が加えられた。すなわち軽空母は搭載四八機中六割の三〇機を戦闘機で固めて艦隊防空戦闘を重視した。さらに大型空母「翔鶴」も搭載八四機を戦闘機四割、艦上爆撃機（急降下爆撃）四割、艦上攻撃機（水平爆撃・魚雷攻撃）二割とした。これは高速航行中の敵艦に対し、艦攻の水平爆撃の命中率よりも急降下爆撃の方が（爆弾の威力が劣っても）命中率が良いからであり、防空戦闘重視の観点では軽空母の場合と同じである。

すなわち空母の弱点は、飛行甲板の被弾によって航空機の離着艦が不能になることであり、飛行甲板さえ破壊すれば空母自体を沈めるのは後刻ゆっくりできるからである。

c　マレー・シンガポールにおける英空軍の増強状況を常時把握し、その奇襲に対する即応態勢を強化する。

(イ)　パレンバン周辺の飛行場に二個戦闘戦隊（七二機）を配置し、早朝の奇襲に対応するため三分の一を空中待機させる。

(ロ)　他の戦闘二個戦隊及び爆撃戦隊は、ジャワ島カリジャチ飛行場及びスマトラ北部の飛行場に分散待機させる。

(ハ)　英空軍がマラッカ海峡の中間点（シンガポール付近の海峡幅は約一五〇キロ）を越えた場合は自動的に攻撃を許可する。

＊以上の処置に関しては、統合幕僚会議の承認を得ている。

◆日本機動部隊のインド洋戦線到着

「龍驤」部隊は五五〇浬を一五ノットで進み、目的の海域到着は二十八日朝六時頃の予定であるが、「翔鶴」部隊との時間調整のほか対潜哨戒の考慮もあってジグザグ運航を実施していた。

一方の「翔鶴」部隊は一三四〇浬を二二ノットで直進し、目的の海域到着は二十八日一九時となった。

この間、機動部隊総指揮官・角田覚治中将は旗艦「翔鶴」に座乗して、セイロン先遣隊の第一三潜水隊主力（伊号二七、二八、二九）からの敵情報告を受領した。

敵情報告の要点は、a 二十八日黎明に進発した水偵の報告では、セイロン港内の敵艦は大型空母二隻、戦艦三隻、巡洋艦五隻、駆逐艦七～八隻で東洋艦隊の主力と判断される。b 飛行場には戦闘機主体に約三〇機を確認。

(3)　インド洋海戦

a　軽空母対抗戦闘

二十八日七時頃、カーニコバル島東方約三〇キロの海域に達した「龍驤」部隊は、SA作戦（セイロン・アンダマン）部隊総指揮官角田中将より「ニコバル島～セイロン島の中間点に至急移動して本隊に合流すべし。もし英軍の攻撃を受けた場合には、躊躇なく反撃して本隊の指示を待つべし」との命令を受けた。

重巡「青葉」に座乗した「龍驤隊」指揮官・田中頼三少将は、「青葉」と「衣笠」を「龍驤」の左右に配し、前後に駆逐艦二ずつを配した輪形陣を組み、速力を二六ノットに増速して西方に変針した。そして上空直衛として零戦一八機を発進させた。

ニコバル島～セイロン島間は一三〇〇キロ、中間点まで六五〇キロ（三五〇浬）、二六ノットでの所要時間は一三時間。カーニコバル島の南を西方に通過して間もなく、北方から十数機の英戦闘機・艦爆の攻撃を受け、日英最初の空中戦が展開された。待機中の零戦一二機も全機発進、約一〇分間の戦闘でホーカーハリケーンをはじめ英機の大半を撃墜した。そして零戦の半分は艦隊の上空直衛に任じ、残りの零戦一五機は一二機の艦爆、六機の艦攻を護衛してアンダマン島ポートプレア泊地を攻撃。軽空母「ハーミス」と巡洋艦三隻を発見し、艦爆は全機ハーミスに突撃して一五分間でこれを撃沈した。

さらに艦攻六機は敵巡洋艦を雷撃して二隻を撃沈、一隻大破の戦果を上げた。味方の損害は零戦一機と艦攻一機で乗員は駆逐艦が救出した。

「龍驤隊」の田中司令官は、戦果を角田長官に報告すると共に、重巡二隻の二〇糎砲一二門及び駆逐艦四隻の一二・七糎砲二四門でポートプレア飛行場と泊地及び上陸地点を激しく砲撃し、輸送船三隻を撃沈（上空より確認）した後、集合地の中間点に向かって急進した。

b　セイロン海戦

「翔鶴隊」は予定通り二十八日一九時、セイロン島～ニコバル島の中間点に到着した。「龍驤隊」はアンダマン諸島ポートプレアでの航空戦と、それに続く飛行場及び泊地等への艦砲射撃によって二十八日一〇時までに英軍へ大損害を与え、一三時間をかけて目的地中間点に到達したのが二十八日深夜の二三時であった。

機動部隊長官・角田中将の座乗する大型空母「翔鶴」の司令部では、緊急の戦略会議が開かれ、次の五項目を決定して、上級司令部へ報告並びに田中頼三「龍驤隊」司令官に通知した。そして機動部隊はいったん中間点より南下し、二十九日早朝、コロンボに向かって変針することとした。決定された五項目は次のとおり。

(イ)　コロンボ港外の第一三潜水隊に対し、「コロンボから出撃する英艦隊の艦種と出撃方向を報告すると共に、空母の撃沈を第一目標をする」ことを命令。

(ロ)　索敵について

両機動部隊の合流した中間点からセイロン島までは六五〇浬、戦艦・巡洋艦の搭載した水上偵察機は戦艦「日向」三機、重巡は「利根」「筑摩」が各六機、「青葉」「衣笠」が各二機で計一九機。零式三座水上偵察機は速力一九八ノット（三六〇キロ）、航続力一八〇〇浬（約三三〇〇キロ）。

角田長官は「日向」の二機、「利根」「筑摩」の各五機、計一二機をもって二十九日早朝の二段索敵実施を命じた。二段索敵とは、黎明前に第一次、黎明時に第二次索敵という二段構えの方法で、一二機だから六方向に二回索敵することになる。

セイロン島までは直線で三五〇浬だから、索敵距離は最低でも四〇〇浬となる。なおセイロン島南西約一〇〇〇キロ（約六〇〇浬）にある英軍の秘密基地、マルダィブ諸島南端アッヅ環礁のことは日本軍は知らなかった。

(ハ) 英艦隊の行動予想と我が対応

英軍は「龍驤」を発見して攻撃したが、より強力な大型空母「翔鶴」中心の機動部隊のインド洋進入を知っているかどうか？

そこでセイロン島東方海域への偵察に努めるだろうから、二十九日早朝からセイロン港外へ出撃することは間違いない。

したがって我が機動部隊としてはコロンボ基地を出た英艦隊を印度洋上に捕捉撃滅するとして、その位置はスピットファイアー戦闘機の航続距離六七〇キロを勘案すれば、コロンボより二五〇キロ以上離れた海上が望ましい。

そして日本艦隊の針路としては、セイロン島の南東から西北に進撃するのが会敵の公算が大きい。空母搭載の機数は同じだから先に敵を発見した方が有利なことは当然である。

そこで先遣された伊号潜水艦三隻の索敵が重要な意味を待つ。伊号潜水艦が先に敵を発見するか、あるいは二段索敵の水偵が先か、いずれにしても日本機動部隊としては、従来の方針通り「龍驤隊」の全戦闘機三〇機をもって艦隊上空の防衛に専念させ、「翔鶴隊」が英艦隊攻撃の主力となる。その戦闘機三三機、艦爆機三三機、艦攻一八機で二隊を編成し、それぞれ敵の新空母一隻を担当する。「龍驤」の艦爆と艦攻計一八機は予備兵力となる。

なお、先陣を務める艦爆の一部は、陸用爆弾を使用して敵艦上の対空火器の人員を殺傷し、徹甲爆弾を装備した後続艦爆の攻撃を容易ならしめる。

(ニ) スマトラ北部で待機中の陸上攻撃機への出動要請

すでに述べたようにスマトラ北部の飛行場には、海軍基地航空の陸上攻撃機六個中隊五四機が主として魚雷を装備して待機中であるから、友軍索敵機または潜水艦が敵艦隊を発見した場合、迅速にその位置、兵力、艦種と友軍の態勢について南方方面軍司令部及び基地航空部隊に報告・通知して出動を要請する。

(ホ) 我が機動部隊の隊形

我が二個機動部隊は単一の輪形陣を組まず、敵の雷爆撃を回避するに必要な限度の距離間隔を保持する。両機動部隊の順位は、「翔鶴隊」「龍驤隊」の順とする。

b－1　伊号潜水艦の雷撃戦

先遣隊としてアンダマン経由、セイロン島偵察の任務を帯びた第一三潜水隊（巡潜乙型、二一九八トン、水上二三・六ノット、航続一四〇〇〇浬、魚雷発射管六、水偵一）の伊号二七、二八、二九、三〇の四隻は、アンダマン諸島に伊三〇潜を残置して司令の率いる三隻がコロンボ港南方に進出していた。

その搭載水偵の報告はすでに述べたとおり大型空母二、戦艦三、巡洋艦五、駆逐艦七～八となっている。先にアンダマンで確認しているのが軽空母一（撃沈）、巡洋艦三（二隻撃沈、一隻大破）であるから、英東洋艦隊の全戦力との差は戦艦二、駆逐艦八程度となる。戦艦はいずれも一九一四～一九一六年（大正初期）建造の旧式戦艦であり、主砲は三八糎砲八門であるが対空火器が二ポンド砲三二、二〇ミリ機関砲一七と優れている。セイロンに不在の戦艦二隻は秘密基地アッズ環礁に退避した可能性もある。

日本戦艦「日向」の二五ノットに対し英国戦艦「ロイヤル・サブリン級」は二二ノットと遅い。但し装甲は厚いらしい。

英東洋艦隊の陣形は、新型空母「インドミタブル」「フォーミタブル」の二隻を中心に左右と後方に戦艦を各一隻、その外周には巡洋艦五隻と駆逐艦八隻という輪型陣を構えて十一月二十九日午前五時にコロンボを出港南下し、セイロン島南端のドンドラ岬南方約五〇浬を間もなく東に変針しようとしていた。英空母は約三一ノット出せるが、旧式戦艦を随伴しているため一八ノットで航行中であった。

上空には二隻の空母から発進した攻撃機五機と援護戦闘機一〇機が輪型陣の周囲を警戒している。コロンボ〜ドンドラ岬一五〇キロ、ドンドラ岬〜英機動部隊一〇〇キロ弱、計二五〇キロ故にコロンボ基地のスピットファイアー戦闘機は足が短くて機動部隊の上空援護はできない。空母後方の戦艦「ウォースパイト」には司令長官ソマービル大将が座乗している。

日本の伊号潜水艦三隻は、このドンドラ岬沖合いに網を張っていた。英艦隊の進撃方向が東方のアンダマンであれ南方の印度洋であれ、いずれの場合でもドンドラ岬西方を通過することは間違いないと判断していた。

そこへ先導駆逐艦と三〇〇〇米《メートル》の距離をとって英空母群が前進して来た。我との距離二五〇〇米、絶好の射点位置である。潜水隊司令の座乗する伊二七潜が一番艦空母を、伊二八潜が二番艦空母の各右舷に向けて艦首装備の魚雷六本ずつを同時に発射した。伊二七潜の魚雷は「インドミタブル」に五本命中、伊二八潜のは「フォーミタブル」に四本命中し、両空母とも大爆発を起こした。

両潜水艦は直ちに深度八〇米まで潜航、英駆逐艦の猛烈な爆雷攻撃を受けた。この状況を両艦の南方一キロの海中から潜望鏡で確認した伊二九潜は、直ちに「翔鶴」司令部に報告した。このとき運よく英艦隊の南方進出を発見した重巡「利根」搭載の索敵機が、英機動部隊の艦種、隻数、航行進路等を報告した。日本機動部隊の位置は英機動部隊の南東約五〇浬で、二二ノットの速力で西北進中であった。

b－2　日本空母の戦闘加入

角田機動部隊長官は、友軍潜水艦の英空母雷撃成功を考慮に入れたが、当初の予定通り大型空母「翔鶴」の全機に発進を命じた。艦隊上空の直衛は「龍驤」搭載零戦三〇機の任務であり、攻撃面の予備隊としては「龍驤」の艦爆一二機、艦攻六機、計一八機が待機していた。角田長官はまた、スマトラ基地の陸上攻撃横隊に対し「英空母の被害は撃沈または大破確実なれど、第二報をもって基地航空部隊の出動を要請する」旨付言した。

「翔鶴」の全機は二〇〇ノットでたちまち英艦隊の上空に殺到したが、英空母一番艦の姿はすでになく、二番艦「フォーミタブル」も沈没寸前であったので、艦爆隊は先ず「フォーミタブル」に二五〇キロ爆弾を投下して止めを刺した。

三隻の戦艦に対しては、先ず艦爆の陸用爆弾で対空火器の人員を殺傷したうえで徹甲爆弾を投下、艦攻の魚雷命中率も良好で約三〇分の攻撃で二隻撃沈、一隻大破。この大破した戦艦も伊二九潜水艦の魚雷で海底に葬った。

残った五隻の巡洋艦と八隻の駆逐艦は、戦場に到着した戦艦「日向」並びに重巡四隻の砲雷撃で三分の二を撃沈、大中破の三分の一は追加投入された「龍驤」の艦爆一二機によって一掃され、ここに英東洋艦隊は文字通り全滅の憂き目を見るに至った。なお、日本機の損害は艦爆二機と艦攻三機であった。

ここに開戦以来最初の空母対決戦闘は終了したが、航空部隊・水上部隊の活躍はもちろんなれど、戦闘の経過を顧みると、最初に二隻の新型空母を奇襲してこれを撃沈破し、英艦隊の上空に空白をもたらした第一三潜本隊の偉功は抜群と言わねばならない。

b－3　二兎を追わず（セイロン島英軍基地は攻撃せず）

混成機動部隊のインド洋派遣目的は、英東洋艦隊の東方進出を阻止し、もし英軍の実力行使があれば断固として敵を撃滅するにあった。したがって、アンダマン諸島・ポートブレアの英軍による「龍驤隊」への奇襲に反撃して、英艦隊の大半を撃滅した。次いでコロンボから出撃して東方進出を企図した英東洋艦隊の主力を、セイロン島南方で捕捉し、全滅的損害を与えて「SA」作戦の目的を達成した。

「SA」作戦にはセイロンの英軍基地に対する攻撃は含まれていない。帰途に艦載機をもってコロンボやトリンコマリーの英軍基地を攻撃することは可能であるが、英空軍スピットフアイアー戦闘機の性能は、航続距離は六七〇キロと短いが速度六七〇キロは当時世界一流であり、ドーバー海峡をドイツ空軍から守り通した世界的な名機として有名である。

功を焦って拙速な攻撃は避け、十分な偵察を基に新たな戦力で対応すべきものとの結論に達したので、この旨を南方方面軍司令部に意見具申して承認を受け、「龍驤」隊はスマトラの基地へ、「翔鶴」隊はセレベス島のスターリング湾へそれぞれ凱旋した。

Ⅱ　マッカーサーの比島防衛戦略と日本軍の対応

1　米軍の作戦予想

マッカーサー大将は、豪州を起点としてラバウル～マヌス島を中継基地とし、ニューギニア北方の公海上を西進して比島へ増援兵力を輸送する。増援兵力の内訳は次のとおり。米陸軍三個師団、戦車二個旅団（三〇〇輛）、ケニー空軍少将指揮の戦爆約三〇〇機。

これがため、英領東ニューギニアのマダシ、ウエワク、アイタベ等に中継航空基地を建設する。

この輸送作戦を成功させるため、次の牽制作戦を行う。マッカーサー大将の指揮下にある豪州軍二個師団のうち、一個師団をもってチモール島西部の蘭領チモールに上陸作戦を実施。

チモール島の東半分は英国領につき、一部を英領に上陸させて西チモールに進攻することも考えられる。

アラフラ海に面した豪州北端の航空基地ポートダーウィンからチモール島まで六七〇キロしかない故、チモール全島は豪州空軍の爆撃圏内にある。

2　日本軍のとるべき対応

a　米輸送船団と護衛艦隊を黙認した場合の兵力バランス

前記の新兵力が比島に到達した場合、在比島の米陸軍は米師団四個師団、戦車二個旅団、空軍五〇〇機、比島人師団一〇個師団となり、日本空軍二三〇機による航空撃滅戦は極めて困難となるに違いない。

空軍の劣勢を空母艦載機によって補完するとすれば、第二機動艦隊の「翔鶴」「瑞鶴」の計一六〇機では未だ不足であり、第一機動艦隊の「蒼龍」「飛龍」の一四〇機も比島に集中しなければ間に合わない。これでは重点方面の中部太平洋が手薄となる。内南洋諸島の基地航空部隊を引き上げても同様の結果に変わりはない。

b　米英と日本の交戦状態

米国との間では、ギルバート諸島のマキン島に米海兵隊が偵察上陸した際、日本海軍との戦闘があり、米潜水艦一隻が撃沈されたほか、海兵隊員約一〇〇名が捕虜になっている。

英国とは、アンダマン諸島海域の東洋艦隊が索敵行動中の日本軽空母部隊を攻撃して反撃され、セイロン基地から増援のために出撃した英艦隊主力も、空母二隻を含み全滅同様の損害を受けて敗退した。

米英は同盟国であり、日本は彼らに宣戦布告こそしていないが、事実上交戦状態にある。

c　日本のとるべき対応

比島の米軍が前述の如く増強された場合、スマトラからの石油輸送は不可能となり、その時になって比島上陸作戦を開始しても時機を失している。結局、日本軍のとるべき作戦としては、豪州～ニューギニア北方ルートの米軍増援作戦を阻止する以外に方法はない。

比島に対する兵力増強の道さえ絶てば、現在の在比米軍に対する攻略作戦はいつでも可能で急ぐ必要はない。もし石油輸送を妨害されたら、それこそ比島攻略の立派な理由となる。

その場合でも全島を占領する必要はなく、主要な飛行場と港湾を攻略するに止め、計画の如く第一四軍の二個師団と一個旅団のみでまかない、無駄な戦闘は避けて石油輸送ルートの防衛に専念するのが得策である。

◆比島作戦軍（第一四軍）の編成内容＝第一六師団、第四八師団、第六五旅団。配属予

定　海上機動一個旅団、戦車二個連隊。軍司令官　陸軍中将・中村明人。◆航空部隊＝海軍基地航空　戦闘九〇、陸攻一〇八、陸偵六。陸軍飛行集団　双軽二五、重爆一八

3　日米豪北決戦

(1)　フィリピン増援阻止の日本軍準備行動

マッカーサーは地上部隊輸送の第一陣として、先ず一個戦闘団（海兵一個連隊と砲兵大隊、戦車大隊等）を十二月一日午前七時にラバウルから進発させた。護衛は、タワーズ少将の指揮する空母「ワスプ」を旗艦とし、重巡二隻、軽巡一隻、駆逐艦六隻を随伴した「W機動部隊」がこれに当たった。

輸送船団（一二隻）には軽巡一隻と駆逐艦四隻が周囲を固めて、その前方五千メートルを中型空母「ワスプ」（一四七〇〇屯、六九機）を中心に、重巡二隻、駆逐艦二隻が輪型陣を組み、一六ノットでマヌス島経由、中部ニューギニアのアイタペに向かった。ラバウル～アイタペ間は約一一〇〇キロ、一六ノット（約二九キロ）で三八時間を要する。船団と機動部隊は十二月二日夜九時頃、アイタペに仮泊した。

米軍がラバウル進発後間もなく、ビスマーク諸島一帯を警戒していた中部太平洋艦隊第四潜水戦隊所属第一〇潜水隊（伊号第六六～六九）は、米W機動部隊と輸送船団を発見し、中部太平洋艦隊長官の草鹿任一中将に報告した。

伊六八～六九号の二隻は引き続きダンピール海峡からビスマーク諸島一帯の警戒に当たったが、司令座乗の伊六六と六七号は二二ノットの速力で米艦隊の北方約三万メートルを彼らの前程に進出し、昼間はそのまま米艦隊との距離を拡大して西部ニューギニア方向に進出を急いだ。

敵輸送船団の上空には常時数機の警戒機が飛行していたが、その範囲は船団の周囲に限定されており、発見される心配はなかった。

米機動部隊と輸送船団の発見、及びその進行方向の報告を受けた中部太平洋艦隊・草鹿長官は、近藤連合艦隊長官並びに中部太平洋方面軍司令官・安達二十三中将と協議し、次の対策をきめて統合幕僚会議の承認を得て三川南方方面艦隊ほか関係部隊に下達した。

a　三川南方方面艦隊長官は、第二機動艦隊の空母「瑞鶴」及び護衛艦隊の軽空母「鳳翔」からなる空母部隊を指揮し、麾《き》下《か》の巡洋艦戦隊並びに第二水雷戦隊の主力をもって「Z機動部隊」を編成すべし。その任務は比島へ向かい西進する米機動部隊と輸送船団をビアク島海域において阻止撃滅するにある。

b　西カロリン・アンガウル島の海上機動第八旅団をビアク島に急派し、防衛に当たらせると共にさらに兵力の増強を考慮する。

c　西カロリンの第二八航戦と蘭印東部諸島の第二九航戦に対し、ビアク島方面に来襲予想の米機動部隊・輸送船団の撃滅準備。

d　南方方面艦隊第五潜水戦隊の呂号潜七隻をビアク島に派遣。

e　海軍設営隊約千名をビアク島に派遣し、東部のボスネック地区に飛行場二個を建設せしむ。

◆参加主要艦艇の要目と指揮官は次のとおり。

＊空母部隊指揮官　原忠一少将（三九期、一九四二年二月一日付で蒼龍機動部隊指揮官）。「瑞鶴」（二五六七五トン、三四ノット、搭載機八四機）、「鳳翔」（七四七〇トン、二五ノット、搭載機二一機）。＊巡洋艦部隊指揮官　南方方面艦隊長官・三川軍一中将直率。重巡「妙高」「那智」「足柄」（一〇〇〇〇トン、三四ノット、二〇センチ砲一〇門）、軽巡「長良」「五十鈴」（五一七〇トン、三六ノット、一四センチ砲七門）、第二水雷戦隊指揮官・木村昌福少将（四一期）。軽巡一、駆逐艦八。＊第五潜水戦隊指揮官・大西新蔵少将（四二期）。第一四、一五潜水隊、呂号潜水艦七（九八八トン、水上速力一五ノット、発射管六、航続五五〇〇浬）

◆基地航空部隊の編成

＊第二八航空戦隊（西カロリン諸島）戦闘二個戦隊七二機、陸攻二個戦隊七二機、飛行艇二個中隊一二機、陸偵一個中隊六機。＊第二九航空戦隊（蘭印東部諸島）戦闘三個戦隊一〇八機、陸攻三個戦隊一〇八機、飛行艇三個中隊一八機、陸偵二個中隊一二機。

◆基地航空部隊及び「Z機動部隊」の運用方針

☆西カロリンの第二八航戦は全機使用。戦闘はヌンホル島、マノクワリに進出。陸攻はソロン、サンサポールに進出待機。蘭印東部諸島の第二九航戦は、戦闘・陸攻各一個戦隊、飛行艇・陸偵各一個中隊を予備隊としてセラム島アンボンに待機。

a　陸攻六機と戦闘一〇機を一チームとして六チームを編成して、アイタベの米軍艦船に対し、その視認範囲で示威飛行を交代で反復する。

b　米艦載機が追跡する場合は友軍基地方向（西方）に誘導する。攻撃を受けた場合は積極的に反撃し報告する。

c　日米両空軍が戦闘を開始した場合、特に米軍の兵力が日本機を上回るときは、第二八航戦指揮官の迅速な判断により全機の発進を認める。

d　米軍の反撃特に大なる場合は、「Z機動部隊」指揮官三川中将は空母機動部隊をもって米空母及び輸送船団を北方より攻撃し、これを撃滅すべし。なお待機中の第二九航戦予備隊の使用時期は三川長官の判断による。

e　第五潜水戦隊の呂号潜水艦七隻は、アイタベ～ビアク島の中間海域、すなわちサルミ沖合い付近に散開線を形成して米軍を捕捉し、三川長官の命により敵空母以下を撃沈すべし。

(2)　ビアク島争奪の前哨戦

(イ)　ビアク島の兵要地誌

ビアク島は東経一三六度、南緯一度にあり、東西約六五キロ、南北約五〇キロのほぼ三角形の島である。すなわち地図で見ると、紀伊半島の真南の赤道直下の小島である。

西側にビアクの三分の一程の、これも三角形の島で接岸部分の一部は干潮時に徒渉できるスピオリ島がある。

ビアク島から比島のミンダナオ島まで約一五〇〇キロ、サイパンまで約二二〇〇キロ、すなわちマリアナ、フィリピンを結ぶ三角形の要点でもある。したがってビアク島は、超「空の要塞」B29長距離爆撃機の使用適地でもあった。

(ロ) 豪州軍によるチモール島への陽動作戦

ニューギニア北ルートによるフィリピンへの米軍三個師団輸送作戦に当たり、ポートダーウィンからチモール島を突き上げる陽動作戦が計画された。最適の時期は「ワスプ機動部隊」がアイタペに仮泊した十二月二日の早朝の出撃であった。

ポートダーウィン〜チモール間は僅か六六〇キロであり、時速一五ノット(二七キロ)で二四時間の行程であるから、チモール島の上陸作戦は十二月三日早朝となる。しかし行程の前半は昼間であるから、当然に日本空軍の索敵警戒線に引っかかる。

日本海軍の空中からの索敵範囲は、従来の四〇〇浬から七〇〇浬(一二八〇キロ)に延伸されていたが、チモール〜ポートダーウィン間が六六〇キロだから四〇〇浬(七三〇キロ)でも豪軍の発進基地まで包含される。

すでに幾度か記述したが、日本の陸軍には一〇〇式司令部偵察機という新鋭機があり、時速六〇四キロ、航続距離二四七四キロで、欧米の一流戦闘機の速度に勝る能力を所持している。この一〇〇式司偵がチモールのクーパン飛行場から、連日豪北一帯を高空から写真偵察した結果、ポートダーウィンに船舶が十数隻以上集まりつつあるとの報告があった。

また数隻の巡洋艦以下の艦艇も確認されるに及び、第一九軍司令部ではアラフラ海の島嶼及びチモール島に対する上陸作戦の可能性があるものと判断し、南方方面軍司令官板垣大将はチモールの第三三師団、ジャワの第五飛行師団及び海軍第二九航空戦隊に上陸戦即応態勢への移行を命令した。

(ハ)　角田第二機動艦隊の出撃

豪州東岸のブリスベーン、シドニー等の索敵目的で豪州東北端のホーン岬を通過し、東ニューギニア・パプア半島南岸の米軍有力基地ポートモレスビー沖を索敵中の第五潜水戦隊第一六潜水隊所属・機雷潜水艦伊号一二一型二隻（一一四二屯、一五ノット、航続一〇五〇〇浬）は、十二月二日早朝、数隻の護衛艦に守られてアラフラ海方向に航行する中型空母一隻を発見した。煙突位置がかなり後部にある独特のスタイルから「レンジャー」（一九三四年竣工、一四五〇〇屯、二九・五ノット、搭載機八四）と判定された。

鈍速の機雷潜水艦による追跡は無理とみて、第五潜水戦隊司令・大西新蔵少将に無線報告。大西司令は米空母「レンジャー」がチモール島上陸豪軍の支援機動部隊と判断して、第二機動艦隊長官の角田覚治中将に対し航空部隊による索敵の強化を具申した。

いよいよ連合軍の蘭印東部諸島に対する牽制作戦が実施され、ニューギニア北岸ルートからする比島増援作戦が強行されるのは確実だと南方方面軍の板垣司令部にも緊張がみなぎった。

十二月二日正午、角田第二機動艦隊長官は自ら空母「翔鶴」に将旗を翻し、戦艦「日向」、重巡「利根」「筑摩」と駆逐艦四隻を従えてセレベス島スターリング湾を出撃し、アラフラ海北方海域のタニンバル諸島（チモール島東端の東約五〇〇キロ）の東側海面に急行した。その位置はポートダーウィンに向かって航行中の「レンジャー」機動部隊の側面を突く格好の海域であった。

スターリング湾～タニンバル諸島間の距離は約一二五〇キロ、二二ノット（時速四〇キロ）で約三一時間の行程であった。また「レンジャー」部隊の所要時間は、ポートモレスビー～ポートダーウィン沖合い間の直線距離は一八〇〇キロであり、二二ノットによる所要時間は四五時間（二日弱）と計算され、ポートダーウィン到着は十二月四日午前二～四時頃と推定される。

一方の日本軍「翔鶴」部隊のタニンバル諸島到着は十二月三日一九時頃となり、日米両空母部隊はアラフラ海タニンバル諸島の南方海域にて会敵することとなった。角田長官は先ず基地航空部隊に対し、タニンバル島南東一二〇〇キロまでを陸軍一〇〇式司偵四、それ以東を海軍九六陸攻六機として索敵出撃を命じた。

またポートダーウィン沖で警戒配置についていた第一六潜水隊の機雷潜二隻を東方に移動させ、ホーン岬を通過して西進すると予想される「レンジャー」機動部隊を捕捉攻撃すると共に、重巡「利根」以下の夜襲部隊の誘導任務にも当たるよう下命した。

十二月三日二一時、予定通りタニンバル島東方海面に進出した空母「翔鶴」基幹の機動部隊は二隊に分かれ、夜襲部隊の重巡二隻と駆逐艦「吹雪」「白雪」はそのままタニンバル島を通過しアラフラ海に向かった。重巡「利根」「筑摩」の最高速力は三五ノットであり、吹雪型駆逐艦は三九ノットという世界的にも優速を誇る精鋭部隊である。

角田中将の第二機動艦隊司令部の計算では、ポートモレスビーの六〇〇キロ西方に位置するホーン岬を米艦隊が通過するのは、速力二二ノット（四〇キロ）で一五時間後の十二月二日二〇時頃となる。そして三日の夜明け四時頃にはさらに三二〇キロ先の東経一四〇度線あたりとなり、そこから三日日没までの約一五時間が日本軍索敵機の米空母を発見すべき時間帯となる。

この十二月三日一九時頃の米空母の位置がアル諸島の真南の線にあたり、この線からポートダーウィンまでの豪州大陸沿岸海域が夜襲実行の予定海面と計算できる。

㈡　アラフラ海航空戦と敵陽動作戦の失敗

十二月三日早朝四時、チモール島クーパン飛行場から出動した九六式陸上攻撃機三機は、時速三六〇キロで東へ五時間にて東経一四〇度線に到達し、南に変針一〇〇キロのあと方向をさらに西に戻して基地の方向に飛行した。その際、一番南を飛行した三番機が東経一四〇度線の西二四〇キロ地点を西進する「レンジャー」機動部隊を発見し、直ちに司令部へ電告した。

三日午前一〇時、敵機動部隊発見の報に接し角田第二機動艦隊長官は次の処置をとった。

a　機動部隊の速力を二四ノット（四四キロ）に上げる。

b　第二九航空戦隊の陸攻二個戦隊七二機全力をもって、アラフラ海アル諸島南方に近接中の米機動部隊を強襲せしむ。

c　ポートダーウィンから東進中の機雷潜二隻にも米空母の雷撃を下令。

d　米空母に損害を与えるも撃沈に至らざる時は、夜襲部隊による薄暮～夜間攻撃により撃沈を期す。

◆十二月三日の昼間は日本海軍九六式陸上攻撃機二個戦隊と米空母「レンジャー」の激突であった。日本側の弱点はチモール島の飛行場と東経一四〇度線との距離が一八〇〇キロもあり、二三〇〇キロの航続力を持つ「零戦」でも往復できないため、戦闘機の護衛のない陸上攻撃機のみの白昼強襲となる点であった。

陸攻の各戦隊はそれぞれ水平爆撃編隊と雷撃編隊を半分ずつの構成として爆弾は二五〇キロ徹甲爆弾とした。空母は飛行甲板さえ破壊すれば戦力は事実上失う。なお陸攻隊七二機は索敵機の六機を除いた爆装三三機、雷装三三機となり、各編隊は低空からの一撃離脱による捨て身の態勢で臨んだ。

三日一〇時に基地を発進した陸攻隊は、時速二〇〇ノット、すなわち時速三六五キロでアラフラ海を飛行したが、敵艦隊の速力二二ノット（時速四〇キロ）を加味すれば、両軍は一時間に四〇〇キロの接近となり会敵は約四時間後の午後二時頃となる（索敵機の発見位置は東経一四〇度線の西二四〇キロ、すなわちクーパン基地から1800－240＝1560キロ。1560÷400＝約四時間）。

目標は空母「レンジャー」に四四機、護衛の巡洋艦以下に二二機を配当し、雷爆同時攻撃を敢行した。その結果、空母の甲板に爆弾三発、左舷中央部に魚雷二本が命中し、甲板は使用不能となり空母は大きく傾いた。護衛艦も三隻撃沈他は大中破となり、攻撃は成功し、大破炎上中の「レンジャー」は、一四時二〇分、三本目の魚雷によって海底深く沈没した。友軍機の損害は陸攻の喪失五機に止まった。

日米海軍の最初の大規模航空戦は僅か二〇分で終了し、重巡以下の夜戦の必要は無くなって本隊と合流した。そして十二月四日早朝六時、大型空母「翔鶴」を発進した戦爆連合の大編隊はポートダーウィンを強襲し、所在の輸送船一〇隻を撃沈して数隻の護衛艦もその大半を撃沈破した。さらにポートダーウィンの飛行場や石油タンク・修理工場等も日本軍戦艦「日向」以下の重巡・駆逐艦の艦砲射撃を受けて基地としての機能を完全に失った。

ここに米豪連合軍が企図した「ビアク島」決戦の陽動作戦としてのチモール島」上陸作戦は失敗し、フィリピン戦力を増強せんとしたマッカーサー戦略は、その緒戦において大いなる蹉跌を来たすに至った。果たしてマニラの司令部でマッカーサー大将は何を考え、どのような行動に打って出るか、極めて興味深い戦略分岐点と思う。

(3) マッカーサー大将の戦死と南西太平洋方面米軍作戦の再検討

連合軍・南西太平洋方面軍司令官マッカーサー大将は、マニラの司令部にあってアラフラ海での日米航空戦の一部始終を注視していたが、結果は「レンジャー」機動部隊の壊滅と、日本空母のポートダーウィン空襲による輸送船団の全滅となった。

その結果、ニューギニア北方ルートからの比島防衛軍増強作戦は根本的な練り直しが必要となったのである。

中型空母「ワスプ」基幹の機動部隊に護衛された米輸送船団が、中部ニューギニアの「アイタベ」に到着したのが十二月二日二一時頃。一方、ポートモレスビーを索敵中の機雷潜水艦二隻が、港外を西進する「レンジャー」機動部隊を発見したのが十二月二日早朝。しかし十二月三日九時頃にこの機動部隊は、東経一四〇度線西側で日本の索敵機に再度発見された。

マッカーサー司令部は「レンジャー」部隊の報告を受け、アイタベの「ワスプ」機動部隊に対し日本軍の空襲を警戒しつつ、一八〇キロ東方の「ウエワク」を経て、アイタベより約五五〇キロ東方の「マヌス島」への後退を命じた。

チモール島への陽動作戦に続いて、ビアク島攻略作戦までも失敗するわけにはいかない。この際、南西太平洋方面単独の作戦検討ではなく、ニミッツ海軍大将の太平洋軍と再協議して、全般的な戦略の再構築が肝要であろうと、マッカーサー大将とその幕僚陣は判断を下した。

ニミッツ司令部と協議の結果、戦略検討会議の場所をニューカレドニアの「ヌーメア」としたが、問題はそこに到るマッカーサーの移動方法である。南方ルートのニューギニア以西のオランダ領は、ジャワ・スマトラ・ボルネオ・セレベスはもちろん、ハルマヘラ島・セラム島はじめバンダ海からアラフラ海の各諸島はすべて日本軍が占領している。また北方ルートはパラオからモロタイ島にかけて制海制空権を日本軍に握られている。

結局、比島ミンダナオ島のダバオに速力の早い艦隊用潜水艦を用意し、マヌス島までは潜水艦により、マヌス島から「ヌーメア」までは四発のB17超重爆撃機によるという無難な方法をとることに決定した。

◆マッカーサーの潜水艦移動

ダバオ〜マヌス島間は距離約二五〇〇キロ（一三七〇浬）あり、水上二〇ノット、水中一〇ノット、平均一五ノットで九一時間を要する（三日と一九時間）。

ダバオ近辺とマヌス島近くは米海軍の航空機・艦艇の警戒支援がある故、水上速度を一八ノット、その中間海域を一九ノットとし、水中をオール一〇ノットとして計算すると次の如くなる。ダバオ発十二月九日八時。

十二月十二日一八時、マッカーサーとその幕僚を乗せた最新鋭のガトー型潜水艦「フライ

	水中	水上
9日		8時～10日6時 22H×18ノット＝720キロ
10日	6時～18時 12H×10ノット＝215キロ	18時～11日6時 12H×19＝416キロ
11日	6時～18時 12H×10＝215キロ	18時～12日6時 12H×19＝416キロ
12日	6時～18時 12H×10＝215キロ	18時～13日3時 9H×18＝300キロ
計	645キロ	1852キロ 合計　2497キロ

ング・フィッシュ」（一九四二年竣工、一五二五トン、速力・水上二〇二五ノット、水中一〇ノット、魚雷発射管一〇門）は、マヌス島まで九時間の海面に浮上し水上航行に移った。浮上航行が三〇分程経過したとき、突如として右舷中央に二本の雷撃を受け、「フライング・フィッシュ」は一瞬のうちに沈没、目的地から二八〇キロ手前の海上には未だ明るさが残っていた。

襲撃したのはビスマーク諸島・ニューブリテン島近海を警戒していた中部太平洋艦隊第四潜水戦隊第一〇潜水隊二隻中の一隻・伊号六八潜水艦（海大型一四〇〇トン、水上二三ノット・水中八ノット、発射管六）であり、本艦は敵潜水艦の沈没を確認しつつ急速潜航してダンピール海峡の方向に避退した。米軍の爆雷攻撃はなく、沈没海面には多数の重油と浮遊物が見られたが、救助された生存者は皆無であった。

この事件は直ちにハワイの太平洋艦隊司令部に報告され、長官のニミッツ大将はマッカーサー大将の戦死と判断し、合衆国艦隊司令長官兼海軍作戦部長キング大将を経てルーズベルト大統領に報告された。

第九章　東京空襲とマーシャル諸島決戦

Ⅰ　ルーズベルト大統領主催の最高戦略会議

マッカーサー大将の戦死は予想外かつ突然のことであり、米軍のみならず、連合軍の首脳陣を驚かせた。しかしアメリカ大統領ルーズベルトの対応は早かった。大統領は陸海空軍首脳に対して、統合参謀本部のメンバーによる最高戦略会議の開催をサンフランシスコで行うよう命じ、期日を一九四一年十二月十七日とした。これはマッカーサー大将戦死の僅か五日後である。

大統領以外のメンバーは次のとおり。

大統領付幕僚長レーヒ提督、マーシャル陸軍参謀総長、キング海軍作戦部長兼合衆国艦隊司令長官、アーノルド戦略空軍司令官

以上のほかに、米太平洋艦隊司令長官ニミッツ大将が特に参加した。

この最高戦略会議で決まったことは次の二点であった。

① 日本本土の「東京」及び「横須賀軍港」に対する「ボーイングB17重爆撃機」による空襲。

② マーシャル諸島に進攻し、日本連合艦隊と決戦を行いこれを撃滅。

Ⅱ　日本本土空襲の計画要旨

(1) 西部アリューシャン諸島アッツ島付近のセミチ島の飛行場適地を早急に拡張整備し、日本本土爆撃の基地とする。

(2) 空爆の使用機種は陸軍の四発重爆ボーイングB17とし、東京に一五機、横須賀には五機をあてる。具体的な主目標は次のとおり。

「東京」宮城を含む都心部一帯。京浜工業地帯。鉄橋ほか鉄道施設。

「横須賀軍港」　海軍工廠。港湾施設。石油タンク。在泊艦船。

(3) 使用爆弾は一〇〇キロ以下の陸用爆弾及び焼夷弾（B17の搭載能力は四九〇〇kg）。

攻撃実行は一九四二年二月上旬とし、爆撃後の終結地はグアム島とする。距離計算。

(4) セミチ島〜東京間三五四〇キロ、東京〜グアム島間二五九〇キロ、合計六一三〇キロ。B17重爆の航続距離は五八〇〇キロにつき、三三〇キロが不足するが、下方銃座を撤去して増加タンクを設置する。

(5) 不時着対策は、比島にある旧S型潜水艦一〇隻を、東京湾南方海上から小笠原諸島の付近にかけて配置し、不時着乗員の救助に当たらせる。

(6) 東京空襲を成功させるため、助攻作戦として比島に待機中のB17爆撃機一〇機により台湾の日本軍飛行場を攻撃すると共に、マレーの英空軍をもってパレンバン油田の破壊作戦を実施し、併せて日本のタンカー船団への攻撃を行う。

Ⅲ　マーシャル決戦の主要構想

(1) 作戦時期は、東京空襲が二月上旬予定につき、日本本土及びマリアナ諸島方面の日本軍配備を手薄にするため、一月中旬から行動を起こし、二月上旬の決戦へ導いて行く。

(2) 主攻方面と助攻方面

主攻方面はもちろんマーシャルであるが、助攻方面の選択は複数となる。

① 第一案は日本軍の予想するギルバート諸島のマキン・タラワの両島を先に占領し、タラワ島の飛行場を陸上基地として活用する案。この案は、ギルバートとマーシャルが近接しているので、主力部隊であるマーシャル攻略軍との連携が容易な利点である。しかし反面、日本軍の迎撃もやり易いから、プラス―マイナスはゼロと判定したい。

② 第二案として、ラバウルからトラック方向に突き上げて、フィリピンに対する増援

部隊の派遣ルートの打開をも兼ねる方策がある。
この場合は大型米空母一隻の他に、英国海軍の支援を求めて空母一隻、新式戦艦の二隻ほど（プリンス・オブ・ウエルス級）の増援を要請する。このプランが成功してフィリピンの防衛力が強化されると、結果的に英国領であるマレー・シンガポールも安全性が向上すると判断される。
この作戦でトラックの日本海軍重要基地に大損害を与え、マーシャルの後方海域に脅威をもたらす事が出来れば大成功といえる。この場合、マーシャル決戦の勝敗について五分五分に終わっても十分と米軍は考えた。米国は生産力にものを言わせて空母と高速戦艦を増産し、再度の決戦を挑めば勝算はあると確信した。

Ⅳ　日本と連合国間での武力衝突の経過概要

既に記述したことであるが、マーシャル決戦に入る前に、米国の対日石油輸出全面禁止が発動された一九四一年八月一日以降、日本と連合国との間に起こった武力衝突について、その要点を略述しておく。

一九四一年十月十日　日蘭石油交渉のため芳沢謙吉元外相以下の交渉団が、重巡「青葉」等海軍艦艇護衛の下に首都バタビヤに上陸し交渉を開始した。

十月十五日　交渉決裂のため日本はオランダに宣戦布告し、スマトラのパレンバン油田及び飛行場を占領。
十月十八日　今村中将の指揮する第一六軍（第二、第一八師団）はジャワ島作戦を開始。
十月二十一日　オランダ総督は降伏。日本軍は引き続きバリ島、チモール島など小スンダ列島の攻略に着手。
十一月一日　蘭領ボルネオ島、セレベス島、セラム島等を占領。
十一月十三日　東南太平洋のギルバート諸島マキン島を偵察占領していた米国の海兵隊を、索敵中の重巡「鈴谷」部隊が発見。これを攻撃して米潜水艦一隻を撃沈し、海兵隊員一〇〇名を捕虜とした。
十一月二十八日　インド洋ベンガル湾東部に索敵出動中の軽空母「龍驤」基幹の機動部隊は、カーニコバル島付近で英海空軍の攻撃を受けて反撃し、英軽空母の「ハーミス」と巡洋艦二隻を撃沈。さらにカーニコバル島の英軍基地を砲撃して在泊中の輸送船三隻も撃沈した。
十一月二十九日　早朝、セイロン島南方海上で大型空母「翔鶴」基幹の機動部隊は、コロンボ港を出港して南下中の英国東洋艦隊（新型空母二隻、旧式戦艦三隻、巡洋艦五隻、駆逐艦八隻）と遭遇、日本潜水艦三隻は雷撃により空母二隻を撃沈、空母艦載機の雷爆撃で戦艦二隻撃沈、巡洋艦と駆逐艦の三分の二をも撃沈した。ここに英国東洋艦隊の主力は壊滅した。
十二月二日　東ニューギニアのポートモレスビー港を早朝出港した米国空母の「レンジャー」（一四五〇〇トン、八六機）基幹の機動部隊は、豪州北岸のポートダーウィンに向かったが、十二月三日一四時、チモール島を発進した日本海軍九六式陸上攻撃機二個戦隊七二機の雷爆撃を受け、空母「レンジャー」と護衛艦の三隻は沈没し事実上全滅した。

十二月十二日　米軍の情勢悪化に直面し、戦略協議のため急遽ニューカレドニアに潜水艦で向かったマッカーサー大将は、経由地のマヌス島近海を水上航行中に日本潜水艦の雷撃を受けて撃沈され戦死した。

以上のごとく連合国（米・英・豪）と日本は、宣戦布告なき武力対決を三か月にわたり展開しており、いよいよ東太平洋マーシャル諸島海域を主戦場として、フィリピン・マレー半島・東ニューギニア近海にも及ぶ一大決戦に直面しつつあった。

V　マーシャル諸島を中心とする東部太平洋の動向

1　東部太平洋米海軍に対する情勢判断と米軍の動き

日本海軍は連合国に対する武力発動後、米空母部隊のゲリラ的奇襲作戦がありうると判断し、これに対処する方策を研究して第七章で次の如く述べておいた。

(イ) マーシャルの第二五航空戦隊は、大型飛行艇一二機と陸上攻撃機一二機で東方海域七〇〇浬を索敵。トラックの第二六航空戦隊は陸攻一二機でトラック南方七〇〇浬を、マリアナの第二四航空戦隊は陸攻一二機でサイパン東北海域七〇〇浬を索敵すべし。

(ロ)　潜水艦隊は、第一潜水戦隊（伊号一二隻）で米本土西岸～ハワイ諸島間、第二潜水戦隊（伊号一二隻）でハワイ諸島～マーシャル諸島間、第三潜水戦隊（伊号一二隻）で米本土西岸～豪州間の索敵にそれぞれ任ずべし。

その結果一九四一年十二月十二日、日本の伊一六号潜水艦がハワイ・オアフ島沖五〇〇浬にて米大型空母「サラトガ」を発見、乗員六人を戦死させる中破程度の被害を与え、修理のため本土に回航されて約半年間の戦闘能力を失った。

一方通信情報は、南東太平洋の敵の動きが活発化していたことを伝えていた。具体的には十二月三十一日、マーシャル諸島クェゼリンにあった通信隊は、十二月下旬、新呼出符号を有する米無線所が十数か所も増加したので、敵に何らかの積極的企図があると判断し各部に注意を喚起した。

一九四二年一月一日早朝、マーシャル諸島の要地クェゼリン、ルオット、タロア、ウォッゼ、ヤルート、マキンが突如、米機動部隊の空襲を受け、所在艦船と航空機に若干の被害が生じた。連合艦隊司令部はこの報告を受け、米空母の追撃に全力を挙げるため、トラック待機の第二六航空戦隊の主力にマーシャル進出を命じた。

また連合艦隊司令長官近藤大将は、かねてから米航空機による日本本土空襲を憂慮していたので、マーシャル方面来襲の米機動部隊に牽制されている隙に乗ぜられる算ありと考え、本州東岸に対する警戒の必要ありとして、この方面の警戒を担当する北方部隊に対し、午前八時、警戒を厳にするよう下命した。

一月一日から二日にかけて、トラックから増援した陸攻隊及び飛行艇隊を加え、全力をもって索敵を実施したが敵を発見するに至らなかった。これは敵機動部隊が夜間を利用してマーシャルに近接し、攻撃機を発進した後全速で東方に避退したためとみられる。

この度の戦訓として、従来敵の来襲に対しては付近の兵力を集中して反撃する計画であったが、このような敵のゲリラ戦に対しては有効な反撃が出来ないことが判明した。

守勢で敵空母を確実に捕捉することが難しいことは分かっていたが、あれほど飛行哨戒をしても反撃のための兵力集中が間に合わなかったことは予想していなかった。要するに守勢のみの対空母作戦でなく、索敵軽空母との併用が緊要と結論づけられた。

2　米軍の南太平洋強化

米海軍作戦部長キング大将は太平洋艦隊に対し、最も早い機会に日本軍の確保する島嶼に痛撃を与えることを要求した。しかし太平洋艦隊は、日本軍のギルバート諸島進出や、サモア諸島近海の潜水艦出没状況からみて、サモアに対する攻撃が切迫していると判断していたので、カントン、サモア両島の防備強化を急ぐため、それに兵力をさく余裕がなかった。

米太平洋艦隊は、日本軍がサモア方面を攻撃するのには、マーシャルかトラックから発動するであろう。また日本軍の作戦計画は、ウェーク攻略はミッドウェー、ハワイ攻略、またギルバート攻略はサモア方面進攻の布石であり、進攻作戦を続けるであろうと判断されていた。

一九四一年十二月六日、英軍機のトラック偵察により、日本軍艦船が同地に集結中なのを知り、米海軍はフィジー方面進攻が切迫していると判断した。そこで太平洋艦隊は、急いでマーシャルまたはトラックを攻撃する必要があると判断した。一方、英軍はフィジーに対する援軍を米軍に対し要請したが、米軍はカントン、サモアの防備強化のためその余裕はなかった。

カントンは米豪連絡路の重要拠点であり、ギルバートのマキンから僅か九六〇浬にすぎず、防衛が極めて困難であったので、米海軍当局にとっては心配の種であった。

同島には既にB17用の五〇〇〇フィートの滑走路が一本完成していたが、まだ一機も常駐しておらず、守備隊も極めて少なかった。またフィジー諸島のナンディ島には、飛行場一か所があり、二二機が常駐し、英軍など約八〇〇〇名が同諸島全部の防衛に当たっていた。

サモア諸島の米軍基地であるパゴパゴ港に対する増援の米海兵隊は、十二月十日サンジェゴを発し、空母エンタープライズ基幹部隊、途中からパナマ運河経由で来航した空母ヨークタウン基幹部隊も加えて護衛され、十二月二十五日到着した。これで米豪連絡路東半の防備は概成した。

かくして米太平洋艦隊は、南東方面に対する日本軍の圧迫を緩和する目的もあって、マーシャル方面に対する牽制的空襲を敢行することになった。これが二月一日のマーシャル諸島への空襲であった。

米軍のマーシャル避退後、日本軍の行動は極めて迅速にウェーク島に向かった。かねてよりの作戦計画に従い、クェゼリン、ルオット基地からの陸上攻撃機と、ブラウン環礁を根拠地とする第一機動艦隊の中型空母「飛龍」基幹の機動部隊（戦艦一、重巡一、軽巡、駆逐艦四）による空爆、艦砲射撃、さらに海上機動一個旅団による強襲上陸によってこれを完全占領した。時まさに一九四二年一月七日であった。

Ⅵ　東京空襲

本章の冒頭で述べた如く、一九四一年十二月十七日、サンフランシスコで行われた最高戦略会議でルーズベルト大統領は、陸軍のB17重爆撃機による東京空襲を主張し決定された。そしてこの決定に基づいて西部アリューシャンのセミチ島では、飛行場適地に対する大規模工事が急ピッチで進められた。

攻撃実行予定は一九四二年二月上旬であり、滑走路及び付帯設備の完成は一月二十五日頃、爆撃機と整備部隊の到着が三十日と予定された。そして同時に警戒部隊として飛行艇一個中隊、基地防空並びに途中までの爆撃機護衛戦闘機としてロッキードP38ライトニング戦闘機二〇機の派遣が決定された。

1　本土空襲に対する日本陸海軍の懸念と処置

日本海軍は米空母部隊によりわが本土が空襲を受けることを重視していた。その空襲は当時の航空機の性能や戦略態勢からみて、東正面からする陸上機によるものは考えられなかったが、本邦東方海面が幅広く解放されているので、この正面からする空母によるものと、米航空部隊がソ連に基地を進めて行うものが懸念されていた。海軍においては空母による来襲が最も可能性が大きいと判断していた。

したがって本土東方の警戒は開戦前から懸念され、その対策として飛行機による哨戒距離を七〇〇浬とし、さらに監視艇による帝都東方七〇〇浬に哨戒線を構成することとした。

この七〇〇浬は、空母機の攻撃可能距離を最大約二五〇浬とすれば空襲の前日の午前に敵空母を発見でき、反撃の余裕があるので定められた数字である。またその距離は性能上、わが陸上機の進出可能限度でもあった。

しかし実際問題としては、飛行哨戒に充当できる機数は極めて少なく、また開戦後に整備を開始した監視艇も十分な隻数を揃えられなかったので、広い正面のうち最も来襲を懸念されるほんの一部だけしか配備できなかった。

その後も米空母部隊のゲリラ的機動作戦は続き、一月七日に日本軍の占領したウェーク島に対して一月十五日に、一月二十三日には南鳥島に来襲し、次回は本土ではないかと懸念されるに至っていた。

2　西部アリューシャンの戦略的価値と本土空襲

アリューシャン列島方面は、日米両国の北方作戦線をなしていたが、天候、気象の障害が多いため、戦略的にはあまり重視されていなかった。そのため日米両国とも大した兵力を配置していなかった。しかし同方面は米ソ連絡路に当たっていたため、同地の攻略などによりソ連を刺激し、彼を米英陣容に走らせることにならないかと心配されていた。

やがて米空母部隊の活動が報ぜられるに及び、小笠原諸島以北、本土東方正面の警戒を担任する北方部隊は、本土空襲の敵空母部隊に対する兵力や対策があまりに貧弱であったので、一層その不安が増大してきた。

一九四二年一月二十六日、セミチ島の飛行基地は完成した。そして先ずロッキードP38戦闘機一〇機が先陣を切って到着したのが二十八日、ついで三十日にはドウ・リットル中佐指揮のもと、ボーイングB17重爆撃機二〇機がP38戦闘機一〇機に護衛されて雄姿を現した、まさにアメリカの実力を示した一大戦力の北方進出であった。

さらに海には一五センチ砲一五門を装備した「ブルックリン級」軽巡二隻と駆逐艦五隻に護衛された護衛空母「ロング・アイランド」（一一〇〇〇トン、二一機搭載）が進出し、輸送船二隻から海兵隊一個大隊を揚陸した。このセミチ島基地は日本にとって戦争終結まで目の上の瘤となるのである。

参考までに、ロッキードP38ライトニング戦闘機について、その要目を述べておく。高速の高高度迎撃機という米陸軍の要求にこたえて、ロッキード社がはじめて手がけた軍用機は「双発双胴」の異色のスタイルをもっていた。長い航続距離と強力な武装で米陸軍戦闘機の主力となり、「双胴の悪魔」と呼ばれて終戦まで各型合計九九二三機が生産された。そのうち一九四二年二月から活動したF型の要目は次のとおり。

エンジン　水冷式一〇〇〇～一三二五馬力・二基、武装　二〇ミリ機関砲・一門、一三ミリ機銃・四丁、最高時速　六三六キロ、航続距離　三八六〇キロ（落下燃料タンク二個装備）〈滞空一〇時間〉

㊟　P38と同年から使用された日本陸軍の双発重戦闘機の要目はつぎのとおり。二式複座戦闘機「屠龍」＝エンジン　空冷式一〇五〇馬力・二基、武装　二〇ミリ機関砲・一門（後に三七ミリ砲に変更）、一三ミリ機銃・二丁、七・七ミリ旋回機銃・一丁、最高時速　五五〇キロ、航続距離　二〇〇〇キロ

3　進路設定と護衛及び高度の問題

セミチ島は東経一七四度、北緯五二度、カムチャッカ半島ペトロパブロスクの東方一二八〇キロに位置する。

東京までの飛行ルートは、セミチ島と東京を直線で結ぶと、千島列島の東方海上を逐次陸

地に近接する形となるが、三陸海岸沖で陸地との距離が四三〇キロあるので特に懸念はない。鹿島灘で本土海岸線に到達し東京に到るこのコースは、本州東方海上で東京に向かって方向変換する必要もないから、燃料消費の観点からも本計画達成のために最も無難なルートと判断された。

ボーイングB17重爆は、当時世界最高性能を誇る四発の超重爆であり、最高時速は四六二キロだから巡航速度を八〇%とすれば三七〇キロ。これで計算すると、セミチ島〜東京間・三五四〇キロの所要時間は九時間半、東京〜グアム島間・二五九〇キロの所要時間は七時間。

東京上空着を早朝五時とするには、セミチ島出発は前夜の一九時三〇分と計算される。護衛戦闘機のP38は航続距離三八六〇キロであり、B17重爆を一九〇〇キロにわたり護衛することが可能。これはセミチ島〜東京間三五四〇キロの約五三%に相当する。

後半の行程を護衛する軽空母でもあれば、途中まで先行して合流も考えられるが、軽空母九隻は建造中であり来年までかかる。第一、企図秘匿上好ましくないので検討の対象外とされた。

日本本土に接近してからもし日本戦闘機の迎撃があれば、高度を一〇〇〇メートル以下に下げて一三ミリ機銃一三門という強力な防禦火力を発揮して撃退するか、あるいは逆に実用上昇限度一〇八五〇メートルという高性能を発揮して日本戦闘機の追跡を不能にするなどの方法がある。したがって、セミチ島発進から北緯四〇度線付近までの高度は四〇〇〇メートル程度を適当とドウ・リットル中佐は指摘した。

4　助攻作戦の発動

一九四一年後半当時におけるフィリピンの米空軍戦力については第三章で説明したが、ボーイングB17重爆撃機三〇機とカーチスP40戦闘機七〇数機を主力に、旧式機を含めて約二〇〇機と言われていた。

このボーイングB17重爆のうち一〇機で台湾の日本軍飛行場（屏東、嘉義、台中）のうち、特に爆撃機の駐留する前二か所を重点目標とした。なお、今回ドウ・リットル中佐の部隊が目標とした東京のある関東地方に所在する陸軍飛行部隊は次のとおり。

立川　飛行第五戦隊（戦闘機）、柏　第五四戦隊（戦闘機）、豊岡　第一四四戦隊（戦闘機）、調布　第二四四戦隊（戦闘機）

戦闘機一個戦隊は三個中隊三六機のほか、戦隊長編隊三機と予備機三機で合計四二機。したがって、関東地方の陸軍の戦闘機は四個戦隊で合計一六八機となる。これでは首都の防空戦力として如何にも寂しい態勢といえる。

助攻作戦（別の意味では陽動作戦）として既述の如く比島米空軍の台湾攻撃と、マレー英空軍のスマトラ攻撃を一九四二年二月五日とし、ドウ・リットル中佐指揮の東京空襲部隊のセミチ島発進を二月九日一九時三〇分、東京空襲は二月十日午前五時と決定され、太平洋艦隊司令長官ニミッツ大将の承認を得た。

二月五日午前五時、台湾攻撃のボーイングB17重爆一〇機は二隊に分かれて屏東飛行場（軽爆と偵察）を、他の一隊は嘉義飛行場（重爆と戦闘）に対しそれぞれ五〇〇〇メートルの高度から一〇〇キロ爆弾一機四〇発ずつを投下し、両飛行場基地は地上の飛行機もろとも完全に破壊された。爆撃終了後は直ちに全速にて退避し、全機無事クラーク飛行場に帰還した。日本軍の反撃は追跡の戦闘機も間に合わず、高射砲の射撃開始も遅かった。奇襲は完全に成功したと判断される。

一方のスマトラ・パレンバン飛行場と油田に対する攻撃は、インドからビルマを経由してマレー空軍に増強された英空軍が誇るスピットファイアー戦闘機二〇機の援護下に、中型・双発のノースアメリカンB25爆撃機一〇機が攻撃した。しかしこちらは第八章で述べたとおり、油田防衛の関係で二四時間態勢の警戒をしており、特に早朝の奇襲を防ぐため二個戦隊七二機の三割を空中待機させるほか、敵機がマラッカ海峡の幅一五〇キロの中間点を越えた場合には、自動的に攻撃が許可されていた。

したがって二月五日早朝五時の英軍奇襲は不成立で強襲となり、日本戦闘機「隼」と英空軍スピットファイアー戦闘機とが激突した。しかし戦闘機の数で日本は英軍の三倍を超えており、油田に若干の被害があったものの敵戦闘機の八割と爆撃機の六割がマラッカ海峡上空で撃墜され、残敵は辛うじてマレー半島に退却した。日本軍の完勝であった。

5　日本軍中央による周辺事態の検証

日本大本営陸海軍部は最近の事態を総合的に検討した。

①東太平洋正面では一九四二年一月一日、マーシャル諸島の各要地が米空母艦載機の攻撃を受け、直ちに索敵攻撃態勢に移行したが敵空母を捕捉するに至らず。

②日本軍は一月七日にウェーク島を攻略したが、その直後の一月十五日、米空母部隊はウェーク島及びさらに本土に近い南鳥島をも空襲し、わが防備態勢を偵察した。

③二月五日早朝、比島を基地とする米ボーイングB17重爆一〇機は、台湾の屏東と嘉義の飛行場を奇襲し、地上施設と航空機に多大の損害を与えた。

④同じ二月五日、スマトラのパレンバン油田攻撃の目的で、マレーの英空軍スピットファイアー戦闘機二〇機とノースアメリカンB25中型爆撃機一〇機がマラッカ海峡上空で日本空軍と会敵、英戦闘機の八割と爆撃機の六割を撃墜したが、油田の受けた被害は軽微であった。

以上、東太平洋と南西太平洋の両方面において米英軍のゲリラ的攻撃が断続して展開され、この情勢をどう判断するかの検討が大本営、連合艦隊、南方方面軍で行われたが敵の意図と主攻正面が鮮明でなく、次の如く基本的な対応策が決定された。

(イ)マーシャル以東ハワイ方面に対する索敵をさらに強化し、敵の決戦意図を早期に察知して一大反撃を準備する。

(ロ) 比島、特にルソン島並びにマレー半島に対する航空撃滅戦を展開し、先ず比島に対する上陸作戦を既定計画に従って決行する。
(ハ) 台湾の防衛強化のため、本州、朝鮮、満州より戦闘機三個戦隊、重爆二個戦隊、偵察二個中隊を抽出し派遣する。

6　二重橋落ち横須賀軍港炎上

西部アリューシャンの寒気は日本の青森程度といわれ、真冬の二月上旬でも大型機の使用に差し支えはない。二月九日一九時三〇分、ドウ・リットル中佐の指揮するB17重爆二〇機は、勇躍セミチ島を発進した。高度四〇〇〇メートル、重爆の護衛はジョン・ミッチェル陸軍少佐の指揮する一六機のP38戦闘機。

P38が予定通り一九〇〇キロ飛行の後に反転してからは援護戦闘機無しのB17のみとなり、菱形の四機編隊をさらに菱形に四個組み、指揮官機編隊がその前方一〇〇〇メートルに位置して全編隊の誘導に当たった。

この隊形で北緯四〇度線まで飛び、その後は高度を六〇〇〇メートルに上げて東京と横須賀に進入したが、日本戦闘機の姿は見えない。目標進入後の爆撃方法は絨緞《じゅうたん》爆撃とし、京浜工業地帯は焼夷弾を併用したので大火災を起こした。利根川鉄橋にも命中し、皇居の二重橋も破壊され、東京駅もその機能の大部を失った。追加目標とした中島飛行機武蔵野製作所にも大きな被害を与えた。横須賀軍港の石油タンクは炎上し、海軍工廠も破壊された。

しかし大型艦はすべて前線に出ており、港内は小型艦のみで艦船の被害は僅少に止まった。高射砲の反撃は散発的で重爆編隊の後方で炸裂し、奇襲は完全に成功した。

爆撃を終わった無傷のB17編隊が伊豆半島上空で進路をグアム島に転じた頃、日本の防空戦闘機が遥か下方から上昇追跡しつつあるのが望見されたが、上昇力の優れたゼロ戦でも六〇〇〇メートルの上昇に七分二〇秒もかかるので結局、徒労に終わった。

ドウ・リットル中佐のB17重爆部隊が無傷のままの雄姿をグアム島上空に現したのは二月十日一二時一五分頃であった。直ちに給油が行われ、比島南部の数か所の秘密飛行場に向かって発進した。

東京空襲成功の吉報は、太平洋艦隊ニミッツ司令長官を通じてルーズベルト大統領に報告された。

Ⅶ　日本の戦略判断と比島・マレー作戦

在比米空軍の台湾空襲、在マレー英空軍のスマトラ空襲、さらに西部アリューシャンからのB17重爆による東京空襲と、南北九〇〇〇キロにわたる連合軍航空戦力の来襲は、日本の大本営をして彼らの戦略意図が果たして何処にあるかの懸念を抱かしめた。

1　日本統合幕僚会議の判断と対応

二月十二日、統合幕僚会議が急遽開催された。出席者の主な発言内容は次の通り。

石原莞爾・陸軍参謀本部次長　敵は日本軍の戦略方針を測りかねており、攻撃の重点・時期を模索している。日本としては、マーシャル正面で積極策をとって決戦を強要し、比島・マレー方面は航空撃滅戦の下に限定的な上陸作戦にとどめたい。

近藤信竹・連合艦隊司令長官　マーシャル決戦の機は熟している。但し、英東洋艦隊の大型空母二隻は撃沈した故南方からする英空母の脅威はない。したがって第二機動艦隊の空母「翔鶴」「瑞鶴」を東正面で統合運用し、一気に勝負を決したい。索敵を厳にして敵の奇襲を回避すれば勝算は十分と確信する。なお比島の上陸作戦支援に第二機動艦隊が参加した後でよい。

多田駿・陸軍大臣　先般の東京空襲は皇居も被害を受け恐懼《きょうく》に堪えない。また中島飛行機武蔵野工場や京浜工業地帯の損害も軽くない。B17重爆の発進基地は北方と思うが、軍令部の考えはどうか。

伊藤整一・軍令部次長　開戦前に行った南方作戦の図演において西部アリューシャンからの本土空襲も想定した。アッツ島の近くの島に飛行場適地があるとの情報を得ていたが、いずれにしても陸軍機であり、中国領に向かった形跡はないからグアム島しかない。B17重爆の航続距離で果たして可能かどうか。

対策として、西部アリューシャン各島の偵察及び警戒を実施するため、北方艦隊（第五艦隊）を至急編成し派遣する。司令長官は志摩清英中将。基地は幌筵島。

艦隊の編成　軽巡「阿武隈」「鬼怒」、駆逐艦四隻、水上機母艦一隻、九七式大型飛行艇六機。

偵察の結果、B17の基地が判明すれば、原則としてこれを攻略し築城の上、強力な守備隊をおく。

以上、統合幕僚会議における前記発言内容は、マーシャル決戦の基本方針として承認された。また、比島に対する上陸戦と共にグアム島攻略の同時決行が追加された。

グアム島攻略の部隊編成は次の通り。
①　第二機動艦隊　第三航空戦隊（大型空母翔鶴、瑞鶴）、第八戦隊（重巡利根、筑摩）、第四水雷戦隊の二分の一（軽巡一、駆逐艦八）
第二機動艦隊は、大型空母をそれぞれ核とする二個機動部隊を編成し、グアムに「翔鶴」、比島に「瑞鶴」を向ける。
②　中部太平洋艦隊　第一戦隊（戦艦長門、陸奥）、第一〇戦隊の二分の一（軽巡二）、第一水雷戦隊の二分の一（駆逐艦八）
③　海上機動第九旅団（サイパン島待機中）
中部太平洋艦隊はグアム作戦後、東カロリン諸島に進出してマーシャル決戦に備える。但

し戦艦「大和」、第六戦隊の重巡四隻、第一水雷戦隊の主力は直接トラック方面に向かう。第二機動艦隊の「翔鶴」機動部隊は、グアム島上陸成功後に比島に向かい比島上陸作戦を支援し、その後は東カロリン諸島方面に進出する。

2　マーシャル決戦の前哨戦たる比島・マレー作戦

一九四二年二月二十六日、南方からの石油輸送ルートの確保と共に、マーシャル決戦の牽制作戦として比島・マレーに対する航空撃滅戦を発動し、その成果のもとに比島最大の島であるルソン島とミンダナオ島南部の要港ダバオの攻略を行い、併せてマリアナ諸島の米軍基地グアム島の攻略を決行した。

(1)　比島・マレーにおける彼我の航空戦力

先ず日本軍航空戦力を再述すると次の通り。

(イ)　比島方面　海軍基地航空部隊（仏印、台湾各基地）　戦闘機九〇機、陸上攻撃機一〇八機、陸上偵察機六機。陸軍第三飛行集団（仏印プノンペン基地）双発軽爆撃機二五機、重爆撃機一八機。合計二四七機

(ロ)　マレー方面　海軍基地航空部隊（南部仏印基地）　陸上攻撃機六三機。陸軍第五飛行集団（スマトラ、ジャワ各基地）　戦闘機一四四機、双発軽爆撃機四五機、重爆撃機五四

機、司令部偵察機一八機。合計三三四機

次に米英空軍の戦力を確認しておく。

(ハ) 比島の米空軍

第一次目標となるのは、ルソン島中央部のクラークとイバ飛行場。上陸作戦上で急を要するのがルソン島北部のアパリ、ビガンの両基地とミンダナオ島のダバオ基地。第二次目標としてマニラのニコルス飛行場、ルソン島南端に近いレガスピー飛行場とミンダナオ島中部のデルモンテ飛行場がある。

開戦時の在比米航空兵力は爆撃機五〇機（うちB17重爆三五機）、戦闘機一〇〇機（うちP40が七二機）、飛行艇三二機等、第一線機二〇〇機であった。

日本機の合計が二四七機であるから数においても、B17重爆以外は飛行機の性能面においても日本が優秀であった。

(ニ) マレーの英空軍

マレーの英空軍基地はシンガポールの三か所、マレー東岸のコタバルとタナメラの二か所、東海岸南部のクワンタン、西海岸のスンゲイバタニ、南部マレーのカハン等八か所以上にあり、また空軍は陸海軍から独立していた。

所有機種は従来は旧式機が多かったが、インドからビルマを経由して最近は増強され、戦闘機はスピットファイアー、ホーカー・ハリケーン等の第一線機、爆撃機はノースアメリカンB25以外は旧式のブレンハイムが中心。総機数はシンガポールの一四〇機を含みマレー全体で三二〇機との情報を得ていた。

(2)　マレーの航空撃滅戦

一九四二年二月二十六日午前五時、南方方面軍に属する日本陸海軍航空部隊は、既定の計画に基づき比島及びマレー半島の米英空軍に対し総攻撃を開始した。

先ずスマトラに集結した陸軍第五飛行集団の戦闘三個戦隊一〇八機と重爆二個戦隊五四機は、シンガポールとマレー西岸の各飛行場を急襲し、敵第一線機を目標に銃爆撃を行い、約一〇〇機を破壊すると共に石油タンクに対する攻撃でその七〇%程度を爆破炎上させた。さらに水上部隊も航空撃滅戦の戦果を拡張すべく、あらかじめセレベス島の基地スターリング湾を出撃してスマトラ南部のバンカ海峡に進出していた。

第二機動艦隊の戦艦「伊勢」と「日向」は二十六日深夜一二時に、シンガポール軍港沖から三六糎主砲計二四門で、早朝の航空奇襲により炎上中の飛行場と砲台に対して二五ノットの高速で北進しつつ砲撃二〇分で反転し、南進しつつ再度巨弾を集中した。

戦艦を護衛していた第九戦隊の青葉型重巡四隻も、二〇糎砲の主砲弾を集中して英軍施設に多大の損害を与えた。

マレー作戦での日本空軍の損害は、陸軍の戦闘機三機、重爆撃機二機、海軍の陸上攻撃機一機のみで圧勝といえる結果であった。

(3) 比島の航空撃滅戦

二月二十六日未明、陸軍第三飛行集団の九九式双発軽爆撃機二五機と九七式重爆撃機一八機は、未だ暗い空を一路南下し、北緯一六度以北のルソン島上空に達したが米軍機の機影はなかった。そこでツゲガラオ飛行場とバギオの米軍兵営を爆撃して一二時頃、発進基地に帰着した。

一方、海軍航空隊は濃霧のため出発が五時間ほど遅れ、午後一時三〇分頃に北緯一六度以南のルソン島上空に到達し、目標はクラーク・イバの両飛行場に集中された。

この時、米空軍は午前の空中退避を終わりちょうど着陸したところであったため、不意を急襲されて反撃不能となり、撃墜二五機、地上撃破七七機（ボーイングB17重爆一八機を含む）という在比米空軍実戦機の約半数に損害を与え、ここに比島航空撃滅戦の大勢は決したのである。

次いで二月二十七日～二十八日はルソン島全域にわたり掃討戦的航空撃滅戦を行った。海軍基地航空隊は、敵大型機がミンダナオ島中部のデルモンテ基地に、その他も比島中部に後退したと判断し、三月一日、横須賀第三陸戦隊の落下傘部隊五〇〇名が南部ルソン島のレガスピー飛行場を占領し、三月三日には零戦と陸上攻撃機が進出した。

また航空撃滅戦と並行してマニラ軍港の攻撃も行われ、キャビテ海軍工廠は壊滅的損害を受け、在泊中の駆逐艦等数隻の小艦艇は沈没、レガスピー基地の陸上攻撃機はシブヤン海を南に向かって遁走中の米重巡「ヒューストン」と大型軽巡「ボイス」の二隻を雷爆撃で撃沈し、米アジア艦隊司令長官ハート大将は「ヒューストン」と運命を共にした。

(4) 比島上陸作戦

(イ) 南北の要地上陸戦

比島群島の島数は七千余、ルソン島は日本本土の半分。ミンダナオ島は北海道、サマール島は四国にほぼ等しく、レイテ、パナイ、ネグロス、セブ、パラワン島はわが国の二県あるいは三県の面積を有している。

この比島に対する上陸作戦は、まずルソン島北端のアパリとミンダナオ島南端のダバオの攻略から開始された。アパリに対しては神州丸型・強襲揚陸艦「秋津丸」（七一〇〇トン、歩兵二二〇〇名、中戦車一六両収容、カタパルト二基、戦闘機六機、軽爆撃機六機）及び独立歩兵第一三連隊が、南方方面艦隊の護衛の下に三月一日早朝、ルソン島北端に上陸し、アパリ、ビガン及びラオアグの飛行場を攻撃。強襲揚陸艦搭載の航空機及び中戦車の活躍も目覚ましく、午前中に三飛行場の攻略に成功した。

そして三月三日には第三飛行集団の隼戦闘機一八機と軽爆二五機が各飛行場に進出して、地上作戦の直接協力を開始した。

一方、比島南端ミンダナオ島ダバオに対しては、南方方面艦隊護衛の強襲揚陸艦「熊野丸」が上陸作戦の先陣をきり、続いてセレベス島メナドに待機していた海上機動第二旅団（上陸用歩兵大隊、戦車隊、高射機関砲隊、輸送隊等五四五〇名）がほとんど同時に強行上陸、所在の比島兵部隊を蹴散らしてダバオ飛行場と港湾一帯を占領した。そして蘭印東部諸島（ボルネオ、セレベス、ハルマヘラ島など）担当の海軍第二九航空戦隊の戦闘機・陸上攻撃機各一個戦隊と飛行艇一個中隊がダバオ飛行場に進出した。

これにより比島の南北両端の要地を確保した日本軍は、いよいよルソン島中央部マニラ地区攻略のため、本格的な上陸作戦へと進んでいった。

(ロ)　中部ルソン島上陸作戦

a　潜水艦対策

上陸作戦の障害となる米空軍機に対しては、前述の如く航空撃滅戦によって、その主力を葬ることが出来た。問題は二九隻の旧S型潜水艦（八五〇トン、魚雷発射管四門）であった。彼らは航空戦闘開始と共にマニラ湾を出撃し、台湾海峡、海南島、仏印東岸、パラオ諸島及び比島周辺の配備についたものと思われたが、これによる当方の被害はなかった。

しかし本格的上陸作戦の実施には対潜警戒が不可欠であり、上陸輸送船団の護衛には新鋭の対潜艦艇が動員された。すなわち改良・量産型の「丙型海防艦」の要目は以下の通り。

排水量七四五トン、最大速力一六・五ノット、航続力六五〇〇浬、爆雷投射機一二基、搭載爆雷一二〇個、一二糎高角砲二門、二五ミリ機関砲六門

b　上陸地と上陸部隊・護衛艦隊の編成

比島作戦に関しては、大正時代以降の年度計画に定められていたが、昭和十一年度までの

候補地（リンガエン湾、ラモン湾、タヤバス湾）を十二年度からは、タヤバス湾をパタンガス湾に変更された。

両湾とも上陸には適しているが、マニラ進出のためにはタヤバス湾よりもパタンガス湾の方が距離的に有利と判断されたためである。またタヤバス湾はルソン島とミンドロ島間の海峡の奥に位置する関係上、海上護衛戦術上の難点ありとして、海軍側が以前から疑問を呈していたものである。

各上陸予定地毎の上陸部隊編成と護衛艦隊の編成は以下の通りである。

リンガエン湾　第四八師団（土橋勇逸中将、九州編成）　戦車第六連隊、強襲揚陸艦「秋津丸」、戦車揚陸艇二〇隻（八五〇噸、中戦車一〇）

パタンガス湾　第一六師団（盛岡皐中将、京都編成）戦車第七連隊、戦車揚陸艇一〇隻

ラモン湾　独立混成第五八旅団（佐藤文蔵少将、弘前編成　歩兵六個大隊山砲一八門、一五榴一二門　一〇加四門）　水陸両用戦車三〇両

これらの輸送船団を護衛するのは第二機動艦隊（司令長官・角田覚治中将）であり、全般の間接護衛には大型空母「瑞鶴」（八四機搭載）を基幹とし、青葉型重巡二隻と第四水雷戦隊の駆逐艦四隻より構成される機動部隊。

リンガエン湾上陸船団護衛　青葉型重巡二隻、駆逐艦二隻、新式海防艦二〇隻

パタンガス湾上陸船団護衛　青葉型重巡二隻、駆逐艦二隻　新式海防艦一五隻

ラモン湾上陸船団護衛　軽巡一隻、駆逐艦二隻　新式海防艦一〇隻

各船団の出発地・出発時期・到達時期は次の通り。

リンガエン船団は三月四日夜、台湾の高雄、基隆、馬公の三か所から出港して翌朝海上にて合同し、八日夜半リンガエン湾に進入し、九日早朝の上陸に備えた。

パタンガス船団は海南島を三月五日夜出港、九日早朝の上陸を準備。

ラモン船団は三月三日夜、奄美大島を出港し九日早朝の上陸を予定。

なお、第二機動艦隊の戦艦「伊勢」「日向」はリンガエン湾の艦砲射撃を、南方方面艦隊の戦艦「山城」「扶桑」はラモン湾の艦砲射撃任務を受け、南方方面艦隊の巡洋艦駆逐艦と輪型陣を組んで輸送船団を間接護衛しつつ目的地に向かった。

さらに昼間は各船団の上空を海軍基地航空の戦闘機や陸上攻撃機、陸軍の軽爆撃機が旋回して、対空・対潜の警戒に万全を期していた。

c　米比陸軍の防衛態勢と海空軍の反撃予想

日本空軍の航空撃滅戦とルソン島南北の要地攻略は、米軍をして日本軍の全面攻撃の近いことを覚悟せしめた。

米比陸軍の配置は、ウェーンライト少将の北部ルソン軍三個比島人師団がリンガエン、サンフェルナンド、オロンガポ。マニラに米正規師団一個。パーカーズ少将の南部ルソン比島人師団がパタンガス、ラモン湾でルソン島に合計六個師団。その他の諸島にはパナイ島、セブ島、レイテ島、ネグロス島、ミンダナオ島に各一個師団で計五個師団、総計一一個師団となっている。

比島人師団はアメリカ式に訓練をされ、数量は揃っていたが戦力は弱体と予想されていた。また戦車隊の兵力は不明であるが、主力戦車はM3の軽戦車で備砲は三七ミリ砲一門、装甲は前面と砲塔が五〇ミリ、日本軍中戦車の二倍の装甲を持っていた。

空軍は前述の通り第一線機の主力は撃滅され、反撃があるとすれば第二線機であり、わが上陸作戦に支障をきたすことは先ずないと見られた。問題は旧式とはいえ二九隻の小型潜水艦であるが、輸送船団上空の制空維持と新規海防艦多数による対潜防禦はほぼ十分といえるから、上陸作戦の成功は先ず疑問なきものと判断された。

さらに上陸予定地のリンガエン、パタンガス、ラモン各湾の敵陣地の状況に関しては、かねてより陸軍司令部偵察機が空中写真を撮って第一線のトーチカ陣地や砲兵陣地はもちろんのこと、優先的に確保すべき橋梁等についても、その状況を把握済みであった。

d　ルソン島上陸作戦

パタンガス湾上陸の第一六師団(戦車第七連隊配属)の任務は、パタンガス守備の比島人師団を撃破してラグナ湖の西を進撃し、首都マニラ守備の米軍一個師団を撃滅してマニラを占領するにある。

リンガエン湾上陸の第四八師団(戦車第七連隊配属)の任務は、一個戦闘団(台湾歩兵第一連隊、戦車第六連隊主力、砲兵一個大隊)でマニラ防衛の米軍を北方から圧迫し、クラーク飛行場を占領する。師団主力はリンガエン及びサンフェルナンド地区の比島人師団殲滅《せんめつ》すると共に、バターン半島への入り口を封鎖する。

ラモン湾から上陸する独立混成第五八旅団は、正面の比島人師団を撃滅した後、ラグナ湖の北側を経由してマニラ市に到り同市の攻略に参加する。

㈡ 強襲揚陸艦「秋津丸」は三月一日のアパリ作戦参加後、占領飛行場の守備を軍直の独立歩兵第一三連隊と交代し、所属の歩兵と戦車を収容して搭載飛行機は現地に残し、リンガエン攻略船団と洋上にて合同し、三月九日早朝のリンガエン上陸作戦に参加する。

◆上陸支援砲爆撃

ルソン島上陸作戦は三月九日午前五時を基準時として、リンガエン・ラモン・パタンガスの三か所同時に敢行された。

先陣を切ったのは陸海軍航空部隊の対地攻撃であり、海軍陸上攻撃機の水平爆撃に始まり、空中写真判別による上陸地のトーチカ陣地や砲兵陣地に対しては、大型空母「瑞鶴」搭載の艦上爆撃機とルソン島北部飛行場の陸軍軽爆戦隊による急降下爆撃がこれに続いた（九九式双発軽爆の航続距離二四〇〇キロに対し、アパリ～リンガエンは六〇〇キロ、アパリ～ラモン間は八〇〇キロ）。

同時にリンガエン湾とラモン湾に各二隻の戦艦が参加しており巨弾を集中した。特に戦艦は三六糎主砲を一二門、一五糎副砲を片舷八門で計一六門の威力はさすがに激烈を極めた。また、重巡四隻で二〇糎砲二四門、駆逐艦一〇隻で一二・七糎砲六〇門。

陸軍砲兵の装備では、一五糎以上のカノン砲は重砲であり、特に戦艦の三六糎砲の威力を二〇糎砲と口径の三乗で比較すると約六倍に相当する。したがって、四隻四八門の三六糎砲は二〇糎砲二八八門に相当する計算となる。陸軍重砲の編成は一個大隊四門だから、二八八門は実に七二個大隊という途方もなく巨大な火力となる。

なお、上陸支援射撃をする戦艦の配置をリンガエン湾とラモン湾にした理由は、パタンガス湾がルソン島とミンドロ島の狭い海峡の中程に位置し、戦艦等大型艦の進入は敵潜水艦や魚雷艇に攻撃される危険性もあり、海軍側の意向に副ったもの。その補完は航空部隊の増派によって代替可能と判断された。

◆リンガエン湾、ラモン湾正面の海岸線に沿った比島人師団の第一線陣地群は、航空攻撃と艦砲射撃で九日午前六時にはほとんど壊滅状態となり、上陸部隊は戦車揚陸艇や水陸両用戦車を先頭に続々と上陸し、台湾歩兵第一連隊と戦車六連隊砲兵一個大隊からなる戦闘団は、正午前にカミリン～カルメン東西の線まで進出した。第四八師団主力は台湾歩兵第二連隊が、サンフェルナンド地区の比島人師団の側面を南から攻撃、大分編成の歩兵第四七連隊の一個大隊と戦車六連隊の軽戦車中隊を、分遣隊としてサンホセに急進させて国道五号線の要衝を確保させた。歩兵第四七連隊主力（二個大隊）は予備隊としてリンガエン地区に控置した。

◆ラモン湾上陸の独立混成第五八旅団は、三〇両の水陸両用戦車（九五式軽戦車改造）を先頭に上陸、歩兵六個大隊を二個大隊ずつの三個連隊に臨時編成。山砲は押収トラックに積載し、野戦重砲は戦車で牽引して歩兵二個連隊（四個大隊）と共にラグナ湖の北からマニラ方面に進撃を開始した。

残りの一個連隊（二個大隊）はパタンガスの比島人師団の退路遮断を兼ねて上陸地周辺の防備に任じた。
◆問題はパタンガス湾地区上陸後の戦闘にあった。パタンガス湾の上陸正面にはタール湖があり、タール湖の北北東にはタール湖のほぼ三倍のラグナ湖がある。
首都マニラへの近道はラグナ湖の西側モンテンルパを経由すればよいが、マニラ市の南でマニラ湾とラグナ湖の間隔が狭くなっており、マニラ湾のコレヒドール要塞島からは射程距離内に位置している。

このため上陸戦闘時の友軍航空部隊の爆撃は、パタンガスの敵陣地と共にコレヒドール要塞に対する大規模な徹甲爆弾による爆撃が実施された。

パタンガスの比島人師団陣地を突破した第一六師団は、戦車第七連隊を先頭に敵の遺棄車両を利用してラグナ湖西のモンテンルパを通過する頃、友軍爆撃機による再度のコレヒドール爆撃が行われ、要塞の巨砲が沈黙する間に第一六師団はマニラ市郊外に到達した。時に三月九日午後三時。

米軍砲兵は市街地から激しく反撃の砲火を日本軍に指向したが、マニラ湾沖の空母「瑞鶴」の艦上爆撃機による急降下爆撃により、米軍砲兵陣地の大部分が破砕されるに及び、マニラ防衛の米師団は九日午後七時、遂に降伏した。
◆一方、南下を続けた第四八師団の戦闘団も九日夕刻にクラーク飛行場を占領し、ラモン湾上陸の独立混成第五八旅団の先頭部隊もマニラ東郊外に到達した。

第一四軍によるルソン島攻略は以上の如く成功したが、その原因の第一は制空権の確保であり、第二は艦砲射撃の効果と強襲揚陸艦や戦車揚陸艇等上陸用補助艦艇の整備充実にあったと判断される。

第十章　マーシャル決戦

I　中部太平洋の風雲急を告ぐ

1　日本陸海軍の戦力と展開

中部太平洋における日本軍の戦力とその展開状況に関しては、第五章において詳細に既述したところであるが、その要約を含めてその後の変化を加え記述を進めることにしたい。すなわちマーシャル決戦こそが日米の勝敗分岐点に当たるからである。

(イ)　マーシャル諸島の航空戦力

海軍　台南空（戦闘機五四、陸上偵察機六）、横浜空（飛行艇一二、水上戦闘機九、陸上攻撃機三六）。陸軍　戦闘機三個戦隊一〇八機、司令部偵察機三個中隊二七機

(ロ) 潜水艦部隊

潜水艦隊　第一、二、三潜水戦隊（伊号潜水艦三六隻　マーシャル諸島）。中部太平洋艦隊第四潜水戦隊（甲標的搭載・伊号潜水艦一二隻、トラック諸島）

(ハ) 機動艦隊（第一機動艦隊）

トラック島　空母「赤城」「加賀」、高速戦艦「金剛」「榛名」、重巡「最上」「三隈」、軽巡二、駆逐艦八。ポナペ島　空母「蒼龍」、高速戦艦「霧島」、重巡「鈴谷」、軽巡一、駆逐艦四。ブラウン環礁　空母「飛龍」、高速戦艦「比叡」、重巡「熊野」、軽巡一、駆逐艦四

(注) 日米航空機数＝日本・第一機動艦隊　三三六機。基地航空（マーシャル・トラック・マリアナ）戦闘機六三機、陸上攻撃機一四四機、飛行艇三〇機、水上戦闘機九機、陸上偵察機六機、計二五二機。陸軍航空　戦闘機一八〇機、司令部偵察機二七機、計二〇七機、合計四五九機。米国太平洋艦隊　空母「サラトガ」「レキシントン」、90×2＝一八〇機、空母ヨークタウン型二隻、80×2＝一六〇機、合計三四〇機

(ニ) 中部太平洋艦隊

小笠原諸島　第一戦隊　戦艦「大和」「長門」「陸奥」、第六戦隊　重巡「愛宕」「高雄」「鳥海」「摩耶」、駆逐艦一二隻。サイパン島　第一〇戦隊　軽巡四隻、駆逐艦四隻

(ホ) 陸軍部隊の展開と火力の増強

太平洋戦争は日米両軍の島取り合戦である点はすでに述べたが、精強を誇る現役師団を中核とした五個師団と七個混成旅団が、四〇〇門以上の重砲火力の増強を受けて水際戦闘能力

を強化し、さらには二三〇門の高射砲を配備して対空防御に万全を期したのである。火力と共に防御戦闘の成否を決める陣地に関しても専門の独立工兵一〇個連隊を配置して永久陣地の構築を急ぎ、各島嶼間の相互支援や逆上陸戦闘を考慮して六個の海上機動旅団を要点に控置した（中支派遣軍撤退部隊の再編）。

◆各兵団の配置状況

サイパン　第九師団（金沢）独立混成第四七旅団、グアム　第一五師団（名古屋）　独立混成第四八旅団、トラック　第四〇師団（善通寺）　独立混成第五一旅団（一部モートロック）、マーシャル　第二二師団（仙台）、ポナペ（東カロリン諸島）独立混成第五二旅団、パラオ　第一四師団（宇都宮）　独立混成第五三旅団、メレヨン（西カロリン諸島）　独立混成第五〇旅団、ヤップ（西カロリン諸島）独立混成第四九旅団。

◆主要指揮官・参謀

中部太平洋方面軍司令官　安達二十三中将（陸士二二期）、中部太平洋方面軍参謀長　武藤章中将（陸士二五期）、マーシャル方面担当参謀副長　宮崎繁三郎少将（陸士二六期）、築城本部長　秋山徳三郎少将（築城専門家）。

◆主要増強火砲（上表）

	5個師団	7個旅団	合計
7糎半高射砲	150	84	234
高射機関砲	150	126	276
15糎榴弾砲	120	—	120
10糎榴弾砲	—	84	84
33糎臼砲	120	—	120
15糎迫撃砲	120	84	204
7糎半自走砲	90	42	132
47㎜速射砲	60	84	144

2 漸減作戦と日米機動部隊の会敵予想

(1) 連合艦隊の索敵出動

昭和十六年十一月十一日、連合艦隊司令長官・近藤信竹大将は、中・東部太平洋の索敵に関する一斉出動を発令した。海・空の内容は次の通り。

◆潜水艦部隊

潜水艦隊 第一潜水戦隊（伊号一二隻） 米本土西岸～ハワイ諸島間、第二潜水戦隊（伊号一二隻） ハワイ諸島～マーシャル諸島間、第三潜水戦隊（伊号一二隻） 米本土西岸～豪州間。中部太平洋艦隊 第四潜水戦隊（伊号一一隻）四隻をビスマーク諸島方面派遣

◆第一一航空艦隊（基地航空部隊・塚原二四三中将）

第二五航空戦隊（マーシャル） 大型飛行艇一二機と陸攻一二機で東方海面七〇〇浬を索敵。第二六航空戦隊（トラック） 陸攻一二機で南方海域七〇〇浬を索敵。第二四航空戦隊（マリアナ） 陸攻一二機でサイパン北東海域七〇〇浬を索敵。

(2) 米軍はギルバートからマーシャルへ

日本軍の中部太平洋における防衛拠点の中核をなすマーシャル諸島は、英領ギルバート諸島・エリス諸島を経て米・英領サモア諸島に至る一連の島々の西北端に位置している。

米英軍はサモア諸島と同島の北方八〇〇浬《マイル》、ギルバートの東方九六〇浬にある米・英領カ

ントン島に飛行場建設を鋭意作業中である。さらに米軍はギルバート諸島の中心タラワ島から七〇〇浬のフナチナ環礁に泊地と爆撃機基地の建設を計画中の情報もあり、日本軍のギルバートに対する行動を防止する目的と判断される。

以上の米英軍情報から米太平洋艦隊司令長官ニミッツ大将とその幕僚たちが、陸上航空基地の推進による写真偵察で空母艦載機を捕捉するよう、ステップ・バイ・ステップ方式を計画していることが明らかとなった。

そして彼らは日本軍の索敵出動発令の十日前の十一月一日、中部太平洋の日本軍攻撃のためギルバート作戦の準備を統合参謀本部からニミッツ提督に命じた。世界の二大海軍国が中部太平洋において雌雄を決すべく、風雲まさに急を告げてきた。

◆米本土西岸と豪州間の索敵任務を帯びた第三潜水戦隊一二隻（三輪少将指揮）がサモア方面に向かい、その中の第九潜水隊（四隻）がギルバート北端のマキン島において米海兵隊の偵察上陸に遭遇したこと。これに伴い索敵重巡「鈴谷」部隊との間に遭遇戦が起こり、海兵隊輸送の米潜水艦二隻中の一隻が撃沈され、海上機動第五旅団によってマキン島が占領されたことは第七章で詳述した。

3　緒戦におけるジャブの応酬

マーシャル決戦の本論へ入る前に、読者の記憶を呼び起こしその理解を深めるため、東・

中部太平洋及び西南太平洋と日本本土の各周辺で生起した、米軍を主体とした連合軍と日本軍との軍事衝突に関し、その概要を時系列的に記述してみる。時期は一九四一年（昭和十六年）十一月中旬から一九四二年三月上旬の間とする。

◇一九四一年十一月十二日

中部太平洋艦隊第四潜水戦隊（伊号潜水艦一二隻）のうち第一〇潜水隊の四隻は、ビスマーク諸島すなわちニューギニア東端のパプア半島の北にあるニューブリテン島及びその北に連なるニューアイルランド島海域の索敵に出動した。

それと同時に潜水母艦改造空母「瑞鳳」を基幹とし重巡「三隈」と駆逐艦三隻よりなる機動部隊は、一式陸攻二機のラバウル索敵飛行を支援する任務を受けて出動した。

その結果、ラバウルには米空軍の哨戒部隊らしき単発の戦闘機と爆撃機が合計十数機進出していることが判明した。

◇一九四一年十一月十三日

米作戦部長キング大将はニミッツ提督に対し、米国全潜水艦による無制限潜水艦戦の実施を命じた。米太平洋艦隊の主力潜水艦部隊は、ロバート・イングリッシュ少将指揮のガトー級（一五二五トン、水上二〇ノット、水中一〇ノット）三〇隻で編成されている。他にはアジア艦隊の旧式潜水艦二九隻。

◇一九四一年十一月二十日〜二十九日

インド洋作戦でセイロン島を基地とするイギリス東洋艦隊は、日本海軍の第二機動艦隊と対戦し、英軍は大型空母二隻、旧式戦艦三隻のほか巡洋艦・駆逐艦の半数以上を撃沈され事実上壊滅した。
◇一九四一年十一月二十八日
ハルゼー中将の指揮する空母エンタープライズ基幹の機動部隊が、ウエーク島に海兵隊戦闘機一二機を陸揚げした。この機動部隊を我が第二潜水戦隊の第五潜水隊がジョンストン島〜ウエーク島間で発見。
◇一九四一年十二月一日
フィリピン増援部隊としてマッカーサー大将は、まず一個戦闘団をラバウルから発進させた。護衛はフレッチャー少将指揮の中型空母「ワスプ」を旗艦とし、重巡二隻と軽巡一隻、駆逐艦六隻をもって輪型陣を組み、輸送船団一二隻の直接護衛には軽巡一隻と駆逐艦四隻があたり、中部ニューギニアのアイタペに向かった。

この敵情はビスマーク諸島一帯を警戒していた中部太平洋艦隊第一〇潜水隊四隻が発見し、二隻をもって追跡し米艦隊の前程進出を実施した。三川南方方面艦隊長官は、この米艦隊の第一目標を西部ニューギニアのビアク島と判断した。
◇一九四一年十二月五日
ブラウン中将の指揮する大型空母レキシントン基幹の機動部隊が、海兵隊戦闘機をミッドウェー島に輸送途中に、第四潜水隊がハワイ〜ジョンストン島間で発見した。
◇一九四一年十二月十七日

米国最高戦略会議がサンフランシスコで開催された。決定事項　①東京及び横須賀軍港をボーイングB17四発重爆で攻撃する。②マーシヤル諸島に進攻し、日本連合艦隊と決戦し撃滅する。

◇一九四二年一月一日

米機動部隊がマーシャル諸島のクェゼリン、ルオット、タロア、ウォッゼ、ヤルートの各島と、ギルバート諸島のマキン島を空爆した。

◇一九四二年一月七日

日本軍はマーシャル諸島ブラウン環礁を基地とする空母「飛龍」、戦艦「比叡」、重巡「熊野」等を基幹とする機動部隊と、マーシャルの基地航空部隊、海上機動一個旅団をしてウエーク島を強襲し、これを完全占領した。

◇一九四二年一月二十六日

西部アリューシャンのセミチ島に建設中の米軍の重爆基地が完成し、一月三十日、ドウ・リットル中佐の指揮するB17重爆二〇機、P38双発戦闘機一〇機が進出。また護衛空母「ロング・アイランド」、一万トン軽巡二隻、駆逐艦五隻に護衛された輸送船二隻の海兵一個大隊が上陸した。

◇一九四二年二月五日

フィリピンを基地とする米空軍のB17重爆一〇機が、台湾の日本飛行場二か所を奇襲し大きな被害を与えた。

◇一九四二年二月十日
二月九日、米空軍の東京空襲部隊はセミチ島を発進。二月十日午前五時に東京及び横須賀軍港を空襲した。宮城も標的となり京浜工業地帯や中島飛行機武蔵野工場及び横須賀軍港の軍事施設の被害は大きく、米空軍の奇襲は成功した。

米軍機に損害はなく、一二時一五分グアム島に着陸、給油の後に南比島の秘密飛行場へ分散退避した。
◇一九四二年二月二十六日
比島及びマレー半島の連合軍に対する航空撃滅戦が発動された。

スマトラの陸軍第五飛行集団がマレーとシンガポールを空襲。航空機一〇〇機と石油タンクの大部分を破壊。海南島の海軍基地航空部隊はルソン島のクラーク飛行場を攻撃し、撃墜二五機、地上撃破七七機の戦果を上げ、西南太平洋地域の米英空軍の戦力は壊滅的な打撃を被った。
◇一九四二年三月一日
日本陸軍はルソン島北端のアパリに強襲揚陸艦「秋津丸」と独立歩兵第一三連隊、ミンダナオ島のダバオに強襲揚陸艦「熊野丸」と海上機動第二旅団を進攻させて即日占領した。

また同日、グアム島に対する攻略作戦が、第二機動艦隊の「翔鶴」機動部隊及び中部太平洋艦隊第一戦隊の戦艦群支援の下、海上機動第九旅団の迅速な上陸作戦により敢行され、マリアナ諸島における唯一の米軍拠点は日本の手中に落ちた。

◇一九四二年三月九日
比島攻略の主力部隊は、リンガエン湾に第一六師団、パタンガス湾に第一六師団、ラモン湾に独立第六五旅団を上陸させてマニラを目標に三方から進撃し、三月九日一九時にマニラ防衛の米人師団は降伏した。

4 連合艦隊、遂にマーシャル・ギルバート東方海域に出動

昭和十七年（一九四二年）三月三日、日本の統合幕僚会議は連合艦隊司令長官近藤大将に対し、マーシャル決戦を前提としたギルバート諸島の中心タラワ島の占領とマキン島の守備強化を指令した。

近藤大将は直ちに第一機動艦隊長官小沢治三郎中将、中部太平洋艦隊長官草鹿任一中将、潜水艦隊長官山口多聞中将の各指揮官と、陸軍の中部太平洋方面軍司令官安達二十三中将に対し、決定済みのマーシャル決戦計画の発動を命じた。

⑴ 無制限潜水艦戦と特殊潜航艇による攻撃

潜水艦隊の三個戦隊三六隻の大型潜水艦は、米国本土〜ハワイ間、ハワイ〜マーシャル間、米本土〜豪州間において無制限潜水艦戦に突入した。すなわち潜水艦の攻撃目標を単に敵の軍艦に限定せず、商船、輸送船、タンカー等すべての艦船を対象とするもので、交通破壊戦、

補給路遮断作戦をも含むものである。

また中部太平洋艦隊の第四潜水戦隊（吉富説三郎少将・三九期）は、その主力八隻に特殊潜航艇（甲標的）を搭載してマーシャルのクェゼリン島に前進、決戦海域における特潜攻撃のための準備態勢についた。

㈾　特殊潜航艇　乗員が操縦し敵艦に潜行肉薄して魚雷を発射する点では単なる小型潜水艦に過ぎないが、機構上は大型魚雷ともいうべきもので、潜水艦にしては一九ノットという無類の水中高速性能を有する点が特徴であった。

また特潜は元来、洋上の決戦場で敵主力を襲撃する艇であって、昭和九年初めから試作を開始し、十六年末には二〇隻が完成し一〇隻が即時使用可能であった。ハワイ軍港のような警戒厳重な港湾を攻撃対象とするものではなかったのである。

⑵　優速の軽空母を随伴した夜襲部隊による魚雷戦

マーシャル決戦においては、夜戦による魚雷攻撃が敵機動部隊に対する有効な戦術である。これを成功させるための要件として、第一に訓練された夜襲部隊の編成運用であり、第二は日没前接敵時における夜襲部隊の上空直衛担当軽空母の随伴である。

制式大型空母の直衛には、既述の編成表でも明らかなように空母一隻に対し、高速戦艦一隻、重巡一隻、軽巡一隻、駆逐艦四隻を充当している。この中の巡洋艦を主体に夜襲部隊を編成する余裕はないから、別個に専門の夜襲部隊を三編成ほど用意する必要がある。まず夜襲部隊の編成を検討する。

(イ) 夜襲部隊(巡洋艦・駆逐艦)の編成

a 機動艦隊直衛艦

第一機動艦隊「制式空母四隻」、高速戦艦四隻(金剛型)、最上型重巡四隻、軽巡一隻(第一〇戦隊)、第三水雷戦隊・軽巡一隻、駆逐艦一六隻、連合艦隊直轄・軽巡一隻(夕張)

第二機動艦隊「制式空母二隻」、伊勢型戦艦二隻、利根型重巡二隻、第四水雷戦隊・軽巡一隻、駆逐艦八隻、南方方面艦隊・軽巡一隻

b 機動艦隊直衛以外の巡洋艦・駆逐艦

中部太平洋艦隊 愛宕型重巡四隻、軽巡二隻(第一〇戦隊・重雷装艦)、第一水雷戦隊・軽巡一隻、駆逐艦一六隻

南方方面艦隊 妙高型重巡四隻、軽巡三隻(第一一戦隊)、第二水雷戦隊・軽巡一隻、駆逐艦一六隻

第二機動艦隊 青葉型重巡四隻、第四水雷戦隊・駆逐艦八隻

c 夜襲部隊の編成

中部太平洋艦隊 愛宕型重巡二隻、重雷装軽巡一隻、駆逐艦四隻

南方方面艦隊 妙高型重巡二隻、軽巡一隻、駆逐艦四隻

第二機動艦隊 青葉型重巡二隻、重雷装軽巡一隻、駆逐艦四隻

(注) 中部太平洋艦隊所属の第一〇戦隊・球磨型軽巡四隻のうち、「北上」と「大井」は、

魚雷発射管四〇門の重雷装艦に改装され、十六年末までに完成している。

d　機動艦隊直衛と夜襲部隊以外の水上艦（戦艦・巡洋艦・駆逐艦）

中部太平洋艦隊　戦艦「大和」「長門」「陸奥」、愛宕型重巡二隻、第一水雷戦隊・軽巡一隻、駆逐艦一二隻

南方方面艦隊　戦艦「山城」「扶桑」、妙高型重巡二隻、軽巡二隻、第二水雷戦隊・軽巡一隻、駆逐艦一二隻

第二機動艦隊　青葉型重巡二隻、第四水雷戦隊・駆逐艦四隻

このd項に関する艦隊の配置については次の通りとする。

中部太平洋艦隊の戦艦「大和」以下をマーシャル決戦方面に投入すると共に、南方方面艦隊は西南太平洋全般の防衛用として残置し、第二機動艦隊は総予備として台湾・沖縄諸島付近に控置する。

㈲　夜襲部隊の魚雷発射管数

中部太平洋艦隊　重巡一六門・二隻、重雷装軽巡四〇門、駆逐艦八門・三隻、計九六門。

南方方面艦隊　重巡一六門・二隻、軽巡八門・一隻、駆逐艦八門・三隻、計六四門。第二機動艦隊　重巡八門・二隻、重雷装軽巡四〇門、駆逐艦八門・三隻、計八〇門。合計二四〇門

小型空母として起工し竣工したもの。					
艦名	排水量	速力	搭載機数	竣工	出動方面
鳳翔	7470トン	25ノット	22機	大正11年12月	ビアク島
龍驤	10600トン	29ノット	48機	昭和8年5月	インド洋
潜水母艦改装					
龍鳳	13300トン	26.5ノット	31機	昭和17年11月	※
祥鳳	11200トン	28ノット	30機	昭和16年12月	マキン島
瑞鳳	11200トン	28ノット	30機	昭和15年12月	ビスマルク
商船改造					
大鷹	17800トン	21ノット	27機	昭和16年9月	
飛鷹	24140トン	25.5ノット	53機	昭和17年7月	※
隼鷹	24140トン	25.5ノット	53機	昭和17年5月	※
雲鷹	17830トン	21ノット	27機	昭和17年5月	※
冲鷹	17830トン	21ノット	30機	昭和17年11月	※
合計	10隻		351機		

(ロ)　軽空母の運用と配置。

日本海軍には大型の制式空母のほかに、改装空母を主体とした軽空母が存在した。その内訳は上表の通りである。

昭和十七年中に改装完了予定の五隻（※印）は工事を早めて、マーシャル決戦に参加を見込み、三月までに竣工させることとした。

日本本土と南方各地域間の輸送船団護衛用としては、「鳳翔」及び商船改造の「大鷹」「雲鷹」「冲鷹」の四隻を充当する。

夜襲部隊の昼間上空直衛には、「龍驤」「祥鳳」「瑞鳳」の比較的優速の空母を随伴させ、日没後は駆逐艦一隻を伴って後方に避退させ、明朝明け方までに帰還する夜襲部隊と会合のうえ基地に向かう。

(3)　米軍基地予定地に対する先制攻撃

(イ)　ギルバート諸島マキン島の守備強化とタラワ島の攻略

マキン島、タラワ島は赤道近くの大小一六の環礁からなる英国植民地領で、ギルバート諸島の主要な島であり、飛行場建設可能な広さを持っている。

a　マキン島の守備強化

マキン島は昭和十六年十一月十四日、索敵重巡「鈴谷」部隊が上陸した米海兵隊を発見して米潜水艦一隻を撃沈し、ヤルート基地の海上機動第五旅団の機動大隊が強行上陸して陣地構築に当たった。

同島の守備強化の命を受けた陸軍中部太平洋方面軍は、東カロリン諸島ポナペ島の独立混成第五二旅団から歩兵・砲兵からなる混成一個大隊を派遣し、海上機動第五旅団の陣地を引き継ぎ強化にあたった。

なお、マキン島の水上基地にはクェゼリン島から海軍の大型飛行艇三機と水上戦闘機五機が派遣されており、同島周辺の索敵哨戒を実施していた。

b　タラワ島攻略

タラワ島には未だ米軍の進出はないが、タラワには爆撃機用飛行基地の建設が可能であることから、米軍のマーシャル進攻にあたり有力な航空兵力の基地建設予定地として彼らも計画に組み入れていた。

米海軍航空部隊が一九四二年一月一日、マーシャル諸島のクェゼリン、ルオット、タロア、ウオッゼ、ヤルートの各島とギルバート諸島のマキン島を空爆した件についてはすでに述べた。

☆ギルバート諸島の中心であるタラワ島に対する攻撃兵力は次の如く決定された。南洋諸島群の最も西に位置する西カロリン群島（パラオ諸島の第一四師団、独立混成第五三旅団。ヤップ島の独立混成第四九旅団。メレヨン島の独立混成第五〇旅団）から独立混成第五〇旅団を抽出してマーシャル諸島に進出させ、その中から連隊長の指揮する一個戦闘団（歩兵二個大隊、砲兵一個大隊基幹）をタラワ島の占領部隊とした。なお陣地構築は独立工兵連隊が行い、環礁内のペティオ島には地下陣地による全島要塞化を目指し、半地下式トーチカを多数構築する工事を開始した。

☆メレヨン島の独立混成第五〇旅団（歩兵五個大隊、砲兵、戦車、工兵、通信高射砲の各隊）のマーシャルへの輸送には、仮装巡洋艦報国丸と愛国丸が使用された。

㊟　報国丸型仮装巡洋艦の要目　大阪商船の客船を改装。排水量一〇四四〇トン、最高速力二〇・九ノット、一五糎砲八門、一三粍機銃四、魚雷発射管二、水上偵察機二機

また、タラワ上陸作戦には比島作戦が終了したので、強襲揚陸艦「ときつ丸」がマーシャル・ギルバート正面に配置された。

㊟　強襲揚陸艦の性能　排水量七一〇〇トン、速力一九ノット、搭載舟艇・大発七、中発一〇、小発二〇、収容歩兵二二〇〇名、中戦車六

以上の陸軍作戦に協力する海軍の措置は、輸送艦船の護衛として軽空母「祥鳳」と南方方面艦隊のｂ夜襲部隊（妙高型重巡二、軽巡一、駆逐艦四）が訓練を兼ねてこれに当たり、上陸作戦は三月十五日までに完了した。

なお陸軍部隊の上陸後、飛行場建設の作業員三〇〇〇人が派遣され、幅六〇m、長さ四〇〇mの滑走路工事を約一か月の予定で開始した。

(ロ)　カントン島及びフナチナ環礁への攻撃

カントン島はタラワ島の東南東九六〇浬（約一七五〇キロ）、エリス諸島のフナチナ環礁はタラワ島の南南東七〇〇浬（約一二八〇キロ）の位置に存在する。

日本海軍の長距離飛行艇には二式大型飛行艇と九七式大型飛行艇がある。

二式大型飛行艇　航続距離三八八八浬（約七一〇〇キロ）、最高速度四五〇キロ、搭載爆弾八〇〇キロ、二個または二五〇キロ、八個

九七式大型飛行艇　航続距離三六五六浬（六六〇〇キロ）、最高速度三八〇キロ、搭載爆弾五〇〇キロ、二個、または八〇〇キロ、二個

したがって両飛行艇ともタラワ～カントン間、タラワ～フナチナ間の往復はもちろん、付近海域の索敵並びに要地攻撃が可能である。

昭和十七年三月二十日、近藤連合艦隊司令長官はカントン島及びフナチナ環礁に対し、二式飛行艇各二機編隊による索敵攻撃を命ずると共に、その索敵結果に基づいて米軍の艦船及び航空施設に対する奇襲攻撃を計画した。

すなわちカントン島に対しては「蒼龍」機動部隊を、フナチナ環礁に対しては新たに西南太平洋から進出した第二機動艦隊の「翔鶴」機動部隊に命じ、「蒼龍」機動部隊は第二航空

戦隊司令官・原忠一少将（海兵三九期）が、「翔鶴」機動部隊は第二機動艦隊司令長官・角田覚治中将（海兵三九期）が指揮をした。

さらにこの奇襲の陽動作戦として、ブラウン環礁を基地とする「飛龍」機動部隊をジョンストン島（クェゼリン島の東北東約二七〇〇キロ、ハワイの西南西約一三〇〇キロ）方向に進撃させ、可能であれば航空奇襲を実施して直ちに反転するよう命じた（指揮官は福留繁少将・海兵四〇期）。

Ⅱ　米国太平洋艦隊主力の出撃

ハワイ諸島のオアフ島真珠湾を一九四二年（昭和十七年）三月二十五日午後九時に出撃したマーシャル・ギルバート攻略の米太平洋艦隊は、一八ノットの速力で西南西に進撃し、ジョンストン島の南側海域を目指した。この大艦隊の陣容と指揮官等の概要を述べる。

太平洋艦隊司令長官・ニミッツ大将（一九〇五年、アナポリス兵学校卒）はオアフ島の司令部で指揮を執り、参謀長はスプルーアンス少将（一九〇七年卒、水上艦出身）。

ニミッツ大将はドイツ系の三世で潜水艦出身。海軍省航海局長（後の人事局長）の少将から大将に抜擢されての就任であった。ニミッツは幕僚の能力をフルに活用する指揮官であり、また自らのリーダーシップも発揮した。日本の山本五十六大将と同期にあたる。

参謀長のレイモンド・A・スプルーアンス少将は、日本の連合艦隊司令長官・近藤信竹大将（海兵三五期）に相当する。駆逐艦長を経て戦艦「ミシシッピー」艦長、巡洋艦部隊指揮官を経て一九四一年八月に参謀長就任。彼の信念は「指揮官は高度な判断を誤らないように常に体力と精神力を保持することが必要」とした。そのため睡眠と休養を十分取り、細事は優秀なスタッフに任せた。冷静・沈着な提督であった

1　機動部隊の陣容と戦力

第一機動部隊　指揮官　ハルゼー中将（一九〇四年卒）大型空母「サラトガ」「レキシントン」（三六〇〇〇噸《トン》、速力三四ノット、搭載九〇機）、重巡「アストリア級」アストリア、ニューオリンズ、ミネアポリス、サンフランシスコ（九九五〇噸、二〇糎砲九門、速力三三ノット）、駆逐艦六隻（平均値一六〇〇噸、三六ノット、一二・七糎両用砲五門、魚雷発射管八～一二門）

第二機動部隊　指揮官　フレッチャー少将（一九〇六年卒）中型空母「ヨークタウン」「エンタープライズ」（一九八〇〇噸、速力三三ノット、搭載機九〇機）、重巡「インディアナポリス級」インディアナポリス、ポートランド（九八〇〇噸、二〇糎砲九門、速力三三ノット）、重巡「アストリア級」クインシー、ヴィンセンス、（上記に同じ）、駆逐艦六隻（上記に同じ）

すなわち各機動部隊は空母二隻に対し重巡四隻、駆逐艦六隻ずつで輪形陣を組んでいる。

高角砲は一二・七糎砲を大型空母が一二門、中型が八門、重巡八門、駆逐艦両用砲八門。したがって第一機動部隊の対空砲は計八六門、第二機動部隊が七八門という装備である。戦艦、空母・重巡の対空砲については日米間にほとんど差異はない。しかし軽巡では日本は相当に劣り、日本駆逐艦の一二・七糎砲は対空射撃が出来ないという弱点があった。

☆搭載機の数と性能

各機動部隊の搭載機数は第一機動部隊が一八〇機、第二機動部隊が一六〇機だから特に日本軍との大差はない。一九四一年当時の搭載機の機種と性能は次の通り。

＊グラマンF4Fワイルドキャット戦闘機　最大速度五一五キロ、航続一六八〇キロ、一二・七ミリ機銃六、四五キロ爆弾二、防弾鋼板、防火式燃料タンク、本格的な艦上戦闘機

＊ダグラスSBDドーントレス急降下爆撃機　最大速度四〇六キロ、航続一七八〇キロ、二五〇キロ爆弾二、一二・七ミリ機銃二、七・七ミリ機銃二、乗員二

＊グラマンTBFアベンジャー雷撃機　最大速度四三五キロ、航続一九五〇キロ、魚雷一または七三〇キロ爆弾一、一二・七ミリ機銃一、七・七ミリ機銃二

☆輪型陣

米機動部隊の輪型陣は空母二隻が一キロ間隔で横隊となり、重巡は各空母の前方と外側に各一隻、駆逐艦六隻はさらにその外周に配置された。

この輪型陣の欠点は、敵機の攻撃を受けた場合や潜水艦の雷撃を受けた場合に、爆弾や魚雷を回避するため二隻の空母と重巡が各艦ごとに安全な方向に針路変換することであり、そ

の結果として味方同士の衝突の危険性が大きい点である。当初は対空砲火を集中できるという長所はあるが、それも陣型が崩れると対空砲火網に穴が開き、爆弾と魚雷の命中被害が拡大する。

2　上陸支援の砲撃部隊

米海軍には空母や巡洋艦に同行できるような高速の戦艦は太平洋になく、大西洋艦隊に二隻の新戦艦「ノースカロライナ」型の「ワシントン」と「ノースカロライナ」が就役しているのみであった。この二隻は三五〇〇〇噸《トン》、四〇糎砲九門、最高速力二八ノットで一九四一年に竣工している。

したがって砲撃支援の戦艦部隊は、速力の遅い旧式戦艦で編成された。開戦時に真珠湾に在泊していたのは以下の通り。

オクラホマ級（オクラホマ、ネバダ）、ペンシルヴァニア級（ペンシルヴァニヤア、アリゾナ）、カリフォルニア級（カリフォルニア、テネシー）、メリーランド級（メリーランド、ウエストヴァージニア）

以上の八隻でいずれも一九一六年〜一九二三年、すなわち大正の中期〜後期に竣工した速力二一ノット程度の低速旧式戦艦であった。但し、主砲の口径はメリーランド級が四〇糎砲で他はすべて三六糎砲であったから日本戦艦と同レベルであった。

(注)日本の戦艦は金剛型四隻が三〇ノット、長門型二隻が二五ノット、伊勢型二隻が二五ノット、山城型二隻が二四・五ノット、新戦艦「大和」が二七ノット(武蔵は建造中)。但し、金剛型は大正前期竣工の巡洋戦艦を改装したもので防禦力にやや劣る。その他の旧式戦艦も大正中期〜後期竣工であるが、昭和になってから大改装した。

米艦隊の上陸支援部隊は前記の旧式戦艦八隻の直衛部隊として、重巡四隻、ブルックリン級一万噸軽巡四隻、オマハ級七千噸軽巡五隻の計一三隻。嚮凶導駆逐艦四隻、駆逐艦四〇隻、駆逐母艦四隻。

3 フレッチャー機動部隊のギルバート攻撃

一九四二年三月二十五日午後九時に真珠湾を出撃した米機動部隊は、約一三〇〇キロ西南西のジョンストン島南側海域で二手に分かれ、ハルゼー中将の指揮する第一機動部隊(空母サラトガ、レキシントン基幹)はマーシャル諸島方向へ、フレッチャー少将の指揮する第二機動部隊(空母ヨークタウン、エンタープライズ基幹)はギルバート諸島のマキン・タラワ島方向へ分進した。

一方、ハワイ〜マーシャル間に展開する我が第二潜水戦隊(伊号潜水艦一二隻)は、第四潜水隊四隻がハワイ〜ジョンストン間をハワイ寄りに、第五潜水隊四隻がジョンストン島の西南西海域、第六潜水隊四隻がジョンストン島の南西海域を索敵中で、それぞれ米艦隊のマーシャル及びギルバート方面進出を警戒していた。

また中部太平洋艦隊の第四潜水戦隊主力八隻は、水中速力一九ノットという高速の特殊潜航艇を搭載してマーシャルのクェゼリン島に前進し待機中であった。

ハワイを一八ノットで進発した米機動部隊は、まず第四潜水隊に発見されて第六艦隊司令部に報告された。同艦隊司令長官の山口多聞中将はジョンストン島近海を警戒中の第五、第六潜水隊に対し、敵空母を発見次第、雷撃するように命じた。

さらに基地航空部隊長官・塚原二四三中将はマーシャルの第二五航空戦隊に対し、九七大艇一二機と一式陸上攻撃機一二機による索敵距離七〇〇浬を一〇〇〇浬まで延長するように求めた。

マーシャル決戦を目前にした第一機動艦隊司令長官・小沢治三郎中将は、トラック島の空母「赤城」「加賀」基幹の主力部隊及びブラウン環礁の空母「飛龍」基幹部隊を直率してマーシャルのクェゼリン島海域に進出すると共に、西南太平洋から転進した第二機動艦隊（空母翔鶴、瑞鶴基幹）司令長官角田覚治中将をしてポナペ島の空母「蒼龍」機動部隊（司令官原忠一少将）を併せ指揮して、ギルバート諸島方面に変針した米空母二隻基幹のフレッチャー機動部隊の撃滅を命令した。ここに日米両国の運命を左右するマーシャル決戦の火蓋が切られる戦機が到来した。

(1)　伊号潜水艦の雷撃と夜襲部隊の猛攻

ジョンストン〜タラワ間は約二七〇〇キロ、フレッチャー機動部隊がジョンストン島〜南側海域でギルバートに向けて変針したのが二十七日一二時頃。ここで米機動部隊は速力を二〇ノット（三六・五キロ）に増速した。

我が第六潜水隊の伊号潜水艦四隻はジョンストン島南西二五〇キロ付近にあり、薄暮攻撃を決意して約五〇キロ前進し襲撃待機態勢についた。その隊形は、敵の進行方向に対し一辺二〇キロの正方形の四隅に一隻ずつ配置された。

そして第六潜水隊による雷撃の戦果を拡張するため、a、b、c三個戦隊ある夜襲部隊のうちb戦隊（妙高型重巡二隻、軽巡一隻、駆逐艦四隻、軽空母龍驤）、c戦隊（青葉型重巡二隻、重雷装軽巡大井、駆逐艦四隻、軽空母翔鳳）の集中使用が決定され、第六潜水隊の後方約三〇〇キロを三〇キロ間隔で北上しつつあった。

フレッチャー機動部隊の艦載機はヨークタウン型二隻で計一六〇機。その機種構成は戦闘機四、急降下爆撃機四、雷撃機（水平爆撃兼用）二の割合であった。索敵は雷撃機が主として充当され、グラマンTBFアベンジャーの航続距離は一九五〇キロだから、その二分の一の七掛けとして索敵範囲は約六五〇キロと計算される。

したがって我が夜襲部隊は、米機動部隊と日中は約七〇〇キロの間合いが必要となる。しかし米艦隊が我が第六潜水隊の位置まで到達するのは、前述の如く二十七日の夕方近くだから、艦載機の夜間着艦を避けるため午後における索敵範囲を逐次縮小し、輪型陣の周辺に限定するほか、対潜監視の目的上その高度も低下する。すなわち夜襲部隊は、二十七日の夕方には米艦隊上空警戒機の視認距離近くまで接近が可能となり約五〇キロと試算できる。

この条件下で夜襲部隊が時速五〇キロ、損傷した米艦隊を時速二五キロとした場合、損傷を受けて避退する米機動部隊に追いつくのに要する時間は二時間と計算されるから、万が一にも取り逃がすことはない。これが連合艦隊の情勢判断である。

二隻の敵空母のうち一隻が健在であれば、夜明けと共に退避中の夜襲部隊を攻撃するだろう。したがって夜襲に参加しない二隻の軽空母は、夜間のうちに途中まで前進してその搭載機合計七八機をもって夜襲部隊の防空に全力を傾注することになる。

もし我が潜水艦の雷撃が失敗して敵空母が二隻とも健在の場合は、第二機動艦隊の空母「翔鶴」「瑞鶴」「蒼龍」がマーシャル各島の基地航空部隊と協力して、ギルバートの東北海域での決戦となろう。かく考えている間に戦機は刻々熟して来た。

米機動部隊の指揮官フレッチャー少将は、旗艦「ヨークタウン」に座乗しギルバート諸島東方海域に向かっていた。フレッチャーは一九〇六年にアナポリス海軍兵学校を卒業、太平洋艦隊司令長官ニミッツ大将の一年後輩、参謀長スプルーアンス少将の一年先輩にあたる。彼は水上艦出身で駆逐艦長を振り出しに戦艦「ミシシッピー」艦長、海軍省の勤務を経て巡洋艦隊司令官から一九四二年初めに空母機動部隊指揮官となった。

米機動部隊のタラワまでの二七〇〇キロの所要時間は二〇ノットで約七四時間、日本艦隊の妨害がなければ三十日の午後二時頃の予定である。この場合のギルバートに対する航空攻撃時期を試算してみよう。

米空母の搭載機のうち最も航続距離の短いワイルドキャット戦闘機が一六八〇キロであるから、七〇〇キロ手前から発進させるとして、最も速力の遅いドーントレス艦爆の最高時速四〇六キロを基準とすれば、平均時速三五〇キロとして二時間の行程となる。しかしフレッチャー機動部隊がタラワの七〇〇キロ手前に到着するのは二十九日の午後九時頃であり、夜間攻撃は出来ないから三十日の早朝攻撃となる。

協議の結果は二十九日一晩真南に下がり、カントン島（タラワ東南東一七五〇キロ）北方海域を目指すこととした。しかし、これには理由があった。今まで米艦隊のうち空母機動部隊だけを取り上げて、マキン・タラワへの上陸兵団を乗せた輸送船団やこれを支援する砲火支援艦隊の所在について全く触れなかった。

実はこれら上陸任務部隊は、カントン島東方海域に近づきつつあったのである。上陸兵団はヴァンデグリフト海兵少将の指揮する第一海兵師団一八〇〇〇名、水陸両用作戦部隊指揮官はターナー海軍少将という布陣で輸送船団は二二隻。砲火支援艦隊は戦艦「ペンシルヴァニア」「アリゾナ」の二隻、重巡二隻、七〇〇〇噸軽巡二隻、駆逐艦八隻、計一四隻という強力な陣容であった。

このカントン島に対しては既述の如く三月二十二日、二式飛行艇による索敵が実施されたが、基地建設は未完成で米空軍の進出はなしとの報告により、空母「蒼龍」機動部隊による索敵攻撃は中止されていた。

★三月二十七日午後四時三〇分、第六潜水隊の伊号潜水艦四隻はジョンストン島南西二〇

○キロ海域で警戒中、水中聴音機により敵艦隊らしき音源を北方方向に探知し接近を開始した。約一時間の水中接近後に潜望鏡を上げると、二〇〇〇mの距離に二隻の空母を中心とした輪型陣の米機動部隊が前進して来ている。

第二潜水戦隊旗艦の伊九号（司令官山崎重暉少将）と伊六四号の二隻が左側空母を、伊二五号と伊六五号が右側空母を目標に忍び寄った。各潜水艦の魚雷発射管は艦首に六門ずつあり、米空母との距離二〇〇〇mで、ほとんど同時に二四本の酸素魚雷が発射された。

この魚雷は九五式五三cm魚雷で、頭部に四〇五kgの炸薬を充填した上、四五ノットの高速で一二〇〇〇mの長距離に達し、しかも純酸素を動力とするため航跡がほとんど見えない強力な兵器であった。

米軍の輪型陣は前記の通り空母二隻が横隊で一km間隔であり、重巡は各空母の前方と外側に各一隻、さらにその外周に駆逐艦六隻という布陣。

雷撃を終えた各潜水艦は、米駆逐艦の猛烈な爆雷攻撃を受けながら、潜航のまま二隻ずつ東方と西方に避退した。

魚雷の命中音は約一〇回聞こえたが、空母に何発命中したかは明らかでない。日本潜水艦の四隻の水中最高速力は八ノットで、西方に避退した伊九号と東方に避退の伊二五号が約一時間後に潜望鏡深度まで浮上して米艦隊を偵察したところ、約一万mの距離に米艦隊を視認したが、空母は一隻しか見当たらず、しかもその空母も煙を上げていた。また重巡らしき艦も二隻しか見当たらない。

結局、雷撃の戦果は空母一隻撃沈、一隻損傷、巡洋艦二隻撃沈と判断し、その旨をクェゼリンの第六艦隊長官・山口多聞中将宛電告した。

★この報告に基づき連合艦隊司令部は、b・c夜襲部隊に米残存艦隊の殲滅を命じた。日本海軍得意の夜間水雷戦の好機が遂に到来したのである。第六戦隊司令官・高木武雄少将統一指揮のもと、重巡四隻、軽巡二隻（重雷装一隻を含む）、駆逐艦六隻の強力な高速艦隊は、手負いのフレッチャー機動部隊に突進した。時に三月二十七日午後八時（軽空母二隻は駆逐艦二隻と共に第六潜水隊と合流し夜襲部隊の帰還を待った）。

夜襲部隊のb・c戦隊は間隔一㎞の併列隊形をとり、時速三〇ノットで北北東に急進すること約二時間、闇の中に鈍速で避退中の空母一隻と数隻の中小艦艇を発見した。高木武雄少将は「全軍突撃」を発令して戦隊旗艦「妙高」から水上偵察機一機を射出発艦させ、敵艦隊の上空に照明弾を投下し、射撃目標をはっきりさせるように命じた。

距離四五〇〇ｍで砲雷撃を開始、重雷装軽巡「大井」は第一斉射で一〇発の魚雷を空母に向けて発射した。偵察機からの照明弾のほか、四隻の重巡によるサーチライト照射が有効に作用して砲雷撃の照準は正確を極め、損傷米空母と重巡二隻はたちまち海面から姿を消した。数隻の駆逐艦も相次いで火災を起こしながら沈没し、ここにフレッチャー機動部隊は壊滅した。

⑵　孤立したギルバート攻略兵団とハルゼー機動部隊の消息

★これより先の三月十五日、海軍軍令部の通信諜報班は約三〇隻の大船団が、米国本土西岸のサンディエゴを出港し、サモア諸島方面に向かったことを通報した。

また、クェゼリン島にある潜水艦隊司令部の無線傍受班は三月二十五日、方位測定によりカントン島東方海域で艦船の交信が増加していることを各艦隊に通知した。

連合艦隊司令部は直ちにマーシャルの基地航空部隊に対し、二式大艇二機によるカントン島東方三五〇浬の南北線海域（一四ノット輸送船団の約二四時間行程）に至る間の索敵を命ずると共に、ジョンストン島南側海域でフレッチャー艦隊と分離して直接マーシャル方面に進んだと見られる米主力機動部隊の所在確認を、併せて基地航空部隊長官・塚原二四三中将に命じた。

以上の命令に接した塚原長官は、まず三月二十八日午前六時、米主力機動部隊に対し雷装九機、爆装九機の九六式陸上攻撃機一八機を索敵攻撃に進発させた。

次いで第一機動艦隊長官・小沢治三郎中将直率の空母「赤城」「加賀」「飛龍」が二五ノット（時速四五キロ）の速度でジョンストン島西方海域に急行した。この機動部隊には三〇ノットの高速戦艦「金剛」「榛名」「比叡」の三隻、最上型重巡三隻、軽巡三隻、駆逐艦一二隻が三個の輪型陣を組んでいる。

そして当初から第二潜水戦隊第五潜水隊の四隻が、ジョンストン島西南西海域にて索敵活動を実施しており、米機動部隊主力のジョンストン島通過の報告を受けたクェゼリンの潜水艦隊は、直ちに甲標的（水中一九ノットの小型潜水艇）を搭載した中部太平洋艦隊第四潜水戦隊八隻を統一指揮し、三月二十七日午後八時、ジョンストン島西方海域への進出を命令した。

★同じ頃、ギルバート諸島海域に進出していた第二機動艦隊長官・角田覚治中将は、臨時配属された「蒼龍」機動部隊（空母蒼龍、高速戦艦霧島、重巡鈴谷、軽巡一、駆逐艦四、指揮官・原忠一少将）を先遣隊としてカントン島（タラワ島東南東一七五〇㎞）東方海域に向けて速やかなる進出を命じた。

さらにフレッチャー機動部隊に止めを刺した田中頼三少将指揮のc夜襲部隊（青葉型重巡二、重雷装軽巡大井、駆逐艦四、軽空母瑞鳳）に対し、カントン島東方海域に進出していると推定されるギルバート上陸任務部隊の退路を封鎖するように指令。

また第一機動艦隊の小沢長官は、ジョンストン島南南西海域でc夜襲部隊と共にフレッチャー機動部隊を撃滅したb夜襲部隊（指揮官・高木武雄少将、妙高型重巡二、軽巡一、駆逐艦四、軽空母祥鳳）に対し、ジョンストン島東方海域に急進してジョンストン島西方海面に進出が予想される米主力・ハルゼー機動部隊の後方遮断による包囲網の形成を意図した。

★ここで日米両軍の現有戦力とその態勢について概観してみよう。

a　ギルバート〜カントン方面

この正面は米軍の主攻正面に対する助攻作戦として、航空基地を設定して陸上爆撃機（B17重爆撃機）による日本海軍の前進拠点マーシャル諸島への爆撃を意図したものである。したがってその攻撃部隊も中型空母二隻を基幹とし、砲撃支援部隊及び上陸兵団（海兵一個師団）を別ルートから進出させた強力な戦力であった。

しかし、前述の通り潜水艦の雷撃と重巡を基幹とした高速夜襲部隊によって、この方面のフレッチャー機動部隊は全滅し、カントン島東方の砲撃支援部隊と上陸兵団の輸送船団が孤立するという最悪の情勢に米軍は陥ってしまった。

この米艦隊と上陸船団を包囲殲滅せんと日本艦隊は第二機動艦隊の大型空母二隻と中型空母一隻を基幹とする三個機動部隊が西方からカントン島に肉薄し、退路の遮断を目的とする田中少将のc夜襲部隊がジョンストン島南方海域からカントン島東方海域に向かい大きく迂回しつつあった。

カントン島東方米軍の最大の弱点は、鈍足の旧式戦艦部隊と二二隻の輸送船団を護衛する航空戦力が無く、狼に狙われた羊の群れに過ぎない点である。

日本海軍伝統の漸減作戦が、新鋭の巡洋潜水艦部隊と高速夜襲部隊の連続攻撃によって、違った形で大成功を収めた戦闘として記念すべき戦訓と判断される。

b　マーシャル正面のハルゼー機動部隊

ハルゼー中将は一九〇四年にアナポリス海軍兵学校を卒業、山本五十六と同年卒業に該当し、ニミッツ大将の一年先輩にあたる。しかしハルゼーはそれを気にすることなくニミッツに敬意を表し、ニミッツもハルゼーの能力を高く評価して互いに信頼関係に結ばれて作戦遂行を円滑にした。年功序列人事に拘泥した日本海軍とは大変な違いである。

アナポリス卒業成績の良くなかったハルゼーは、三〇年間を地味で無名の駆逐艦乗りで過ごした。しかしハルゼーは、航空機の将来性に着目して五一歳で飛行学校のパイロットコースに入学し、一九三五年、五三歳で卒業すると大型空母「サラトガ」艦長となった。当時の米海軍航空部隊指揮官にはパイロットの資格が必要であった。

パイロット資格を持つハルゼーは、飛行機やパイロットに対する認識の点で日本海軍の山本大将や小沢治三郎中将を大きく上回っていた。パイロットの接敵時間を短くして無理をさせないハルゼーの作戦指導は、可能な限り目標に接近して攻撃隊を発進させた。ハルゼーが猪突の猛将といわれた所以が実はかかる点にも起因していたのである。

第十章のIで述べた一九四二年一月一日に米機動部隊が敢行したマーシャル諸島クェゼリン、ルオット、タロア、ウォッゼ、ヤルートの各島とギルバート諸島のマキン島を連続攻撃した米機動部隊の作戦は、すべてハルゼー中将の立案によるものであり、日本海軍にとって恐るべき敵将であった。

フレッチャー機動部隊の壊滅を知ったハルゼーは、西経一七五度をミッドウェー東方海域に向けて北上し、先ず自らの所在をくらまして日本機動部隊の索敵範囲からの脱出を図ると共に、ハワイのニミッツ大将と事後の作戦を協議した。その結果、次の如き結論に達した。

(イ) マーシャル諸島の攻略は延期する。

(ロ) ハルゼー機動部隊は速やかにジョンストン島北側からカントン島方面に進出して、ギルバート諸島攻略輸送船団と砲火支援艦隊を日本機動部隊の攻撃から救出すべし。

(ハ)大西洋艦隊から空母「ホーネット」を太平洋に移動する。

ハワイ〜ジョンストン間は一三〇〇キロと近く、マーシャル東端のマロエラップ〜ジョンストン間は二四〇〇キロもある。小沢機動部隊は大型空母「赤城」（三一ノット）、「加賀」（二八ノット）の他に中型空母「飛龍」（三四ノット）の三空母を基幹としている。「飛龍」はすでに三月二十一日、ジョンストン島奇襲の命を受けブラウン環礁を出撃したが、米艦隊のハワイ出撃の情報を受けてクェゼリンの小沢部隊主力に合流していた。

これに対する米空母の速力は大型空母「サラトガ」「レキシントン」共に三四ノットと早く、日本の「赤城」「加賀」の米艦隊追跡は成立しない。

そこで小沢中将の判断は、ハルゼー機動部隊をジョンストン島北方海域に追跡せず、ジョンストン島南側を経てその東方海域に進出し、高木少将のb夜襲部隊を併せ指揮してハルゼー機動部隊との決戦に持ち込む案を採用した。時に一九四二年三月二十八日一二時であり、当日朝六時には前述の通り雷装九機、爆装九機、計一八機の九六式陸上攻撃機が索敵攻撃のためマーシャルのウォッゼ基地を出撃していた。

小沢部隊は三個の機動部隊を形成し、先陣の「飛龍」機動部隊は本隊の前方一〇〇キロを二五ノット（時速四五キロ）で進撃した。「飛龍」には高速戦艦「比叡」、重巡「熊野」、軽巡一隻駆逐艦四隻が随伴し、指揮官は福留繁少将（四〇期）であった。マーシャル最前線のマロエラップからジョンストン島までは約二四〇〇キロ、福留少将は所要時間を五三時間（二日と五時間）と見込み、ジョンストン島南方海面通過を三月三十日夕方と予定した。

一方のハルゼー機動部隊は西経一七五度の線を北上しつつあったが、前述の如くジョンストン島北側を経てカントン島方面に南下の命を受け、三月二十八日一二時に北緯二〇度線の北方三〇〇キロの位置から東南東に変針し、ジョンストン島東方二〇〇キロの海域に向かった。この間の距離は概ね一二〇〇キロ、二五ノットで約二七時間、目標到達時期を三月二十九日午後三時頃と予定した。

しかし三月二十八日午前六時に索敵攻撃の命を受けた九六式陸攻一八機は、午前七時にはマーシャルのマロエラップ島を発進、爆装三、雷装三の六機編隊三編隊をもって、北緯二〇度線と西経一七五度線の交点を目標に、各編隊五〇キロ間隔で索敵を開始した。

さらに陸攻の発進と共にａ夜襲部隊（軽空母龍驤、愛宕型重巡二、重雷装軽巡北上、駆逐艦四、指揮官・原顕三郎少将・三七期）をウォッゼから出動させ、「龍驤」の搭載機四八機の三分の二を零式戦闘機として陸攻編隊の護衛と夜襲部隊の上空直衛に当たらせた。

ウォッゼから目標海面まで二〇〇〇キロあり、零戦の行動半径は一〇〇〇キロだから、目標点の一〇〇〇キロ手前まで接近すれば往復可能となる（航続距離二三四〇キロ）。夜襲部隊は目標まで二五ノットで二二時間かかるが、その間は艦隊防空はもちろん、陸攻の護衛も可能である。

そしてもし陸攻が敵を発見して空母一隻でも損傷を与え、速度を二〇ノット以下に低下させたらａ夜襲部隊の快速がものを言い、最小限、損傷空母一隻は撃沈できるだろう。この場合、陸攻の全滅は覚悟せねばなるまい。

Ⅲ　マーシャル決戦の結末と評価

1　ジョンストン島沖海戦

北緯二〇度線北方三〇〇キロから東南東に変針したハルゼー機動部隊は、二五ノットの速力でジョンストン島東方二〇〇キロの目標海域に向かった。

旗艦サラトガの艦橋では、ハルゼー中将が艦長のM・A・ミッチャー大佐に語りかけていた。「小沢は追いかけて来るだろうか？　それともジョンストン方向に直進して待ち受けるだろうか？」

ミッチャー大佐はパイロットの出身である。

「我々の最高速度は三四ノットであり、日本の赤城・加賀で我々に追いつくことは不可能です。必ず直進して我が軍を迎撃すると思います」

「その時は彼らを叩き潰してやる」とハルゼーは高言した。

ミッチャー「零戦に対しては必ず二機のペアを組んで攻撃するように、また日本機の防弾装甲は薄いはずだから、パイロットか燃料タンクを狙えと指示します」

ミッチャー艦長は、直ちにサラトガ飛行長と「レキシントン」艦長F・C・シャーマン大佐に対して長官の指示として伝達した。シャーマン大佐もパイロット出身である。現在の小沢機動部隊三隻の空母艦長にパイロット出身者はいない。日本海軍機動部隊生みの親である小沢中将も航空機を操縦した経験はなく、戦艦や重巡艦長出身である。

(1) 陸攻部隊の敢闘

三月二十八日七時にマーシャル諸島マロエラップ島を発進した九六式陸上攻撃機は、支那事変以来の歴戦部隊である。その性能は、一三〇〇馬力エンジン二基、最高速度は四一〇キロとやや遅いが、航続距離は約六〇〇〇キロと長大である。搭載爆弾は八〇〇kg～一〇〇〇kgまたは魚雷一本、二〇ミリ旋回機銃一、七・七ミリ旋回機銃二、乗員七名。

陸攻部隊は時速三五〇キロで目標点まで二一六〇キロを約六時間かけ午後一時に到着したが、米艦隊の姿は見えず全機東に九〇度変針した。

その時クェゼリンの潜水艦隊無線傍受班は、ジョンストン島の北北西・北緯二〇度線北側海域で艦船の交信が増加しているとの情報を各艦隊に通報した。

陸攻部隊指揮官・第二六航空戦隊木更津航空隊の足立少佐は、この情報でハルゼー部隊がジョンストン島東方海面を目指していると確信した。先ず足立少佐が直率する爆装九機は、高度五〇〇〇mで各機四キロ間隔の雁形となって索敵に専念することとし、雷装の九機を海面五〇mの超低空でレーダーを避けながら飛行させた。

a 夜襲部隊の軽空母「龍驤」の零戦隊はすでに陸攻の護衛を終えて帰艦しており、その報告を聞いた指揮官・原顕三郎少将は、基地航空部隊長官塚原中将に対し、ハルゼー部隊と交戦後の不時着陸攻乗員収容のため、九七式大型飛行艇（航続六六七〇キロ）数機の派遣を要請した。

陸攻部隊長の足立少佐は、米艦隊の位置を北緯二〇度線・西経一七〇度線付近と想定して四五度南東に変針し、爆装九機を三機編隊に改めて高度三五〇〇mまで降下、敵発見と同時に強襲の態勢をとった。午前中の天候は快晴であったが午後から少し雲が出て来た。もし予想地点で敵を発見できず、グルグル探し回るようなことになれば空母の戦闘機にやられる確率が高まる。

二度目の変針から三〇分経過した午後一時半過ぎ、指揮官機の偵察員が「敵発見！　二〇度の方向に敵空母二隻」と叫んだ。見ると二隻の大型空母の周囲を重巡と駆逐艦が固めている。

足立少佐は即座に「全軍突撃！」を下令し、自ら先頭を切って米空母の進路上空に進出し爆撃針路に入った。「ヨーソロー」敵の高射砲弾が炸裂し、艦載戦闘機も発艦しようとしている。「発射用意」「テー」指揮官機の二五〇キロ徹甲爆弾四発が投下され、三個編隊九機の陸攻から次々と二隻の大型空母目がけて計三六発の爆弾が投下された。

また超低空から進入した雷装の陸攻九機も、猛烈な米輪型陣の防禦砲火を冒して突進し航空魚雷計九本を発射した。米機動部隊の後方から追尾して雷爆同時攻撃の日本陸攻隊の襲撃は、米機動部隊の輪型陣を混乱に陥れた。

大型空母「レキシントン」は大破し、ハルゼー中将座乗の旗艦「サラトガ」は中破したが、日本陸攻隊の半数は対空砲火に撃墜され、残りの半数は攻撃後反転し米輪型陣前方を警戒中だった戦闘機の追撃を振り切った。

米機動部隊のミスは、前方中心に索敵していたため後方からする日本機の発見が遅れて迎撃戦闘機の発進が間に合わず、空母の飛行甲板に被害を被ったことである。被弾して火を噴いた陸攻が魚雷もろとも重巡に激突した例もあった。

戦闘完了は三月二十八日午後二時。

旗艦「サラトガ」は一五ノット程度の速力で数隻の重巡・駆逐艦に護られながら東方に向けて避退しつつあり、目標はハワイ真珠湾と思われる。

陸攻隊の残存数は、爆装が足立少佐機以下五機と雷装は三機のみとなり、損失は計一〇機となった。足立少佐は攻撃の経過と戦果を無電で報告し、陸攻隊八機は基地まで飛行可能な旨を伝えた。

(2) ジョンストン島東方沖の海戦

米機動部隊の現在位置は、北緯二〇度線の北方三〇〇キロの位置から東南東に変針したのが二十八日一二時であり、戦闘終了が午後二時だから変針から九〇キロしか移動していないことになる。

一方のa夜襲部隊は、陸攻がマロエラップを出発した二十八日七時にウォッゼを出撃し、目標地点（北緯二〇度線と西経一七五度線の交点）までの二〇〇〇キロを二五ノットで四四時間かかるから目標到着は三十日午前三時となる。すなわち陸攻の戦闘終了時刻二十八日午後二時より三七時間も経過するのでは、生き残りの「サラトガ」機動部隊が一五ノットで東進しており、とうてい追いつくことは無理な計算となる。

小沢機動艦隊の先遣隊・飛龍機動部隊がジョンストン島南側海面通過も三十日夕方との予想であるから、ハルゼー機動部隊を捕捉する有効な方法は、ジョンストン島の最も近くに位置するb夜襲部隊（高木武雄少将）しかなく、すでに小沢中将の命を受け、ハルゼーの後方遮断目的でジョンストン東方海域に進みつつあった。

さらにジョンストン島付近に行動中であるのが、フレッチャー機動部隊襲撃に絶大な貢献をした第二潜水戦隊第六潜水隊の伊号潜水艦四隻であり、二三ノットの水上走航でジョンストン島東方海域に向かった。第六潜水隊の魚雷は半分の二四本が残っており、ハルゼー機動部隊との戦闘に支障はなかった。

★ハルゼーとの決戦を予定する日本軍先鋒の戦力は次の通り。

b夜襲部隊　重巡「妙高」「那智」　二〇糎砲一〇門、一二・七糎高角砲八門、魚雷発射管一六門、水上偵察機三機、速力三四ノット。長良型軽巡一隻　一四糎砲七門、八糎高角砲二門、魚雷発射管八門、水偵一機、速力三六ノット。駆逐艦四隻　一二・七糎砲六門、魚雷発射管八門、速力三五ノット。軽空母「祥鳳」　速力二八ノット、搭載機三〇機

第六潜水隊　巡洋潜水艦伊九　魚雷発射管六門、水偵一機、水上二三・五ノット、巡洋潜

水艦伊二五　魚雷発射管六門、水偵一機、水上二三・六ノット。海大型潜水艦伊六四、六五　魚雷発射管六門、水上二三ノット

★ここで次の海戦が予想されるジョンストン島を中心とした主要各島との距離を復習しておく。

　ジョンストン～ハワイ真珠湾　一三〇〇キロ、ジョンストン～マーシャル最前線・マロエラップ　二四〇〇キロ、ジョンストン～マーシャル本拠地・クェゼリン　二七〇〇キロ、ジョンストン～カントン島　二三〇〇キロ、ジョンストン～ギルバート諸島・タラワ島　二七〇〇キロ、タラワ島～カントン島　一七五〇キロ。

　a　ニミッツ太平洋艦隊の反撃

米太平洋艦隊司令長官ニミッツ大将は、先のフレッチャー機動部隊が日本潜水艦に壊滅させられたことに加え、今回もハルゼー機動部隊が日本海軍の陸上攻撃機によって大きな損傷を受けたことに関し、腹の虫が収まらなかった。それは彼が潜水艦乗り出身であったからなおさらである。

ハルゼー部隊の被害状況のうち最大のものは大型空母「レキシントン」の大破であり、重巡によってハワイに向け曳航中であるが速度は三ノットしか出ないようだ。旗艦「サラトガ」は中破であるが飛行甲板の損傷は鋭意修復中である。しかし、機関部に被害があり速度は一三ノット程度しか出せず、日本空母との戦闘は不能と判断された。

その他重巡二隻と駆逐艦四隻が日本機の雷爆撃で撃沈されており、他の重巡二隻も中破程度の損害を受けている。総合的には空母で七〇％、重巡で四〇％、駆逐艦では三〇％の戦力を喪失したものと査定された。

★ここに至ってニミッツ大将はスプルーアンス参謀長と協議の結果、次の如き結論に達して必要な処置を講じた。

☆方針

ハルゼー機動部隊を全力で支援し真珠湾に無事帰還させる。その過程で日本艦隊をジョンストン島東方海面に誘致し、潜水艦隊の集中と陸空軍の協力を得て攻勢に転じ敵を殲滅する。

☆　具体的対策

(イ)　陸空軍のロッキードP38双発戦闘機（最高時速六三六キロ、航続三八六〇キロ、滞空一〇時間）二四機をもって、三交代でハルゼー艦隊上空護衛にあたる。

(ロ)　陸空軍の中型高速爆撃機マーチンB26マローダー（時速四五五キロ、航続四五九〇キロ、爆弾搭載一三六〇kg）二四機をもって反跳爆撃と魚雷攻撃を実施。このB26護衛のため、P38戦闘機三〇機を派遣する。

(ハ)　新S型潜水艦及びT型潜水艦を計一五隻ジョンストン島周辺に集中して日本機動部隊を捕捉撃滅する。新S型潜水艦（水上速力二一ノット、魚雷発射管八門）、T型潜水艦（水上速力二〇ノット、魚雷発射管一〇門）。

以上の具体策のほかに或る「秘策」がニミッツ司令部によって進められていたが、今は明らかにせず伏せておくことにする。なお、カントン島方面の戦況については、ジョンストン島沖海戦とは別に一項目を設けて取り上げる。

三月二十八日一二時に命を受けた高木武雄少将指揮のb夜襲部隊が、軽空母・「祥鳳」の零戦六機による上空直衛のもと、ジョンストン島東方二〇〇キロの目的地に到着したのが二十八日午後一〇時であった。これはフレッチャー機動部隊を撃滅した二十七日午後一〇時以降、負傷者への対応と弾薬の整理など態勢の整備を終了後、目的地まで約四〇〇キロを時速二二ノット(四〇キロ)で走航したことによる。

一方、日本軍陸上攻撃機との戦闘後のハルゼー部隊空母「サラトガ」の位置は、目標地点であるジョンストン島東方二〇〇キロまで約一二〇〇キロ。日米両艦隊はこの距離を東西から日本は二五ノット、米軍は一三ノットで進むので一時間に三八浬(七〇キロ)接近し、一七時間後に会敵する計算となる。陸攻と空母艦隊との戦闘終了時刻が二十八日午後二時、故にその一七時間後は二十九日午前七時である。しかし朝になってからの夜襲などあり得ない。

高木少将は二十八日午後三時、重巡「妙高」及び「那智」に搭載の水上偵察機各二機、計四機を射出し、ハルゼー部隊の位置と艦艇の状況を確認せしめた。重巡搭載の水上偵察機は零式三座偵察機で最高速力三七〇キロ、航続二〇六〇キロ。索敵の方式は進出距離三〇〇浬(約五五〇キロ)、帰りの幅六〇浬(一一〇キロ)の扇形索敵とした。

水偵四機は陸攻部隊からの情報に基づき、ハルゼー部隊の位置と勢力の概要を参考にして索敵飛行を続けた。なお出発後索敵要領の一部訂正について指示を受けた。それは、空母「サラトガ」を発見後は「那智」の二機をもって同任務を続行し、「妙高」の二機は後落している「レキシントン」部隊の状況を偵察せよとのことであった。

b　高木夜襲部隊の敗戦

高木夜襲部隊が水偵四機を射出した一時間後の二十八日午後四時、すなわち目的地到着の六時間前であり、その位置は概ねジョンストン島の南側にあたる。突然、上空直衛の零戦六機が上昇を始め、軽空母「祥鳳」の飛行甲板からも零戦一〇機が次々と発艦を開始した。

重巡「妙高」と「那智」の一二・七糎高角砲各八門と「祥鳳」の八門、計二四門が一斉に対空射撃を開始した。いつの間にか高木部隊の上空五〇〇〇mを八機のボーイングB17重爆と一〇機のロッキードP38双発戦闘機が並行して飛行していた。そしてB17からは二五〇キロ徹甲爆弾各一五発計一二〇発が投下された。

このB17重爆が持つ新技術の一つに「ノルデン式爆撃照準器」があった。これは自動操縦装置と爆撃照準器を連動させ、爆撃針路に入ったら操縦はパイロットの手を離れ、定針定速、横滑り防止と照準の一切を爆撃手が行うという高度な機械式のシステムで、命中精度の高さは他の追随を許さなかった。米機の爆撃は重巡二隻と軽空母に集中し、三艦とも三〜五発の命中弾を受けて爆沈した。生き残ったのは軽巡一隻と駆逐艦二隻のみであった。

そして当初から上空直衛に任じていた零戦六機は、急降下してきたP38戦闘機一〇機（搭載二〇ミリ機関砲一、一二・七ミリ機銃四）の強力な火器と六〇〇キロを超える優速に全機撃墜され、軽空母から発艦したばかりの零戦一〇機も高度をとれないうちに叩き落とされた。

高木夜襲部隊は文字通りの壊滅であった。

戦闘終了は三月二十八日午後四時三〇分であり、ジョンストン島東方海域を目指して二五ノットで急進中の先遣機動部隊である「飛龍」機動部隊は、二十八日一二時にマーシャル諸島のクェゼリンを出撃したばかりであった。そしてジョンストン島南側海面到着は三月三十日夕刻と予定されていた。

★米軍の索敵圏に制約される日本機動部隊

高木夜襲部隊が米空軍の襲撃を受けて概ね全滅した戦闘結果は、生き残った軽巡艦長から小沢機動部隊長官宛直ちに報告された。

小沢長官は迷った。前述の通り先遣部隊の「飛龍」機動部隊は四時間前にクェゼリンを出撃したばかりであり、マーシャル諸島の最前線マロエラップまでの約三〇〇キロを超えていない。時速二五ノットでは六時間半かかり、未だマーシャル諸島の中を走っているに過ぎない。

ハルゼー機動部隊はジョンストン島に近寄ることなく、北緯二〇度線の北方を直接真珠湾に向かうだろう。陸攻部隊との戦闘終了位置よりの距離は、ハワイ～ジョンストン間の距離一三〇〇キロプラス三〇〇キロ、すなわち一六〇〇キロと概算できるが、米軍の索敵飛行圏は七〇〇浬（一二八〇キロ）であるから、機動部隊など水上艦艇の進入は危険と考えねばならない。

要するに日本機動部隊の初動が遅すぎたのであり、米空母四隻のハワイ出撃を日本潜水艦が発見した直後の三月二十五日夜～二十六日午前の段階で、日本機動部隊はクェゼリンを出撃すべきであった。実際の出撃が二十八日一二時だから二日半も遅延した結果、手負いのハルゼー部隊にミスミス真珠湾へ退却の可能性を与える事態を招いたのである。

ここに至って日本軍のとり得る最後の一手は、ハワイ寄りに位置する第四潜水隊とジョンストン島東方に急行中の第六潜水隊の計八隻の大型潜水艦をもって、ハワイに向かって一三ノットで退却中の「サラトガ」を捕捉するしかない。

小沢中将は空母「赤城」と「加賀」をクェゼリンに戻し、「飛龍」を最前線のマロエラップに待機させせた。そして曳航されている「レキシントン」がもし沈没していなければこれを撃沈すべく、九六式陸攻六機を再度ジョンストン島北西海面に派遣した。そして第四及び第六潜水隊に対して「サラトガ」撃沈を命令した。

2　米軍のカントン島基地強化と日本機動部隊の対決

(1)　カントン島方面の一般情勢

英領カントン島はサモア諸島の北方八〇〇哩（一四六〇キロ）、またギルバート諸島東方九六〇哩（一七五〇キロ）に位置する。

日本海軍の強力な前進基地の中心であるマーシャル諸島のクェゼリンを攻略するには、一〇〇〇キロ南東にあるギルバート諸島のタラワ飛行場からB17重爆を飛ばすことが必要であり、タラワを攻略するにはカントン島の飛行基地を利用せねばならない。

幸いにもカントン島には五〇〇〇フィートの重爆用滑走路があるが、少なくも三〇機のB17重爆を常駐させるとすれば五〇機程度の戦闘機は必要であろうし、対艦船用の攻撃機もやはり三〇機は必要となる。そこで既設滑走路のほかに二本の滑走路の建設を進めていたが、三月二十二日の二式大型飛行艇の偵察結果では、未だ新滑走路は完成していないとの報告であった。

その後三月二十七日夕方の第六潜水隊による雷撃及び同日夜の夜襲部隊による強襲で、カントン島方面に向かってジョンストン島海面から南下中のフレッチャー機動部隊（空母二隻基幹）が壊滅するに及び、ギルバート地域に進出していた角田機動部隊は「蒼龍」部隊を先遣隊として三月二十八日一二時、カントン島方面への進出を指令した。

「蒼龍」機動部隊の編成　指揮官・原忠一少将　中型空母「蒼龍」、高速戦艦「霧島」、重巡「鈴谷」、軽巡一、駆逐艦四

「蒼龍」機動部隊のカントン島海面到着は、速力二二ノット（四〇キロ）で約四四時間かかり三月三十日午前八時頃と予定された。

(2) カントン島に対する米軍の緊急展開

フレッチャー機動部隊の壊滅を知った米太平洋艦隊司令長官ニミッツ大将は直ちに行動を開始した(三月二十七日夜半)。

具体的には、カントン島に対し次の戦力集中を発令した。

a　サモア諸島の米軍基地パゴパゴ港から、ノースアメリカンB25中型爆撃機一五機を空路進出させる。進出距離は一四六〇キロ。B25の性能最大速度四三八キロ、航続二一七五キロ、爆弾一三六〇kg。

b　輸送船団に同行中の護衛空母三隻(ボーグ級、一八ノット、各艦二一機搭載)から計三〇機のF4Fワイルドキャット戦闘機(最大速度五一五キロ、航続一六八〇キロ)とSBDドーントレス艦爆三〇機(最大速度四〇六キロ、航続一七八〇キロ、爆弾二五〇kg二発)を揚陸させる。

c　第一海兵師団から歩兵一個連隊、砲兵一個大隊、工兵一個大隊、高射砲一二門、二五㎜高射機関砲二四門からなる一個戦闘団(指揮官エドソン大佐)を上陸させる。

d　第一海兵師団の主力と砲火支援部隊並びに護衛空母三隻は、南方八〇〇浬のサモア諸島米軍基地に急遽避退する。

e　サモア諸島パゴパゴ基地から、T型潜水艦五隻(水上二〇ノット、発射管一〇門)カントン島西側海域に急派して日本艦隊の東方進出を阻止する。サモア～カントン間八〇

○浬は一八ノットで四四時間行程につき三月二十九日夜半に到着予定。

以上の対策のうち上陸作業は二十八日夕方までに完了し、防御陣地はコンクリート板による組立て式の半地下トーチカが夜を徹して構築された。またB25爆撃機は二十八日昼過ぎまでに到着し、戦闘機とのペアによる半径五〇〇キロの全方位索敵が開始された。さらにT型潜水艦五隻もリバモア級駆逐艦（速力三七ノット、一二・七糎両用砲五門、魚雷発射管八門、四一年竣工の新鋭艦）三隻の護衛を受けて予定通り到着した。

(3) 空母一隻基幹の機動部隊と基地航空部隊の優劣

日本の「蒼龍」機動部隊には高速戦艦（速力は速いが装甲に劣る）の三六糎砲八門と、重巡の二〇糎砲一〇門があり、その射程は平均すれば約三万mである。しかし三万mを艦爆の時速三八〇キロで飛べば五分弱で済む。すなわち戦艦や重巡は強力な火力を持っているが、それは目標の島に対して射程距離以内に位置することが前提となる。故に島嶼攻撃は制空権を取ることが先決であり、しかも空母は沈むが島は不沈である。

カントン島の場合、一個戦闘団の兵力が強固な陣地を構築し、十分な対空火器を用意して防衛する飛行場に戦爆の第一戦機を六五機揃えている以上、索敵を十分にして早期に日本空母を発見すれば先ず米軍の方が有利である。

ギルバート〜カントン島間は一七五〇キロあり、日本の九九式艦爆（航続一四七〇キロ）が母艦を出撃できるのは、約七〇〇キロまでカントン島に接近する必要があり、九七艦攻

（航続一〇九〇キロ）の場合は五〇〇キロまで接近しなければ戦闘できない。日本の零戦は片道一〇〇〇キロの距離を飛んで短時間の空中戦を行えるが、戦闘機だけの陸上基地攻撃は大きな打撃を与えることは期待できない。そこで米軍はギルバート方向の索敵距離を七〇〇キロに拡大した。

★米軍のとった追加対策

米水陸両用作戦部隊指揮官のターナー海軍少将は、カントン島に上陸して本作戦の全般指揮を執り、サモア基地のB17重爆部隊にタラワ島とマキン島及びその東方海域に対する写真偵察を要請した。その結果、三月二十九日九時現在、タラワ島より空母一隻を基幹とする機動部隊が、東方七五〇キロ付近をカントン島方向に向かって進撃中であるとの情報を得た。これはカントン島より一千キロ西方にあたる。

◎ターナー提督は二十九日の日中に日本機動部隊を撃滅すべく次の処置を指示した。

a　日本機動部隊に対する攻撃は、カントン島より西方八〇〇キロ付近とし二十九日一二時頃を予定する。日本機動部隊の隊形は、空母の前方一五〇〇mに戦艦を中央として左右に巡洋艦を配し、空母の周囲は四隻の駆逐艦が直衛している。

b　攻撃要領は次の通り。

＊艦爆（二〇機）は二五〇kg徹甲爆弾による急降下爆撃。

＊B25中爆は超低空からする反跳爆撃（一〇機）と中空からの水平爆撃（五機）。

＊戦闘機（二〇機）は中空と低空の二手に分かれて爆撃機を援護する。
＊潜水艦五隻は二十九日夜半の到着予定につき、到着次第カントン島西方五〇〇キロ海面に散開線を構成し、日本艦隊の第二次進攻に備える。

(4) 米空軍の集中攻撃を受けた蒼龍機動部隊の最後

蒼龍機動部隊指揮官・原忠一少将（海兵三九期）は艦長・柳本柳作大佐（海兵四四期）と共に「蒼龍」艦橋に立っていた。フレッチャー機動部隊の壊滅はすでに承知していたが、タラワ出撃後に発生したハルゼー機動部隊の損害程度と高木夜襲部隊の壊滅的損害に関する情報は受けていなかった。

柳本艦長は原少将に話しかけた。「アメリカ空母が二隻も早々と撃沈されてしまい、残りはサラトガ、レキシントンとニューギニアのワスプだけですね。日本は六隻ですから断然有利であり、空母対決が待たれますね」

原少将は、「米軍は大西洋から急いで空母一隻を太平洋に回航するだろう。それと彼らの潜水艦は熟練度が高く精鋭だから注意を要する」と述べた。

「蒼龍」機動部隊は対潜警戒のジグザグ運動をすることなく、二二ノットで真っ直ぐカントン島を目指している。上空には対潜警戒のための艦攻四機が高度一〇〇〇ｍを、直衛の零戦六機が全般警戒のため高度三〇〇〇ｍを飛行している。

「米軍の輸送船と護衛艦隊は未だいるでしょうか？　東方に後退している可能性があると思

いますが……」と柳本艦長。

　時計の針は一二時（二十九日）を指している。前日の一二時に命を受け午後一時に出撃したから二三時間を経過している。カントン島までの二分の一を前進したことになり、あと約八〇〇キロの計算だ。艦爆と零戦の発艦まであと一〇〇キロで、飛行甲板に零戦が次々とエレベーターで上がってきた。
★そのとき見張員が鋭く叫んだ。「上空に敵機！」。ほとんど同時に「蒼龍」の対空砲火が斉射を始めた。最初の米急降下爆撃機一機が火を噴いて艦橋を掠めながら海面に突っ込んだ。ついで艦爆ドーントレスが空母の真上から舞い降りてきて爆弾をばら撒《ま》いた。その中の一発が前部エレベーターを貫通し、下の格納庫で爆発した。そして格納庫に山積みされていた八〇〇kg爆弾が一気に爆発した。甲板で発艦準備中の零戦のほとんどが破壊され、飛行甲板は火の海と化した。
　対空砲火が上空を向いている間に、B25中爆三機が超低空で「蒼龍」目がけて突進し、反跳爆撃（スキップ・ボミング）を敢行した。この戦法は爆撃機が海面低く突進して爆弾を投下し、それが水面に跳ねかえって艦船の舷側に命中、その破口から浸水、沈没させる方法である。

　米軍の襲撃前に上空直衛に任じていた少数の零戦は、中空を飛んでいて米戦闘機と格闘しており、低空を突進したB25中爆に気がつかず、また気がついたとしても手が回らなかったはず。排水量一八八〇〇噸、最大速力三四・五ノット、搭載機七三機の中型空母は呆気なくカントン島西方八〇〇キロの中部太平洋に沈んだ。時に三月二十九日一二時二五分。

基幹空母をやられた機動部隊は航空攻撃に弱い。高速戦艦「霧島」（装甲の薄い巡洋戦艦を改装）と重巡「鈴谷」が次の標的となり、三〇ノット超の高速で米軍機の爆撃を必死に回避していたが一二時四〇分頃、相次いで水面から姿を消した。そして軽巡一隻と駆逐艦四隻もその後を追い、「蒼龍」機動部隊は文字通りの全滅の運命となった。

米空軍の損害はB25中爆一機、艦爆三機で米基地航空部隊の完勝であった。戦闘終了は三月二十九日一二時五〇分。フレッチャー機動部隊〜ハルゼー機動部隊と連続して敗戦の憂き目を見た米軍は、初めて日本海軍に一矢を報いた朗報に沸きかえった。

3　南洋諸島中部と豪北地域間の戦略的空白

(1)　豪北地域における連合軍の情勢

日本軍の蘭印攻略の結果、フィリピンとマレー半島は孤立の状態となり、これを打開するために米軍はフィリピンに対する兵力の増援作戦を意図した。

第八章のⅡで記述した如く、マッカーサー大将は豪州を起点としてラバウル〜マヌス島を中継基地とし、ニューギニア北方の公海上を西進してフィリピンへ増援兵力の輸送を計画、その規模は米陸軍三個師団、戦車二個旅団（三〇〇輛）とケニー少将指揮の戦爆約三〇〇機であった。

これがため、英領東ニューギニアのマダン、ウエワク、アイタベ等に中継航空基地の建設に着手した。そして地上部隊輸送の第一陣として一個戦闘団（海兵一個連隊、砲兵大隊、戦車大隊等）を一九四一年十二月一日にラバウルから発進させ、護衛はタワーズ少将指揮の中型空母「ワスプ」基幹の機動部隊を充てた。

そしてこの輸送作戦を成功させるため、陽動作戦としてマッカーサー大将の指揮下にある豪州軍二個師団の中の一個師団による蘭領西チモール島への上陸作戦を計画し、護衛に米中型空母「レンジャー」基幹の機動部隊を充当した。

しかし、この一連の作戦はレンジャー機動部隊が十二月二日、ポートモレスビー沖で日本潜水艦に発見されたため、セレベス島から出撃した角田第二機動艦隊の攻撃によりアラフラ海において撃沈され、さらにポートダーウィンで待機していた輸送船団も日本艦隊の砲爆撃により壊滅した。

このチモール島陽動作戦の失敗によって、米軍はニューギニア北方ルートからするフィリピン増援作戦を中断し、アイタベまで進出していたワスプ機動部隊は五五〇キロ東方のマヌス島まで後退した。

この結果、今後の作戦を協議するためフィリピンから潜水艦でマヌス島に向かっていたマッカーサー大将は、十二月十二日夕方、日本潜水艦の雷撃により戦死した。

この豪北作戦以来、ビスマーク諸島一帯に派遣されていた日本海軍は、中部太平洋艦隊第一〇潜水隊の伊六六～六九号の四隻であり、ニューギニア南岸のポートモレスビーや豪州東岸のブリスベーン、シドニー等の偵察には、南方方面艦隊・第五潜水戦隊第二六潜水隊の機雷潜水艦・伊一二一型二隻が実施していた。

またビスマーク諸島に対する航空偵察は、上記の豪北作戦以前から行われていた。すなわち昭和十六年十一月十一日、連合艦隊は中・東部太平洋の索敵に関する一斉出動命令を出したが、その際にトラックの陸攻機一二機による南方海域七〇〇浬（約一三〇〇キロ）の索敵が含まれていた。トラック～ラバウル間は一三〇〇キロであり、米空母「ワスプ」に関して特に他の方面に大きく移動したという情報を日本軍は持っていなかった。

(2) トラック島の価値

日本の旧委任統治領である南洋諸島は東部にマーシャル諸島、中央に東カロリン諸島、西部に西カロリン諸島、中央北部にマリアナ諸島と概ね四つに区分されている。

マーシャル諸島は自他共に許す日本軍の対米前進基地であり、西カロリン諸島はフィリピンの東にあって対フィリピン及び対ニューギニアの押さえでもある。

マリアナ諸島は南洋諸島の西北部に位置し、小笠原諸島を介して日本本土の防壁を形成している。サイパン、テニアン、グアムの如く面積の点で他の諸島にはない大きさの島を含んでいる。

そして南洋諸島全体の中心基地を形成するのがトラック諸島であり、米軍の真珠湾に匹敵し、また「太平洋のジブラルタル」等の名称で難攻不落という評判があった。周囲を珊瑚礁で囲まれたトラックは世界最良の泊地の一つである。

艦艇は夏島の南錨地に停泊し、白く泡立っているところが珊瑚礁の外縁で白線の切れているところが水道である。飛行場のある竹島は格納庫や指揮所・兵舎が並び、滑走路を中心に幾本もの誘導路が幾何学的な線を描いていた。

(3)　トラック諸島における日本陸海軍の戦力（昭和十七年三月末）

a　連合艦隊

＊マーシャル諸島へ出撃済み。第一機動艦隊　空母「赤城」「加賀」、高速戦艦二、重巡二ほか。中部太平洋艦隊　第四潜水戦隊、甲標的搭載伊号潜八隻

＊ビスマーク諸島へ出撃済み。伊号潜四隻

＊基地航空部隊　陸上攻撃機七二機（うち三六機マーシャルへ出撃済み）艦上戦闘機九機。比島作戦終了後増加分　第二航空隊より戦闘機四五機、高雄航空隊より陸上攻撃機二七機。

b　陸軍部隊

＊第四〇師団（編成、昭和十四年、善通寺、中支より移動）

＊独立混成第五一旅団（歩兵六大隊、山砲六中隊二七門ほか）

＊増強特科部隊　師団　高射砲一個連隊三〇門、二〇ミリ高射機関砲三〇門、一五糎榴弾砲一個連隊二四門、一五糎中迫撃砲一個大隊二四門。三三糎臼砲（無砲弾）二四門、七

・五糎自走砲一個大隊一八輌、四七ミリ対戦車速射砲一個大隊一二門。旅団　一五榴は一〇榴に臼砲なし。数量は師団の二分の一以下
＊陸軍航空部隊　戦闘二個戦隊　七二機。
＊「南洋諸島」展開陸軍部隊の指揮系統　中部太平洋方面軍　軍司令官・安達二十三中将（陸士二二期）（所在地・サイパン）　参謀長・武藤章中将（陸士二五期）方面軍所属の五個師団と七個混成旅団を四ブロックに分け、少将のブロック担当参謀副長を置いて指導に当たる。
ブロック編成は、マリアナ（サイパン）、東カロリン（トラック）、マーシャル（クェゼリン）、西カロリン（パラオ）。
c　戦備の空白状態と改善
空母戦力はすべてマーシャルとギルバートに出撃しておりトラック諸島には護衛空母を除いて一隻も存在しない。機動部隊以外の主要艦の配置は現在次の通り。
＊機動部隊に編入されていない戦艦　第一戦隊「大和」「長門」「陸奥」（小笠原諸島）。第二戦隊「山城」「扶桑」（南方方面艦隊）
＊機動部隊・夜襲部隊に編入されていない重巡　愛宕型二隻（小笠原諸島）、妙高型二隻（南方方面艦隊）、青葉型二隻（第二機動艦隊、南方方面に配置）
以上の如くトラック諸島に戦艦・制式空母及び重巡は現在配置されていない。すなわち南洋諸島の中心部であるトラック諸島の海上戦力は空白状態となっていた。

ここにおいて近藤連合艦隊司令長官は、小笠原諸島に待機中の「大和」「長門」「陸奥」及び愛宕型重巡「鳥海」「摩耶」並びに第一水雷戦隊主力（軽巡一隻、駆逐艦一二隻）をトラックに移動させた（四月六日出発）。さらにマーシャル正面から第一機動艦隊の「飛龍」機動部隊（福留繁少将、空母飛龍搭載機七三機、高速戦艦「比叡」、重巡「熊野」、軽巡一、駆逐艦四）とａ夜襲部隊（軽空母龍驤搭載機四八機、愛宕型重巡二隻、重雷装軽巡一隻、駆逐艦四隻）をトラック島の東方約七〇〇キロのポナペ島に移動させ、中央部における戦力の空白を改善した（四月七日出発）。

(4) ワスプ機動部隊の行方

一九四一年十二月のチモール島陽動作戦の失敗によってマヌス島に後退した「ワスプ」機動部隊は、海兵一個戦闘団をニューブリテン島のラバウルに揚陸して基地防衛の強化に当て、艦隊はニューカレドニアの北方、ニューヘブライズ諸島のエファテ基地に後退した。

ここは完成したばかりの基地でB17重爆用の滑走路もあり、南緯一八度東経一六八度に位置している。何よりも有利なのは、ラバウルとギルバート諸島のタラワの両方に対してほぼ等距離にある点である。ラバウル〜エファテ間二一五〇キロ、エファテ〜タラワ間二〇五〇キロ。二二ノットで約四七時間行程と見込まれる。

ここまでは日本の長距離偵察機をもってしても索敵活動は無理である。トラック〜ラバウル間は前記の通り一三〇〇キロだから、ラバウル〜エファテ間二一五〇キロを加算すると三四五〇キロ、往復六九〇〇キロとなり、四発の九七式大型飛行艇二三型で航続六六七〇キロ、二式大艇で七〇九五キロ、すなわち二式大艇が辛うじてパスするが、これは数字上だけの話で途中には米軍の索敵機も飛んでおり、最高四二七キロの速度も長距離では巡航速度となって七割の三〇〇キロ程度となるから、無事に往復するのは至難と考えるのが普通であろう。

したがって注意すべき敵は日本の長距離潜水艦で、例えば巡洋潜水艦の乙型（二六隻）は一六ノットで一四〇〇〇浬（二五五五〇キロ）、海大六型（八隻）が一〇ノットで同じ一四〇〇〇浬だから、エファテ島はもちろんのこと米本土西岸や豪州東岸等まで自由に行動可能である。

(5) 日本海軍の次の一手を思案するニミッツ大将

米太平洋艦隊司令長官ニミッツ大将は、残存空母のサラトガ九〇機、ワスプ六九機、大西洋から回航中のホーネット（撃沈されたヨークタウン型の最新艦、八〇機）の三隻で搭載機合計二三九機。この戦力で日本空母五隻（赤城九〇、加賀九〇、飛龍七三、翔鶴八四、瑞鶴八四、合計四二一機）と如何なる方策で戦うか？　日本軍の次の一手は何か？

◆第一は「ハワイ攻略」である。米軍が七〇〇浬（一三〇〇キロ）の索敵を実施し、マーシャルとギルバート一帯に潜水艦の監視網を張れば先ず奇襲は成立しない。強襲はハワイ各島の陸軍航空部隊が全力で迎撃できるから、日本軍の損害は大きく上陸作戦は不成功に終わるだろう。日本軍にとってハワイ攻略は危険な賭けである。

◆第二は「ミッドウェー攻略」である。ミッドウェーはハワイまで一一三〇浬（二〇六二キロ）もあり、ハワイ攻略の基地とはなり得ない。赤道に近いマーシャルやギルバートに主力を展開して東を向いている日本海軍にとって、北緯二八度の珊瑚礁に囲まれた小島を攻めるのは、兵力の分散以外の何ものでもない。タラワ〜ミッドウェー間は三一四〇キロもあり、相互支援の可能距離を遙かに超えている。

◆第三はギルバートを起点とした「カントン島攻略」である。カントン島はB17重爆用の滑走路も完成し、ギルバートの日本軍にとっては脅威である。カントン島はサモア諸島まで約一四六〇キロと近く、サモアを占領すれば米豪間の連絡線は遮断される。すなわちカントン島は日本軍にとって攻守両面にわたる戦略的な要点に他ならない。しかもハワイと比較して距離的にも近く、米軍の防衛力の点から見ても攻略し易いと彼らは考えるだろう。

以上の如くニミッツ大将の判断は、日本軍の次の一手として「カントン島攻略作戦」が浮上して来た。さらにこれに対する作戦準備として直接的な防衛策と共に日本軍の意表を突く果敢な攻勢作戦の準備を開始した。

◎カントン島防衛作戦

日本軍の次の攻撃目標をカントン島と判断したニミッツ大将は、島の防衛指揮官であるターナー提督と協議して現状の是認と若干の追加措置を講じた。

☆カントン島の航空部隊は、B25中型爆撃機一四機（一機損失）、F4F戦闘機三〇機、ドーントレス艦爆一七機（三機損失）、計六一機の現状通りとする。この機数は中型空母に匹敵する。ギルバート諸島近海に対する索敵と攻撃は、サモアのB17重爆に依存することにして、カントン島の対空防衛は在島の空軍で対抗する

☆ハルゼー機動部隊のサラトガ収容の目途が立ち、高木夜襲部隊も撃滅されたのでジョンストン島周辺に集中させた潜水艦一五隻のうち五隻をカントン島に急派して、サモアから来援の五隻と共に一〇隻でカントン島の防衛に当たらせる。潜水艦を護衛してきた新鋭リバモア級駆逐艦三隻のほか、オマハ級軽巡（七〇〇〇噸三四ノット、一五糎砲一〇門、魚雷発射管四門）二隻をサモアから来援させた。

☆第一海兵師団の一個戦闘団は、工兵部隊の支援で歩兵・砲兵・高射の各部隊陣地が完成し、エドソン大佐指揮の下に邀撃《ようげき》準備に怠りはなく士気旺盛である。

4　米英連合機動部隊による東カロリン諸島攻撃作戦

(1) 東カロリン諸島攻撃決定の経緯と連合機動部隊の編成

一九四一年十二月十七日、ルーズベルト大統領は統合参謀本部のメンバーによる最高戦略会議をサンフランシスコで開催し、次の重要戦略を決定した。

a　日本本土の東京及び横須賀軍港に対し、ボーイングB17重爆による航空攻撃を実施する。攻撃部隊の基地は、西部アリューシャン諸島アッツ島付近のセミチ島を整備して

使用する。攻撃実行は一九四三年二月上旬とし、集結地はグアム島とする。

ｂ　マーシャル諸島に進攻して日本連合艦隊と決戦を行い、これを撃滅する。

この作戦を成功させるため効果的な助攻作戦を選択する。

第一案は、ギルバート諸島のマキン島とタラワ島を先に占領し、タラワの飛行場を陸上基地として活用する案。米軍にとって二度の大規模上陸作戦は兵力の分散を招き、相当な損害を覚悟しなければならない。

第二案は、ラバウルからトラック諸島方面に突き上げてマーシャル諸島の後方を遮断し、マーシャル決戦の結果を五分に持ち込んで時間を稼ぎ、その間空母と戦艦の竣工を早めて再度の決戦を求め最終勝利を獲得する。但し、この方策には英国機動部隊の協力を必要とする。

大型空母「レキシントン」及び中型空母「ヨークタウン」「エンタープライズ」の三隻を喪失した米軍の現状は、この第二案を採用するに適切な時期とニミッツ大将は判断した。

一九四二年十二月以来、英国と協議を重ねてきたが、英海軍としてもインド洋作戦の敗戦を挽回する機会でもあり、大西洋にてドイツ海軍と戦闘中の苦しい中から戦力を捻出し、次の艦艇を南太平洋の珊瑚海海域に回航した。

◎増援の英国海軍機動部隊　司令長官・フィリップス中将　新戦艦（旗艦）プリンス・オブ・ウエルズ　三六七二七屯、二八ノット、三六糎砲一〇門、一三糎高角砲一六門。巡洋戦艦レパルス　三二〇〇〇屯、二八・五ノット、三八糎砲六門、一三糎高角砲八門。航空母艦ヴィクトリアス　三一ノット、搭載機六〇機。豪州重巡キャンベラ、オーストラリア　九八

七〇噸、三三ノット、二〇糎砲八門、一〇糎高角砲八門、魚雷発射管八門。駆逐艦五隻。

◎米機動部隊　司令長官・タワーズ中将（二月一日中将に昇進）新戦艦（旗艦）ノース・カロライナ、ワシントン（同型）三五〇〇〇噸、二八ノット、四〇糎砲九門、一二・七糎高角砲二〇門。中型空母ワスプ一四七〇〇噸、二九・五ノット、搭載機八四機、一二・七糎高角砲八門。重巡タスカルーザ九九五〇噸、三二・七ノット、二〇糎砲九門、一二・七糎高角砲八門。重巡ウイチタ一〇〇〇〇噸、三四ノット、二〇糎砲九門、一二・七糎両用砲八門。軽巡ブルックリン一〇〇〇〇噸、三四ノット、一五糎砲一五門、一二・七糎両用砲八門。軽巡フィラデルフィア（要目はブルックリンと同じ）。駆逐艦六隻。合計　戦艦四隻、航空母艦二隻、重巡四隻、大型軽巡二隻、駆逐艦一一隻。総計二三隻。

◎指揮統帥について。

問題はこの連合機動部隊の指揮官を誰にするかという点である。

＊フィリップス中将はイギリス海軍の軍令部次長からの就任である。

＊米海軍のタワーズ中将は生粋のパイロット出身で、アナポリス海兵ではニミッツ大将の一期後輩。空母サラトガ艦長、航空艦隊参謀長、海軍省航空局長を歴任。

両者の経歴そのものに甲乙はつけ難い。但し空母機動部隊の指揮運用という点では、タワーズ中将に一日の長があると言えよう。

結局、ニミッツ大将が直接指揮を執り、スプルーアンス参謀長が両艦隊の調整に当たると言うことで英軍側も了承した。

なお、米軍のワスプ機動部隊は前述のとおりニューヘブライズ諸島のエファテ基地にあったが、英機動部隊はエファテの西南約五〇〇キロにあるニューカレドニアの南端ヌーメアに集結していた。

(2) 東カロリン諸島への長距離索敵と米英連合機動部隊の出撃

a　索敵出撃基地の選定

連合軍が所有する長距離索敵可能な機種の配備状況は、ニューヘブライズ諸島のエスピリッサントにボーイングB17重爆三六機、PBYカタリナ飛行艇三二機、ニューアイルランド島北端のカビエンに五～六機程度であった。

カタリナ飛行艇とは偵察、対潜救難、爆撃、雷撃等何でもこなす万能機であるが最高速度は三〇〇キロと遅い。しかし航続距離は六三五〇キロと長く、爆弾は四五〇キロまたは魚雷二本を搭載できる。

エスピリッサント島はニューヘブライズ諸島の北端にあり、ガダルカナル島の約九〇〇キロ、南東に位置し、ポナペ島まで二六五〇キロ、トラック島まで約二九五〇キロの距離である。

そしてB17重爆の航続距離五八〇〇キロを基礎にして計算すれば、ポナペ島は往復可能であるが、トラックは若干不足するから帰途にラバウルへ立ち寄る必要がある。しかし戦闘機の護衛をつけられないという難点がある。

そこで別案として浮上したのがポートモレスビーである。ポートモレスビーとは東部ニューギニアの半島部分の南岸に位置し、トラックまで約一九〇〇キロ、往復三八〇〇キロ、護衛戦闘機はラバウル〜トラックの一三〇〇キロ、往復二六〇〇キロの飛行が可能であればよい。P38戦闘機の航続距離は三八六〇キロに付き十分にラバウル〜トラック間の護衛が可能である。

結論としてトラック・ポナペに対する偵察ないし爆撃の出撃基地は、B17重爆が東ニューギニア南岸のポートモレスビー、P38双発戦闘機がラバウルと決定された。

◎ラバウルの兵要地誌

ニューギニアの東に位置する火山島・ニューブリテン島の東北端にラバウルがある。

当時はイギリスの属領で、連邦の一員オーストラリアが委任統治をしていた。ラバウルはニューブリテン島の首都で当時の人口は約四〇〇〇人といわれた。ラバウルの北側から東側にかけて幾つかの火山に囲まれ、一万トン級の艦船が停泊できる天然の良港（シンプソン湾）を持った港町であった。航空基地はラバウル市街に最も近いラクナイ（東）飛行場と市街地より約一六キロのブナカナウ（西）飛行場があった。

b　米軍の索敵行動

一九四二年四月七日、豪州北東岸のタウンスビルに進出していたボーイングB17重爆の二個中隊一八機は、一一〇〇キロ北方のポートモレスビーに進出した。同様に護衛のP38双発戦闘機二四機もラバウル航空基地に到着した。

索敵編隊の構成はB17重爆一機に対し護衛のP38戦闘機二機の割合とされ、両者はラバウル上空五〇〇〇mで会合し編隊を組んだ。

B17の巡航速度を三五〇キロに設定すると、ポートモレスビー～トラック間一九〇〇キロには約五時間三〇分の行程である。一番索敵は午前四時に出発して九時半にトラック上空に達し、三〇分間周辺海域を含め偵察し一〇時にトラック発、午後三時半にポートモレスビーに到着する。また二番索敵はモレスビー発午前九時、トラック着午後二時半となり、偵察後のトラック発午後三時、モレスビー着は午後八時となる。

索敵編隊の稼動はトラック方面一日二回、ポナペ方面も二回となるから毎日B17が四機、P38が八機の出動となり、B17は四日に一回、P38は三日に一回の稼動となる。

〇なお速力が遅く防禦力に劣るカタリナ飛行艇三二機（エスピリッサント）の用法は、ギルバート南方のエリス諸島からギルバート西方のオーシァン、ニューアイルランド島北方のグリニッチの線を結ぶ中間海域とし、さらにエスピリッサントとカビエンの中間にあたる「ツラギ」（ガダルカナル島の対岸）にも水上機基地を開設した。

〇その他、比島作戦終了後その所在が注目されていた米アジア艦隊の旧S型潜水艦二九隻は、喪失した五隻を除く二四隻が、ラバウル等のビスマーク諸島、ブリスベーン、ポートダーウィン等の豪州やニューカレドニア島に後退しており、この中の六隻ずつをトラックとポナペ両島周辺への出動が発令された。

c　索敵結果に基づく米英連合機動部隊の出撃

トラック島とポナペ島に対するB17重爆による索敵は四月九日から開始された。毎日二便、午前九時半と午後二時半にトラックとポナペに到着し三〇分後に帰還する。

旧S型潜水艦（八五〇トン、水上一四・五ノット、水中一二ノット、魚雷発射管四門）各六隻は八日夜半に両島泊地の一万m沖合い付近に警戒線を設けた。

一方、日本海軍の南洋諸島中部への兵力移動はどうなっていたかに関し触れておく。

小笠原諸島の第一戦隊・戦艦三隻と第五戦隊の重巡愛宕型三隻、第一水雷戦隊の主力（軽巡一隻。駆逐艦一二隻）に対するトラック移動発令が四月五日朝、出発が六日朝。小笠原〜トラック間は約二四〇〇キロ、二二ノット（四〇キロ）で六〇時間、すなわち二日と一二時間の行程であり、トラック到着は八日夕方となる。同様にマーシャル・マロエラップ〜ポナペ間は一四〇〇キロ、二二ノットで三五時間、すなわち一日と一一時間の行程であり、マロエラップ発が四月七日朝でポナペ着は八日夕方となる。すなわちトラックとポナペの日本艦隊到着は概ね同一日の同一時刻頃となった。

四月八日夕方に到着した日本艦隊について、両島に対する九日の一番索敵機は、これを発見して直ちに真珠湾のニミッツ司令部に報告した。ニミッツ大将は、空母を伴わないトラックより先に機動部隊の進出したポナペ島を全力で攻撃することとし、第一陣としてB17重爆による水平爆撃を、第二陣として米英連合機動部隊が雷爆撃及び砲撃を実施することに決定した。

(3)　ポナペ島沖海空戦——空母「飛龍」「龍驤」対「ワスプ」「ヴィクトリアス」

a　トラック、ポナペ両島の日本軍防空能力

☆東カロリン諸島における日本の基地航空部隊の戦力は次の通り。

◆トラック島＝海軍航空　三沢航空隊　陸上攻撃機三六機、高雄航空隊　陸上攻撃機二七機（比島戦終了後に進出）、第二航空隊　零式戦闘機四五機（同上）、その他　零式戦闘機九機。陸軍航空　戦闘三個戦隊七二機。

◆ポナペ島＝飛行場なく基地航空戦力は無い。

米軍の一番索敵機二個編隊（B17重爆二機、P38戦闘機四機）は、トラック・ポナペに入港した日本艦隊の戦力を報告した後に消息を絶った。

☆両島の対空火力は概ね次の通り。

地上火力＝トラック　七・五糎高射砲三〇門、二〇ミリ高射機関砲三〇門。ポナペ　七・五糎高射砲一二門　二〇ミリ高射機関砲一八門。

軍艦搭載＝戦艦「大和」空母「飛龍」「龍驤」一二・七糎高角砲各一二門、戦艦「長門」「陸奥」及び重巡一二・七糎高角砲各八門、二五ミリ機関砲　戦艦は二〇門以上、重巡は

八門。空母は二〇〜三〇門。

消息を絶った索敵の米軍機は、トラックでは基地航空の戦闘機に、ポナペでは空母搭載の艦載戦闘機との空戦、あるいは地上または軍艦搭載の高射砲によって喪失したものと判断される。

b　米英連合艦隊のポナペ島攻撃計画の大要

攻撃目標を空母「飛龍」(一七三〇〇噸)と軽空母「龍驤」(一〇六〇〇噸)に集中し、先ずP38双発戦闘機二〇機(四機喪失)に護衛されたB17重爆一六機(二機喪失)が高空から水平爆撃を行い、日本軍の艦載戦闘機を高空に誘致する。その好機を利用してポナペ島南方約一〇〇キロに近寄った米英機動部隊から発進したSBDドーントレス急降下爆撃機とTBFアベンジャー雷撃機の雷爆撃によって二隻の日本空母を撃沈する。

空母撃沈後は目標を戦艦一隻と重巡三隻に移し、戦艦の主砲(米軍・四〇糎砲一八門、英軍・三六糎砲一〇門、三八糎砲六門)の威力に期待することとした。

B17重爆の攻撃は早朝五時とし、機動部隊はその戦果に乗ずる形を取る戦法であり、泊地外に退避する日本艦隊に対しては港外に網を張った米軍の旧S型潜水艦六隻にて攻撃する手段も講じてあった。

c　連合機動部隊の急進撃

四月九日午前九時半にトラック島及びポナペ島上空に到達した索敵機の報告により、ニミッツ司令部は米英連合機動部隊に対し、直ちにポナペ島の日本機動部隊の撃滅を命令した。連合機動部隊の現在位置及びポナペ島への進路、合流地点の位置とそこに至る距離、出発日時と到着予定日時は次の如く決定され実行された。

◆米軍ワスプ機動部隊

現在ニューヘブライズ諸島のエファテ（エスピリッサント南方三〇〇キロ）にあり、四月九日午後四時出撃、エファテ→サンタクルーズ諸島ヌデニ島西側→ソロモン諸島北側東経一六〇度線と赤道の交点→合流点（グリニッチ島の東三五〇キロ＝東経一六〇度線の西約二二〇キロでポナペ島の真南約五〇〇キロ）。

合流点までの距離は二五〇〇キロ、二三ノット（四二キロ）で六〇時間（二日と一二時間）、到着日時は四月十二日午前四時。

◆英軍ヴィクトリアス機動部隊

現在ニューカレドニアのヌーメア（エファテの西南方五〇〇キロ）にあり、四月九日一二時出撃、ヌーメア→ソロモン諸島ニュージョージア島北側中央→チョイセル島とイサベル島の中間水道（ポナペ島の真南一六〇〇キロ）→合流点。

合流点までの距離は三〇〇〇キロ、二五ノット（四六キロ）で六五時間（二日と一七時間）、到着日時　四月十二日午前五時。

米英機動部隊とも速力の速い空母と重巡を先行させながらの急進撃を敢行し、十二日早朝に実施されるB17重爆の攻撃に間に合うことが出来たのはさすがであった。

d　ポナペ島への甲標的搭載潜水艦の展開と対潜掃討

四月九日の米軍による一番索敵がトラック島とポナペ島に対して行われ、トラックでは基地航空の戦闘機に、ポナペでは空母「飛龍」の艦上戦闘機によって米軍索敵機全機が撃墜された。その報告に接した連合艦隊司令部では、ビスマーク諸島方面に対する対空警戒を厳にするよう、特にa夜襲部隊をニューアイルランド島北方に進出させて軽空母「龍驤」の艦載機による索敵攻撃作戦の実施を命令した。

しかし、ラバウル方面における米軍の動きに変化はなかった。四月九日から行動を起こしたa夜襲部隊も、特別な獲物と遭遇せずに十一日夕方にポナペ島の泊地に帰還した。

また、中部太平洋艦隊司令長官・草鹿任一中将は、米軍のB17重爆による索敵網が東カロリン諸島に及んだことを重視し、マーシャル諸島に進出していた甲標的搭載の第四潜水戦隊所属伊号潜水艦八隻（司令官・吉富説三少将・海兵三九期）に対し、ポナペ島への急進を命じた。

八隻の潜水艦は第一水雷戦隊駆逐艦四隻の護衛の下、二二ノットの高速でクェゼリン～ポナペ島間一一〇〇キロを二七・五時間で走破し、四月十日夕方には潜航態勢でポナペ島東南側一万mの線に散開して潜航待機、護衛駆逐艦は泊地南方五千～一万mの間にて米潜水艦に対する爆雷攻撃を展開した。果たせるかな、四か所において猛烈な水中爆発が起こり、多くの木片と重油が海面に浮上するのが確認されたので、米潜水艦四隻撃沈の報告を草鹿長官宛に行った。

e　中部太平洋初の空母対決は実現するか？

連合海軍の戦術目標は、東カロリン諸島トラック島の戦艦群を後回しにして、まずポナペ島に集結した日本軍の飛龍機動部隊と軽空母「龍驤」を伴った重巡部隊等を攻撃し、空母二隻を撃沈するにある。そして戦略目的としては、マーシャル諸島の後方を遮断してマーシャル決戦の結果を五分に持ち込むことである。

開戦以来の米空母の損害はジョンストン島南方においてフレッチャー機動部隊が壊滅して中型空母「ヨークタウン」と「エンタープライズ」を喪失し、さらにジョンストン島北方ではハルゼー機動部隊が日本の基地航空部隊の猛攻を受けて大型空母「レキシントン」を喪失し、「サラトガ」は中破の損傷を被った。

すなわち三隻の空母が撃沈され、一隻の空母も一時戦列から離れてしまった。これに対し日本の空母は中型の「蒼龍」と小型の「翔鳳」を喪失したのみである。

マーシャルとギルバートに展開する日本空母「赤城」「加賀」「翔鶴」「瑞鶴」の四隻とポナペの「飛龍」に対し、米軍側は大西洋から回航中の中型空母「ホーネット」と「タワーズ」機動部隊のワスプ及び英フイリップス機動部隊の英空母「ヴィクトリアス」の三隻のみで、明らかに米英軍の劣勢であった。

◆B17重爆の日本空母攻撃

日本軍のトラック防空戦力はすでに述べた如く、海軍零式戦闘機五四機と陸軍一式戦闘機七二機、計一二六機の基地航空部隊があり、陸海の対空火砲は陸軍の七・五糎高射砲が三〇門、海軍は戦艦および重巡の一二・七糎高角砲が四四門で合計七四門。

一方のポナペは、空母の搭載機数が「飛龍」七二機、「龍驤」四八機、計一二〇機のうち四割を戦闘機とすれば四八機の零戦が防空戦力となり、高射砲は陸軍が七・五糎砲一二門、海軍の一二・七糎高角砲は空母が各一二門の二隻で二四門、戦艦一隻と重巡三隻が各八門三二門、海軍計五六門、陸海合計六八門でトラックに近い防空戦力を有していた。

一九四二年四月十二日午前五時、高速重武装（最高時速四六〇キロ、一二・七ミリ機関砲一三門）のボーイングB17重爆撃機一六機は六〇〇〇mの高度からポナペ島上空に進入した。爆撃編隊の一〇〇〇m上空には、ロッキードP38双発重戦闘機二〇機が日本戦闘機の上昇を待ち受けていた。この時の日本艦隊の位置は、軽空母「龍驤」中心のa夜襲部隊は泊地から港外に移動しつつあり、飛龍機動部隊は未だ泊地内にあつて福留司令官からの速やかなる港外移動の指示を受けていた。

◆迎撃態勢の遅延と日本空母の構造的欠陥

しかし、この緊急を要する時期に日本空母の構造的欠陥が露呈された。それは日本の空母にはカタパルトが装備されていないため、風上に向かって全速力で走らねばならず、最も竣工の遅い「飛龍」（昭和十四年七月五日竣工）においてもカタパルトはなかった。米海軍では一九三七年（昭和十二年）完成の「ヨークタウン」以降の制式空母はすべてカタパルトが装備されていたのである。

カタパルト装備の利点として「甲板上のスペースが有効に使用できる」「発艦に要する時間が短縮できる」「母艦の航行速力を低下させたまま発艦が可能となる」等が挙げられ、機動部隊による海空戦がまさに時間との勝負である以上、日本の空母はこれらの点で致命的な構造上の欠陥を有していたといえる。

しかもB17重爆には前述の如く「ノルデン式爆撃照準機」という新技術があり、自動操縦装置と爆撃照準機を連動させ、爆撃進路に入ったら操縦はパイロットの手を離れ、定針定速、横滑り防止と照準の一切を爆撃手が行う高度な機械式システムで、命中精度の高さは他の追随を許さなかった。

したがって未だ停泊状態にあった中型空母「飛龍」はもちろん、泊地外に移動して速度を上げ戦闘機の発進を開始していた軽空母「龍驤」も、B17の投下した五〇〇kg徹甲爆弾の弾幕に包まれてしまった。結果は両艦とも撃沈され、「飛龍」の加来艦長、「龍驤」の杉本丑衛艦長は艦と運命を共にした。

f　日本軍基地航空部隊の特攻

トラック島基地航空部隊からの九六式陸攻と零戦による索敵攻撃は、四月十日より毎朝五時と八時の二回行われ、ラバウル方面に一個編隊、ポナペ島方面に二個編隊が発進した。

しかし、B17重爆部隊によるポナペ空襲は午前五時に実施されたので、日本の索敵は米空軍の来襲に間に合わなかった。トラック～ポナペ間は七〇〇キロあり、九六陸攻は零戦をポナペ上空の制空に残し、陸攻二機編隊二組の四機はポナペより真南に五〇〇キロほど南下した海面で輪型陣を組んだ米機動部隊を発見した。索敵編隊はトラック島から時速二〇〇ノット（三六五キロ）で三時間二〇分飛んでおり、米艦隊発見は四月十二日午前八時二〇分。

索敵部隊指揮官は「〇八二〇、我れ米空母ワスプ機動部隊を発見。位置、ポナペ島南方五〇〇キロ、空母の他はノースカロライナ型戦艦二隻、重巡二隻、ブルックリン級大型軽巡二隻、駆逐艦四隻。我が編隊四機は米空母と戦艦に突入する」と打電し、指揮官機編隊の二機は空母「ワスプ」に、他の二機は戦艦に向かって突入した。五〇〇キロ爆弾二個ずつを搭載した陸攻は、指揮官機が空母「ワスプ」に命中、「ワスプ」は大爆発と共に沈没し、他の一機は「ノースカロライナ」に命中大破せしめた。しかし残りの二機は対空砲火で撃墜された。

この報告に接した基地航空部隊長官・塚原二四三中将は、トラック基地待機中の陸攻部隊、三沢航空隊三二機、高雄航空隊二四機、計五六機に対し、ポナペ島南方海域からグリニッチ島一帯に進出していると推定される連合軍機動部隊に対する総攻撃を発令した。

また中部太平洋艦隊長官・草鹿任一中将は、去る四月十日夕刻、クェゼリン島からポナペ島に進出し散開線を形成していた第四潜水戦隊（司令官・吉冨説三少将）の甲標的搭載潜水艦八隻に対し、ポナペ島南方約五〇〇キロ東西の線に急進して、敵の機動部隊を求めて空母及び戦艦を雷撃するよう命令した。

g　英空母「ヴィクトリアス」、英戦艦「プリンス・オブ・ウエルズ」、巡洋戦艦「レパルス」対日本軍九六式陸上攻撃機の激闘

ポナペ島索敵機の特攻を知った基地航空司令部は、直ちにラバウル方面の索敵編隊の目標をポナペ島方面に変更させた。そして四月十二日午前八時三〇分にトラック基地を出撃した五六機の陸攻は、二手に分かれて南下した。三沢航空隊の三二機に高雄航空隊一個中隊八機を加えた日本軍主力四〇機は、英国機動部隊を求めて米機動部隊の西方一〇〇キロ付近を目標に、また高雄航空隊の残余一六機は米機動部隊の戦艦、巡洋艦を求めて戦場に殺到した。

午前一一時前、ラバウル方面から目標を変更した索敵一個編隊は、グリニッチ島の東方約二五〇キロの海面に英機動部隊を発見し追尾を開始した。その報告によれば、敵の兵力は大型空母一隻、戦艦二隻、重巡二隻、駆逐艦五隻で、戦艦のうち一隻はキングジョージ五世型の新戦艦と推定され、この艦隊は英海軍の機動部隊と判断された。

この報告により陸攻部隊主力四〇機は高度三〇〇〇mで接近し、三沢空の第一中隊は編隊爆撃で二五〇キロ爆弾を投下して空母の飛行甲板に二発命中させた。次いで雷装の第二中隊八機が低空から魚雷を発射し三本が命中、空母は大きく傾斜した。さらに第三中隊八機が、先頭を進む新戦艦「プリンス・オブ・ウエルズ」を雷撃して二本が命中、速力が急速に低下した。

しかしこの間、三個中隊一八機の日本陸攻部隊は、英空母「ヴィクトリアス」の艦載戦闘

機二〇機（搭載総機数六〇機）の激しい迎撃戦闘により逐次損害を受け、攻撃終了までに六機が撃墜された。

午前一一時四〇分頃、英空母と戦艦二隻は各艦とも数本ずつの大きな水柱に囲まれ三艦とも大爆発を起こした。彼我両軍とも何事が発生したか分からなかったが、実は日本海軍の誇る甲標的搭載潜水艦による襲撃であった。八隻の伊号潜水艦から発進した水中速力一九ノットの小型潜水艇は、各二本ずつ計一六本の魚雷を発射し、そのほとんどが前記の三艦に命中して一瞬の間に海底に葬り去ったのである。

日本軍陸攻部隊の後続二個中隊一六機が戦場に到着した時、英軍の兵力は重巡二隻と駆逐艦五隻であったが、その多くは大中破の損害を受けて南方に避退しつつあり、帰艦すべき空母を失った英軍戦闘機約一〇機も、ガッチリと編隊を組んだ九六式陸攻六四門の旋回機関銃との戦闘で逐次海中に没して行った。

(4) ポナペ島沖海空戦の総括

先ず両軍の損害は、駆逐艦を除いて概ね次の通りと判断された。

◆日本軍＝沈没　中型空母「飛龍」、軽空母「龍驤」、中破　戦艦「比叡」、重巡「熊野」、航空機喪失　九六陸攻・一〇機（うち特攻四機）。

◆米軍＝沈没　中型空母ワスプ、重巡一、大型軽巡一、旧S型潜水艦四、大破　ノースカロライナ型戦艦一、中破　ノースカロライナ型戦艦一、重巡一、航空喪失　索敵編隊B17

重爆二、P38戦闘機四

㈲空母「ワスプ」の沈没と戦艦一隻の大破は、索敵陸攻の特攻による。その他の損害は、高雄航空隊陸攻一六機の雷爆撃による。

◆英軍＝沈没　空母ヴィクトリアス、新戦艦プリンス・オブ・ウエルズ、巡洋戦艦レパルス、大中破　重巡キャンベラ、オーストラリア、航空機喪失　空母搭載戦闘機一〇機

㈲　空母ヴィクトリアスと戦艦二隻の沈没は、三沢空陸攻二四機と甲標的潜水艇八隻の攻撃による。

◎航空機の損失には、上記の他に空母の沈没に伴う喪失がある。日本軍＝飛龍搭載機七二機、龍驤搭載機四八機（数機は母艦を発進）。米英軍＝ワスプ搭載機八四機、ヴィクトリアス搭載機六〇機（二〇機は空戦）

◆海空戦の評価

空母の喪失は両軍とも二隻ずつであるが、その搭載機数を比較すると、日本の一二〇機に対し米英連合軍は一四四機であり日本より二〇％多い。また「龍驤」は一万噸の軽空母との点から見ても、日本の損失の方が幾分軽いと判定できる。

次に戦艦であるが、日本は旧式の高速戦艦一隻が中破であったのに対し、米英軍では三五〇〇〇噸の最新鋭戦艦二隻と旧式巡洋戦艦一隻が撃沈され、新戦艦の中破一隻という損害は、ほぼ全滅に等しいダメージを被ったといえる。

巡洋艦に関しては、B17重爆の照準機の優秀さをもってしても、陸軍機なるが故に雷撃も出来ず、軽快な巡洋艦の操艦術が勝ったものと考察する。

さらに特筆すべきは甲標的（小型高速潜水艇）八隻の奇襲であろう。甲標的は元来が洋上決戦時に使用する目的で考案されたものであり、警戒厳重な要地攻撃には不向きな兵器である。今回の海空戦は九六陸攻の大規模攻撃との同時攻撃が見事に成功した戦例として戦史に残る偉業であった。

また基地航空部隊の所属する陸上攻撃機六〇機についても、その索敵力、攻撃力及びそれらを可能にする長大な航続力等の優越性と、戦況の重大性を瞬時に観察して特攻を敢行した索敵編隊指揮官の殉国の精神に感涙を禁じえないのは筆者のみではなかろうと信ずる次第である。

5　マーシャル決戦の勝敗と評価

ここで言う「マーシャル決戦」とは、①三月二十七日夕方から夜間にわたるジョンストン島南西沖海戦（フレッチャー機動部隊の壊滅）。②三月二十八日午後一時半からのジョンストン島北方沖海空戦（ハルゼー機動部隊の敗退）。③三月二十八日午後四時からのジョンストン島東方沖海空戦（高木夜襲部隊の敗戦）。④三月二十九日正午からのカントン島西方沖海空戦（蒼龍機動部隊の全滅）。⑤四月十二日早朝からのポナペ島沖海空戦（中型空母飛龍と軽空母龍驤の沈没。米ワスプ機動部隊及び英ヴィクトリアス機動部隊の壊滅）。

以上、マーシャル・ギルバート両諸島の東方海域並びに西方のポナペ島海域を含む合計五次にわたる海空戦の総称である。

この結果、米海軍の大型空母は中破した「サラトガ」一隻となり、大西洋から急いで回航した中型空母「ホーネット」との二隻のみとなった。

一方の我が日本海軍は、大型空母「赤城」「加賀」「翔鶴」「瑞鶴」の四隻が健在であり、空母の比較では日本が断然優位に立つに至った。

その原因としては、第一に日本海軍の基地航空に所属する大型陸上攻撃機が支那事変の渡洋爆撃等による豊富な実戦経験を持っていたこと。第二に米軍の誇るボーイングB17重爆は陸軍機であり四発の巨体では雷撃も適わず、海洋を高速で航行する艦艇に対する攻撃力の点では日本の陸上攻撃機の方が優れていたこと。第三に日本の潜水艦隊三六隻の伊号潜水艦の索敵及び雷撃能力の優秀性、航跡を残さない酸素魚雷の開発、さらに水中速力一九ノットに及ぶ特殊潜航艇八隻の奇襲効果。第四にマーシャル諸島をはじめ旧南洋委任統治領における日本陸海空軍の戦力集中が迅速に実施されたこと。第五には開戦初期に南方の石油資源等、戦略要地を攻略して攻撃の重点を東方に指向したこと。

これらが総合的に運用され、相乗効果を発揮し得たのではなかろうか。

第十一章　太平洋の勝鬨

Ⅰ　統合幕僚会議の招集

日本本州から南へ三五〇〇キロ、南太平洋のミクロネシア連邦・チューク州が太平洋戦争中のトラック環礁である。環礁内には、モエン島（春島）、デュブロン島（夏島）、フェファン島（秋島）、ウマン島（冬島）及びウドット島（月曜島）などが散在する世界最大級の美しい環礁である。

連合艦隊は昭和十七年四月、マーシャル決戦の進展にあたり、小笠原諸島に待機中の戦艦「大和」「長門」「陸奥」をはじめ愛宕型重巡の「鳥海」「摩耶」並びに第一水雷戦隊主力（軽巡一隻、駆逐艦一二隻）をトラック環礁に進出させ、連合艦隊司令部を夏島に置いた。

空母基幹の第一、第二機動艦隊はマーシャル・ギルバート方面にあり、トラック環礁の航空部隊は基地航空のみである。その兵力は以下の通り。

海軍陸上攻撃機六三機、零式戦闘機五四機、陸軍一式戦闘機七二機。

すでに述べた通り、マーシャル決戦は三月二十七日から四月十二日に至る約半月余りの間に、五次にわたる海空戦が行われた結果、生き残った中型空母以上の戦力は米軍の二隻に対し、日本は四隻を有して現在の日本の優位は確定した。

この機会に際し連合艦隊司令長官・近藤信竹大将は、各艦隊司令長官及び陸軍の軍司令官をトラック基地に招集し、マーシャル決戦後の戦略方針策定のための協議を行った。

参集者は次の通り。

第一機動艦隊長官・小沢治三郎中将。第二機動艦隊長官角田覚治中将。中部太平洋艦隊長官・草鹿任一中将。南方方面艦隊長官三川軍一中将。潜水艦隊長官・山口多聞中将。基地航空艦隊長官・塚原二四三中将。陸軍・南方方面軍司令官・板垣征四郎大将（参謀長・塚田攻中将）。太平洋方面軍司令官・安達二十三中将（参謀長武藤章中将）。
(注) 陸軍は参謀長が代理出席。陸海軍とも作戦主任参謀を同伴。

1　連合艦隊の戦略方針策定

(1) 第一次マーシャル決戦後の日米海軍の対応の再検討

米海軍が新規建造中のエセックス級空母（二七一〇〇噸、一〇〇機搭載）の竣工は一九四二年一隻、一九四三年六隻の計七隻との情報に変化はない。また軽巡船体改造の軽空母インデペンデンス級（一一〇〇〇噸、四五機）九隻は一九四三年中に竣工見込みである。

さらに空母護衛の核となる新式戦艦ノースカロライナ型二隻（四〇糎砲九門、二八ノット）は一九四一年中に竣工済みであり、サウスダコタ型四隻（性能は同じ）は一九四三年中に竣工予定となっている。

一方の日本の新規完成予定の空母は、雲龍型三隻（雲龍、天城、葛城、一九一五〇噸、三四ノット、六五機）が一九四四年に完成予定であり、空母の性能と隻数や完成時期の点から見て米軍の優位は動かない。したがって昭和十七年（一九四二年）中が日本にとって勝負の年であり、この時期を過ごしては日本海軍の勝利は理論的に困難と判断された。

(2) パナマ運河の破壊は一九四二年中に可能か？

時間的余裕が無いため、運河攻撃用潜水艦は第一線に配備済みの伊七型（伊七、八）、伊九型（伊九、伊一〇、一一）、伊一五型（伊一五、一七、一九）、の八隻のうち四隻を選抜する。

搭載機は天山艦上攻撃機六機を準備し、うち二機を予備機とする。使用爆弾は二機に各五〇〇キロ一個、他の二機に各二五〇キロ二個とす。

攻撃要領は第五章に準拠するが、なお十分な検討を加え七月末までに準備を完了して八月中旬までに攻撃時期を決定する。

(3) 南方方面に対する方針

南方方面に関しては、日本の防衛体制は強靭であり、印度洋方面からの進攻は英軍にその余力は無く、豪州から蘭印方面に対する反攻も現状では成功の可能性はない。ポートモレスビーとラバウルはこれを占領せず基地機能に打撃を与えるを可とする。

(4)　米国本土及びハワイ諸島に対する方針

潜水艦隊の主力をもって米本土とハワイ真珠湾軍港並びに豪州への交通線を遮断。その結果を見ながらハワイ・オアフ島の攻略またはその軍事施設の覆滅を図る。

以上の諸点を作戦計画立案の中心と位置づけた近藤司令長官は、「統合幕僚会議」の開催を軍令部総長・高橋三吉大将に要請した。この要請を受けた統合幕僚会議は、昭和十七年四月二十日午前一〇時から陸軍省において開催された。

㈹　事務局長は十六年十月〜十七年三月まで海軍軍務局長、十七年四月より陸軍軍務局長が担当している。

2　統合幕僚会議の協議と決定事項

連合艦隊から提出された「マーシャル決戦後の対米戦略策定」は、事前に海軍軍令部と十分協議されたものであったから、幕僚会議における説明は軍令部次長・伊藤整一中将が担当した。連合艦隊からは司令長官・近藤信竹大将と参謀長の宇垣纏少将（海兵四〇期、軍令部作戦部長をへて十六年八月連合艦隊参謀長）の二名が特に出席を求められた。

(1) 伊藤整一軍令部次長の説明要旨

a 現在までの戦況に基づく今後の基本戦略

開戦以来の戦闘により、米海軍の制式空母は中破した「サラトガ」を含み二隻のみとなり、四隻を有する日本海軍の優位は確立された。

しかし、現在建造中の米軍空母は大型七隻と軽空母が九隻あり、その搭載機数の合計は一〇〇〇機と算定される。したがってこれらが完成する昭和十八年中期以降は米軍艦載機の数は日本の三倍を超え両軍の艦隊航空戦力は逆転する。

以上の計算の通り米軍艦載機は日本の三・六倍となる。したがって日本海軍としては、昭和十七年中に米国に対し大きな打撃を与えて戦略的優位を確立し、しかる後に講和に持ち込むを至当と判断する。

b 連合艦隊において検討済みの具体的方策

(イ) 潜水艦による敵の海上交通線の遮断

潜水艦隊（三六隻）の主力をもって米本土～ハワイ間、米本土～豪州間の海上交通線を遮断し、敵の補給路を破壊する。

(ロ) パナマ運河を破壊するため、伊七型、伊九型、伊一五型潜水艦のうち四隻に天山艦上攻撃機を積載して攻撃し、爆撃により運河を破壊する。

	空母隻数	搭載機数	
米軍	現有	2	90 ＋ 80=170
	新規大型	7	100 × 7=700
	小型	9	45 × 9 ＝ 405
	合計	18	1275
日本軍	現有	4	90 × 2+84 × 2=348
日本の雲竜型３隻の竣工予定は 19 年後半につき計算外とする			

(注)パナマ運河の概要。全長八〇㎞、三つの人造湖があり、水位差を調整するため三か所に閘門が設置されている。地形は大西洋側の斜面が急であり、最上段の閘門を破壊すれば湖水が一気に流出して下方の閘門も破壊される。運河の開通工事に従事した日本人技師が東京に在住しており、その説明と設計図により詳細を把握した。

(ハ)ハワイ・オアフ島の攻略

真珠湾軍港のあるオアフ島は米海軍の最大の基地であり、太平洋での米国軍全体の前進基地でもある。オアフ島には、それぞれが二〜三本の滑走路をもつ飛行場がバーバス、フォード、ヒッカム、ベローズ、ホイラー、ハレイワと六か所も存在している。

航空機は海軍が二七〇機、陸軍一八〇機、計四五〇機がオアフ島におり、地上軍の兵力は、ショート中将の指揮する歩兵第二四師団、第二五師団を中心に約六万人。

真珠湾軍港の主要な海軍艦艇は、中破の空母「サラトガ」と大西洋から回航された中型空母「ホーネット」の二隻。戦艦は大中破した新式の「ノースカロライナ」型二隻、旧式戦艦八隻、重巡一二隻、軽巡六隻、その他駆逐艦、潜水艦等小型艦を含めて合計八五隻（マーシャル決戦で重巡五隻と軽巡一隻が撃沈されたので重巡は七隻軽巡は五隻に減少している）。

主要軍事施設には、二〇〇〇トンの大型燃料タンク二六基。ドックは大型艦用二、小型艦用四。大型修理施設二。

◆ジョンストン島とミッドウェー島の攻略（説明は軍令部作戦部長が担当）

我が軍の攻略方法は、まずジョンストン島とミッドウェー島を占領して基地航空部隊を進出させ、偵察拠点を推進する。しかし両島とも珊瑚礁に近い小島であって、滑走路一本設けるのがやっとであった。

ジョンストン島に例をとると、真珠湾から南西に約一三〇〇キロ、面積二・八平方㎞、海岸線の総延長三・四㎞。土地は平坦、低い植生、珊瑚礁の環礁で最高点は五ｍ。米太平洋艦隊の前線哨戒拠点として海浜近くに海兵隊飛行場があり、海兵一個大隊が守備に当たっている。

またミッドウェー島はハワイ・オアフ島の西北方約二一五〇㎞。直径僅か九・八㎞という環状の珊瑚礁で周囲約二九㎞、高さにして一・五ｍから六ｍ、環状の中心は深さ六ｍから二〇ｍの湖になっている。その湖の南部にサンド島、イースタン島と呼ぶ二島があって、イースタン島が約八〇〇〇平方ｍ、サンド島が約三平方キロで雑草の繁茂する荒地であった。しかしこの無人島に米軍の飛行基地と軍港が建設されたことによって、ミッドウェー島はアメリカとアジア大陸を結ぶ重要な中継地点となった。

ミッドウェー島とジョンストン島の攻略には、ヤルート島の海上機動第五旅団とブラウン環礁の第七旅団を使用する。上陸の援護には陸攻三六機を二個戦隊と改造空母の「飛鷹」

「隼鷹」（二四〇四〇噸、二五・五ノット、搭載五三機）を基幹とする機動部隊を臨時に編成して制空権の確保と地上部隊の撃滅を支援する。

両島を占領後の守備兵力は連隊長の指揮する一個戦闘団（歩兵一個大隊、野砲一個中隊、中迫一個中隊、工兵一個中隊、通信小隊）をそれぞれ配置する。飛行場を整備後は陸攻一個中隊（九機）、戦闘一個中隊（一二機）、飛行艇六機、水偵八機をもって七〇〇浬圏内の哨戒にあたる。

㈱海上機動旅団の概要　機動大隊（上陸用歩兵大隊＝歩兵、砲兵、迫撃砲、工兵の混成）戦車隊、機関砲通信、衛生、輸送隊（特大発一〇、大発一五〇、駆逐艇一〇、SS艇三）、定員五四五八名。

◆ハワイ島の地形と気候（説明は軍令部作戦課長が担当）

ハワイ諸島は、州都のあるオアフ島を中心に西北西にカウアイ島とニイハウ島、東南東にモロカイ島、マウイ島、ラナイ島、カホオラウエ島、ハワイ島の八つの島から成っている。総面積は一六六三四平方キロでハワイ島が最も大きく一〇四一四平方キロもあるから、他の七島の合計六二二〇平方キロの一・六七倍に達している。

ハワイ島は日本の四国の半分程の面積で「マウナケア」と「マウナロア」の二つの標高の高い山がある。「マウナケア」の高さは四二〇五mと富士山よりも高く、裾野の広いなだらかな斜面をもっている。「マウナロア」も四一七〇mの高さがあり、ハワイ島全体が巨大な山の如く造られている。海底からの標高は約九〇〇〇mとエベレスト山に匹敵する。またハワイ島は「キラウエア火山」の活発な火山活動が続いており、未だ誕生過程にある島である。キラウエア火山はオアフ島全体が入ってしまう程の面積がある。

気候に関しては、西部のコナ地区は年間を通じて晴の日が多く、平均月間降雨量は夏季で一インチ、冬季で一~三インチ。島の気候は東側と西側で全く違い、島の東北部は山に遮られた貿易風の影響で雨が多く、月間平均降雨量は夏季で六~一〇インチ、冬季で一~九インチと雨が多い。

火山から出た火山霧は島全体を覆い尽くすこともある。日中平均気温は五~十月の夏季で二九・四度、十一~四月の冬季で二三・九~二六・一度。ハワイ島の特色として季節によってではなく、地形により場所によって気候の変化が見られる点である。

空港は島の西岸中部に「コナ」空港があり、東岸中部に「ヒロ」空港がある。両空港を結ぶ幹線道路は、北回りが一六〇キロ（約二時間半）、南回りが一九五キロ（約三時間一〇分）。

◆オアフ島の地形と気候（説明担当は前項と同じ）

オアフ島は、八つの島からなるハワイ諸島の中で三番目に大きな島。その面積は五九四平方哩（一九七八平方キロ）で千島の国後島とほぼ同じであり、自動車なら約半日で半周できる程度。二つの死火山からできており、ワイアナエ山脈とコオラウ山脈となって全く違った美しい山並みを造り出している。

ワイアナエ山脈　乾燥した島の西部にあり、乾燥土の茶色と木の緑がブレンドしたような山肌。コオラウ山脈　雨の多い北東部にあり緑に覆われている。島の中央の平地は畑地でパイナップル等の栽培が行われている。

気候は十～三月が雨季であるが、時々雨が降る程度。年間を通じて気温は暑くても三〇度、寒くても二〇度というところ（注、全島の約四分の一が米軍基地となっている）。

c　オアフ島・ハワイ島に対する具体的作戦計画

(イ)　航空撃滅戦

両島同時に行うことになるが、米空軍の配備重点が飛行場六か所のオアフ島にあることは当然だから、我が軍の戦力配分もオアフ島が優先される。

オアフ島とハワイ島の距離は約二七〇キロであり、戦闘機で三〇分、艦爆・艦攻で四五分という近距離であり、ハワイ島だけを先に攻撃しても意味は無い。初めに航空奇襲を両島同時にかけ、飛行場と航空機の大部分に致命的打撃を与えた翌日早朝を期して強襲上陸を敢行する。なお航空奇襲及び強襲上陸に当たっては、石油タンクやドック、修理施設等に被害を及ぼさないよう細心の注意を必要とする。

(注)　零戦三二型五三〇キロ時、九七艦攻三七〇キロ時、九九艦爆二二型四三〇キロ時。

航空撃滅戦は第一機動艦隊（赤城、加賀）と第二機動艦隊（翔鶴、瑞鶴）とし、小沢治三郎中将が統一指揮を執る。

(ロ)　オアフ島上陸作戦

★上陸地点と進撃路
東岸上陸兵団＝モカプ半島からホノルル北方を経てパールハーバー制圧。兵力、近衛師団、戦車第三連隊、野戦重砲第二〇連隊、高射機関砲一大隊。

西岸上陸兵団＝コ・オリナからワイパフを経てパールハーバー制圧。兵力 第五六師団、戦車第五連隊、野戦重砲第四連隊、高射機関砲一大隊。

南岸上陸兵団＝ワイキキ海岸からホノルル空港一帯の確保。兵力、第五師団、戦車第九連隊、野戦重砲第三連隊、高射機関砲一大隊。

以上の三個師団基幹部隊は、マレー上陸作戦に予定されていた第一五軍であり、軍司令官・牛島満中将の率いる国軍最強部隊である。

なお、戦車連隊の編成は中戦車三個中隊四五両、七五ミリ自走砲一個中隊一五両。野戦重砲連隊は九六式一五糎榴弾砲二四門の自動車編成。高射機関砲大隊は九八式二〇ミリ車載高射機関砲三〇門。
★上陸作戦用船舶
強襲揚陸艦（舟艇母船）神州丸、秋津丸、熊野丸、ときつ丸。

神州丸は世界最初の強襲揚陸艦として支那事変の杭州湾敵前上陸作戦に使用されたもので、三〇隻から六〇隻の各種舟艇（大発七～二〇、中発一〇、小発二〇）を搭載し、同時に約二二〇〇名の武装兵を輸送することができた。

要目 七一〇〇噸、一九ノット、七・五糎高射砲三、二〇ミリ高射機関砲一〇、対潜迫撃砲一、但し秋津丸以下は、九一九〇噸、二一ノット。近衛師団に神州丸、第五六師団に秋津丸、第五師団に熊野丸が配属された。

★陸軍機動艇（戦車揚陸艇／SS艇）

この機動艇は強襲揚陸部隊の尖兵となるもので、米軍が多用したLSTと呼ばれた戦車揚陸艦と同じである。日本陸軍が昭和十二年から研究整備していたもので、戦車等の各種車両、物資、人員の渡洋輸送が可能で、揚陸時はそのまま海岸に接岸し揚陸することができる。主な要目は次の通り。排水量八五〇噸、速力一四・五ノット、七五ミリ舟艇砲一、一五〇ミリ迫撃砲一、二〇ミリ高射機関砲三。

中戦車の場合は一〇両まで搭載できるが、中戦車四両の場合はトラック一両、小発二隻、歩戦工の兵員一七〇名を搭載し、歩・工兵が乗り込む二隻の小発を発進させ、本艇着岸の一歩前に上陸させることができるので、諸兵協同作戦をコンパクトに実現するという長所がある。

海上機動旅団はSS艇一五隻をもって編成され、戦車を主体とする諸兵連合の部隊として上陸地の確保を目的とする。

また一般師団に配属された戦車連隊は中戦車四五両・自走砲一五両編成につき、SS艇一〇隻で六〇両の車両と乗務員を搭載する。したがって三個戦車連隊で三〇隻、燃料・弾薬の予備を輸送するトラック用として一〇隻、合計四〇隻のSS艇を使用する。

(ハ)　戦略予備兵団とハワイ島上陸部隊

戦略予備としては、中支から転用して内地で上陸作戦訓練済みの第六師団をマーシャル群島一帯に控置していた。第六師団は日清戦争の山東半島上陸戦、支那事変の杭州湾上陸作戦等に参加しており、仙台の第二師団と並んで日本陸軍最強と謳われた師団の一つである。ハワイ島攻略部隊には、ミッドウェー攻略の海上機動第七旅団（ブラウン環礁）と、ジョンストン島攻略の第五旅団（ヤルート島）を使用する。

第七旅団が西岸のコナ空港を、第五旅団が東岸のヒロ空港を占領確保すれば目的は達成されたと判断する。

d　海軍の上陸船団護衛

南方作戦はすでに終了しており、現在は蘭印～内地間の石油輸送船団の護衛が主体となっている。したがってハワイ攻略作戦の上陸船団護衛には、護衛艦艇の主力をもって編成し、重点をオアフ島上陸船団の護衛とすべきだろう。

護衛の対象となる輸送船や上陸用舟艇の量は、一個師団あたり一六万トン、隻数にして約四〇隻と判断される。三個師団で一二〇隻となるから、護衛に必要な艦艇を艦種別に抽出し検討してみる。

ハワイ攻略船団の護衛に当たる艦艇を抽出すれば概ね以下の如くであるが、それは現在、第一、第二機動艦隊、中部太平洋艦隊、南方方面艦隊のいずれにも所属しておらず、連合艦隊直轄及び護衛艦隊所属の艦艇が中心となる。

◆巡洋艦＝軽巡「夕張」（三一〇〇噸、三五・五ノット、一四糎砲六、八糎高一、魚雷発射管四）。練習巡洋艦「鹿島」「香取」「香椎」（五八九〇噸、一八ノット、一四糎砲四、一二・七糎高二、魚雷発射管四）

◆航空母艦＝「瑞鳳」（潜水母艦改造。一一二〇〇噸、二八ノット、一二・七糎高八、搭載機三〇）。「飛鷹」（商船出雲丸改造。二四一四〇噸、二五・五ノット、一二・七高一二・搭載機五三）。「隼鷹」（商船橿原丸改造。要目は飛鷹と同じ）。

◆対潜用小艦艇＝二等駆逐艦・樅型一三隻（七七〇噸、三六ノット、一二糎砲三、機銃二、魚雷発射管四）。二等駆逐艦・若竹型六隻（八二〇噸、三五・五ノット、一二糎砲三、機銃二、魚雷発射管四）。水雷艇・鴻型八隻（八四〇噸、三〇・五ノット、一二糎砲三、機銃二、魚雷発射管三）。掃海艇・一九号型一七隻（六四八噸、二〇ノット、一二糎砲三、機銃二、爆雷発射機一）。海防艦・占守型五隻（八六〇噸、二〇ノット、一二糎砲三、機銃四、爆雷投射機二）。旧一等駆逐艦三隻（一〇三〇噸、三三ノット、一二糎砲二、八糎砲五、魚雷発射管四）。旧二等駆逐艦二隻（五三〇噸、三〇ノット、一二糎砲一、八糎砲四、魚雷発射管四）

掃海艇は敵前上陸にあたり、先ず敵が敷設した機雷の除去が先決となるので、上陸港湾の掃海を専門とするが、船団護衛に際しては対潜水艦攻撃の任務を持つ。

空母艦隊と上陸船団に対する護衛区分は次の通りとする。近衛師団　練習巡「鹿島」、掃海艇五隻、二等駆逐艦五隻、水雷艇二隻。第五六師団　練習巡「香取」、掃海艇五隻、二等駆逐艦五隻、水雷艇二隻。第五師団　練習巡「香椎」、掃海艇五隻、二等駆逐艦五隻、水雷艇二隻。上陸船団計　練習巡洋艦三隻　掃海艇一五隻、二等駆逐艦一五隻、水雷艇六隻。海上機動旅団　旧一等駆逐艦二隻、掃海艇二隻、旧二等駆逐艦二隻、水雷艇二隻。護衛空母艦隊　空母「飛鷹」「隼鷹」、軽巡「夕張」、海防艦五隻、二等駆逐艦三隻

㈟　各師団の護衛艦艇の指揮官は巡洋艦に座乗する。海上機動旅団は機動艇一五隻で編成され、各機動艇は前述の通り自衛用火砲を装備している点を考慮した。

【質疑応答の要旨】

石原莞爾参謀次長　ハワイ攻略とパナマ運河破壊との時期的な関係は如何に。

伊藤整一軍令部次長　パナマ運河を先に実施したいと考えており、これは早い方が望ましい。七月末までに準備を完了し、八月末までに実施してハワイ攻略の陽動作戦的意味も持たせたい。

石原参謀次長　オアフ島攻略の時期は?

伊藤軍令部次長　八月末までにパナマ運河破壊作戦を実施し、九月中旬にオアフ島及びハワイ島攻略を決行する。そのためにはジョンストン島及びミッドウェー島攻略を七月中旬までに終了したい。

高橋三吉軍令部総長　ハワイ諸島方面作戦の最高指揮官は近藤連合艦隊司令長官、パナマ運河破壊作戦は山口第六艦隊（潜水艦隊）司令長官とする。

近藤連合艦隊司令長官　上陸部隊の援護には、第一、第二機動艦隊による制空と共に、機動艦隊所属の戦艦「金剛」「榛名」「伊勢」「日向」の他、中部太平洋艦隊の戦艦「大和」「長

門」「陸奥」も艦砲射撃で支援する。艦砲射撃部隊は草鹿中部太平洋艦隊司令長官が統一指揮をとる。

上陸支援の艦砲射撃を実施する戦艦部隊の主砲・副砲の合計は次の通り。主砲　四六糎砲九門、四〇糎砲一六門、三六糎砲四〇門、計六五門。副砲　一五・五糎砲一二門、一五糎砲三二門、一四糎砲八〇門、計一二四門。

小畑敏四郎参謀総長　参加師団は明治以来の強兵部隊であり、上陸作戦の訓練と経験も豊富である。強襲揚陸艦や陸軍機動艇等の上陸専門艦艇の運用にも習熟しているので作戦の成功には自信がある。そして何よりも牛島満軍司令官の統率力には定評があり、上陸戦の勝利を確信している。

以上の質疑応答の結果、統合幕僚会議構成員全員の賛成を得てマーシャル決戦以降における連合艦隊の戦略方針が原案の通り決定された。

Ⅱ　ハワイ諸島をめぐる日米の攻防

1　ニミッツの苦悩

第十章で「日本海軍の次の一手を思案するニミッツ大将」と題し、マーシャル決戦前段のジョンストン島をめぐる一連の海空戦に米軍が敗れて、空母「レキシントン」「ヨークタウン」「エンタープライズ」の三隻を失い、残るは中破の「サラトガ」、ニューカレドニア東北方のニューヘブライズ諸島に後退した中型空母「ワスプ」、大西洋から回航中の「ホーネット」(ヨークタウン型)の三隻となった時に、太平洋艦隊長官ニミッツ大将が日本軍のとる次の一手を如何に予測したかについて述べた。

要約すれば、第一にハワイ攻略を企図する可能性もあるが、米空軍の実施している七〇〇浬の索敵と、マーシャル一帯にめぐらす米潜水艦の監視網により日本軍のハワイ奇襲は成立せず、上陸作戦は強襲となり、ハワイ各島の米陸軍航空力で阻止可能なこと。

第二に、ミッドウェー島の占領は、ハワイからの距離が約二〇〇〇キロありハワイ攻略の基地とはなり得ない。

第三はカントン島攻略であり、ここを日本軍が占領すればサモア諸島まで約一四六〇キロと近く、米豪間の連絡線は遮断される。ハワイと違い米軍の防衛力も弱いと日本軍は見て、カントン～サモアの線を進む可能性が強い。

一九四二年三月二十九日、ニミッツ大将の判断どおり、日本軍は前記三案のうち三番目のカントン島攻略に踏み切り、蒼龍機動部隊の全滅という手痛い結果を招いた。しかし日本軍はカントン島攻略に固執せず、豪北から北上しポナペ島→トラック島を狙った米英機動部隊をポナペ島南方海域で捕捉し、米空母「ワスプ」、英空母「ヴィクトリアス」、英新戦艦「プリンス・オブ・ウエルズ」、巡洋戦艦「レパルス」を撃沈し、米新戦艦ノースカロライナ型二隻に大・中破の損害を与えて大勝した。

その結果、米太平洋艦隊の空母は、「サラトガ」（中破）と「ホーネット」の二隻のみとなってしまった。さすが強気なニミッツも空母機動部隊という強力な戦力を失っては、速力二一ノットの鈍足な旧式戦艦八隻では打つ手がなかった。結局、陸空軍の増加によるハワイ諸島の防衛強化に全力を上げざるを得なかった。

しかし、サンフランシスコとハワイ真珠湾の距離は四一三〇キロあり、無着陸で飛べる米軍飛行機は陸軍のボーイングB17重爆の航続力五八〇〇キロだけで、双発のB26中爆マローダーの四五九〇キロでは天候やエンジンの調子等の好条件に恵まれなければ無理といえる。

その他急降下爆撃機や戦闘機は護衛空母で運ぶしかないが、当時米軍の保有護衛空母数は一九四一年改造の「ロング・アイランド」、一九四二年改造の「チャージャー」以外には一九四二年竣工のボーク級（九八〇〇噸、一八ノット、二一機）六隻のうち三隻がマーシャル決戦に間に合ってカントン島向け輸送船団の護衛を担当した程度であり、米国海軍さえ護衛空母の隻数は未だ僅かであった。

したがって、ハワイ攻略のため航空撃滅戦に来襲した日本機動部隊の制式空母四隻に対抗するため、オアフ島に増援を予定した戦闘機、急降下爆撃機や雷撃機を輸送するには、数少ない五隻程度の護衛空母でピストン輸送するしか方法がないという瀬戸際に米軍は追い詰められた。

さすがのニミッツ大将もスプルーアンス参謀長も、苦悩の色を隠せず、米国本土西岸とハワイ間に布陣する日本海軍の誇る大型潜水艦群の動向を追い始めた。

2 ハワイ・オアフ島に関する米軍の防衛判断

米軍は真珠湾軍港のあるオアフ島の防衛に関しどのような見通しを持っていたのか? 戦前の米海軍の提督たちの多くが、真珠湾は日本の攻撃から安全だと信じていた。その理由の第一は、真珠湾軍港にはミッドウェー、ジョンストン、カントン(英領)という前進基地が存在し、その索敵区域はオアフ島の北西から南西にかけて、十分に安全圏を構成している点が挙げられる。

理由の第二は、当時は米英ともに大艦巨砲主義が海軍部門を支配し、空母を巡洋艦や駆逐艦で護衛して運用する機動部隊構想を持っていなかった。

一九三二年(昭和七年)二月、米海軍作戦部は二〇〇隻の艦船を動員して真珠湾防備のテストを目標にした大演習を実施した。攻撃部隊指揮官ハリー・ヤーネル提督は新造空母「サラトガ」「レキシントン」及び駆逐艦四隻を率いハワイに迫った。ヤーネル提督は当時の常識を破り、戦艦ではなく空母「サラトガ」に将旗を翻し、空母中心の機動部隊を編成したのである。

二月六日、折からの荒天をついてオアフ島まで二四時間の距離に達したヤーネル提督は、翌七日、日曜日の朝が絶好の攻撃タイムであることを認めた。

七日未明、オアフ島の北東六〇浬の地点で二隻の空母から一五〇機が発進した。奇襲は見事に成功し、基地からはただ一機の迎撃機も飛び立つ余裕が無かった。

演習終了後ヤーネル提督の幕僚たちは、新形式の海軍、つまり依然として戦艦中心ではあるが、最大限に航空機の援護を持った編成の必要を進言した。明らかに航空機の優位が実証されたからである。しかしこの進言に耳を傾ける提督はほとんどいなかった。

もっと近い時期の警告もある。一九四一年三月三十一日、ハワイ・オアフ島の防空指揮官パトリック・ベリンジャー少将は、陸軍航空部隊司令官フレデリック・マーチン少将と協同で、ハワイが攻撃された際の対応策を作成してワシントンに提出した。

日本海軍がとるべき戦術を検討した結果、「彼らは商船ルートが存在しない北方の無人航路を経て襲ってくる。また日本艦隊は六隻の空母をオアフ島に集中し、真珠湾北方三五〇浬で空襲部隊を発進させるだろう。時期は日曜日の未明攻撃が最も敵に有利と判断され奇襲は成功するだろう」

しかし両少将の提出した報告書がワシントンに到着したのは、提出から五か月も経過した八月二十日であった。

3　東太平洋の日米潜水艦戦

☆太平洋艦隊潜水艦部隊（指揮官ロバート・イングリッシュ少将）

艦種	隻数	竣工	トン数	水上速力	水中速力	魚雷発射管
R型	10隻	35～37年	1300	21	8	6門
新S型	16隻	35～39年	1450	21	9	8
T型	12隻	40～41年	1475	20	8.7	10
この3型式38隻中の30隻で索敵潜水艦群が編成されていた						

☆アジア艦隊潜水艦部隊（指揮官ジョン・ウイルクス大佐）

艦種	隻数	竣工	トン数	水上速力	水中速力	魚雷発射管
旧S型	29隻	20年代前半	850屯	14.5	11	4門
大きさは日本の呂号潜水艦に相当する						

(1) 米潜水艦隊の活動・編成・人材

日露戦争中に「八島」「初瀬」の二戦艦が戦没し、その戦力の代替兵力の一部としてアメリカから「ホランド型」一〇〇屯級潜水艦五隻を購入し、横須賀工廠で組立てたのが日本潜水艦隊の創設であった。すなわち米国は日本潜水艦の生みの親である。

米太平洋艦隊司令長官・ニミッツ大将が潜水艦乗りの出身であることはすでに述べた。一九四一年十二月十三日、米軍がギルバート諸島のマキン島に偵察上陸した際に、潜水艦一隻が我が重巡「鈴谷」基幹の部隊に撃沈され、米海軍作戦部長・キング大将が無制限潜水艦戦の実施を発令していた。

米海軍の太平洋における潜水部隊の編成と性能は概ね上表の通りであった。

日本の南方方面軍の比島及び蘭印の占領に伴い、米アジア艦隊は戦力を消耗し残存の旧式潜水艦群も豪北地方に後退し、纏まった戦力発揮は不能の状態となっていた。問題の主力潜水艦群も、一連のマーシャル決戦の間に戦果らしきものを挙げないうちに太平洋艦隊全体が劣勢に陥ってしまった。今後三〇隻の主力潜水艦群が日本軍のハワイ攻略にどのような活躍をするか、油断のならない局面と判断される。

マーシャル決戦における米潜水艦の行動概要について要約すると、次の通りである。

三月二十八日におけるジョンストン島西北方の海空戦において、ハルゼー機動部隊の空母「レキシントン」は撃沈され、「サラトガ」は中破の被害を被った。ニミッツ司令長官とスプルーアンス参謀長は、日本機動部隊をジョンストン島周辺海域に誘致して撃滅すべく陸空軍の応援と共に、新S型潜水艦とT型潜水艦計一五隻をジョンストン島周辺に集中したが、日本機動部隊は出現しなかった。

新S型が魚雷発射管八門、T型が一〇門備えており、日本の伊号潜水艦は六門が主体で、一部に八門装備が見られるのと比べて米潜水艦は発射管数が多い特徴を持つ。しかし魚雷の性能では、日本が断然米国を凌駕していたことは五章に記述の通りである。

米潜水艦はまたカントン島防衛作戦にも出撃し、サモア諸島パゴパゴ基地からT型潜水艦五隻が派遣された他、蒼龍機動部隊を全滅させた米軍は日本軍の次の作戦をカントン島攻略と判断して、ジョンストン島に集中した一五隻の潜水艦のうち五隻をカントン島に急派してサモアから来援した五隻と合流させ、一〇隻の潜水艦で日本艦隊のカントン進出に備えた。

さらに米軍は、東カロリン諸島（トラック島及びポナペ島）攻撃作戦を計画するや、比島から後退して豪北各地に分散待機していた旧S型潜水艦の残存二四隻のうち、各六隻ずつをトラックとポナペ両島周辺に派遣して索敵攻撃の任務を与えていた。しかし、ポナペ島派遣の旧S型は日本駆逐艦の爆雷掃討作戦で四隻が撃沈された。

◆潜水艦勤務に関する日米海軍の考え方の相違。

潜水艦の建造や運用を考える時、日本海軍において作戦指導に影響力を持つ地位に潜水艦に詳しい人がいなかった。ドイツ海軍のトップのデーニッツ元帥が潜水艦乗り出身であったことは、ドイツ海軍の戦略として当然としても、米海軍トップのキング合衆国艦隊司令長官も潜水艦のキャリアが長かった。キングの参謀長のエドワーズも潜水艦乗りである。太平洋艦隊長官ニミッツ大将も潜水艦屋であることは幾度も述べた。太平洋艦隊の潜水艦隊を率いたロックウードは潜水艦一筋のキャリアである。キンメル、ニミッツ、スプルーアンス、マッケーンといった主要提督の息子も潜水艦長として活躍した。

これに対し日本海軍では、海軍大臣も軍令部総長も連合艦隊司令長官も、その参謀長も先任参謀にも潜水艦屋はいなかった。主要提督の息子で潜水艦乗り組みとなった者もいない。

戦前、日本海軍では「贅沢な生活に慣れた米国青年は、とても潜水艦の過酷な生活に耐えられぬだろう」と考え、米国の潜水艦を評価しようとしなかった。五割増しという給与の良いこと、駆逐艦の艦長と比べ格段に早く艦長になれ、艦の指揮がとれることなどの理由もあるが、彼らは決して過酷な潜水艦勤務を厭《いと》わなかった。

しかし当時の日本では、大艦巨砲主義が全海軍を風靡していた時代で、将来アドミラルを目指す者は皆、砲術学校の門をくぐったものである。余程の変わり者か、よくよくの事情が無い限り潜水艦を志望するものは無かったといってよい。大部分の者は天下り式に指名で配員された。なかには有能な士もあったが、いつの間にか潜水艦から足を洗ってしまうという有様であった。

(2) 日本潜水艦隊とハワイ攻略

昭和十六年十一月十一日の「最高戦争指導会議」の決定に基づき、中・東部太平洋方面の索敵出動が一斉に開始され、第六艦隊の潜水艦三六隻、中部太平洋艦隊の一一隻の大型潜水艦が索敵配置についたが、その索敵分担海域は現在も変わっていない。

太平洋における日本潜水艦部隊の編成と索敵攻撃の海域分担は次の通り。

◆潜水艦隊（第六艦隊・司令長官山口多聞中将）＝第一潜水戦隊（伊号一三隻、司令官・佐藤勉少将）米本土〜ハワイ諸島間。第二潜水戦隊（伊号一二隻、司令官・山崎重暉少将）ハワイ〜マーシャル間。第三潜水戦隊（伊号一二隻、司令官・三輪茂義少将）米本土〜豪州間。

◆中部太平洋艦隊＝第四潜水戦隊（伊号一一隻、司令官・吉富説三少将）マーシャル・トラック一帯。

ハワイ攻略作戦における第一・第二潜水戦隊及び第四潜水戦隊の具体的任務は概ね次の如く考慮されていた。

ハワイ攻略作戦は既述のとおり、航空撃滅戦を行う空母機動部隊及び上陸陸軍部隊が主役であり、支援部隊として戦艦の上陸支援砲撃部隊、輸送船団直衛部隊が存在する。

米太平洋艦隊は空母機動部隊が劣勢で外洋への出撃は考えられないし、真珠湾に留まることは日本空母艦載機の格好の標的になるだけである。したがって、早々に米本土西岸のサンチェゴ軍港に後退するしか生き残る道は無いが、米本土までの距離は四一〇〇キロ余もあり、この東太平洋を無事に後退できる保証は存在しない。

また前述のとおり、ハワイ諸島の防衛力強化のためにボーイングB17重爆を空輸すると共に、五隻の小型護衛空母のピストン輸送によって艦上爆撃機や戦闘機など脚の短い機種を増強する必要があり、我が上陸軍の基地進発以前から、第一、第二潜水戦隊は主力をもってハワイ〜米本土間の交通破壊戦に全力を注がねばならない。

このような戦略上の見地から、潜水艦隊長官山口中将は配下の潜水戦隊に対して昭和十七年四月二十五日、次の如き命令を発した。

◆第六艦隊（潜水艦隊）命令。

第一潜水戦隊の第一、第二、第三潜水隊計一二隻は、米本土〜ハワイ間の交通線遮断、特に護衛空母及び航空機輸送艦船の撃沈。

第二潜水戦隊第四潜水隊は、主としてハワイから後退する米空母の捕捉撃沈（第四潜水戦隊に配属）。

第二潜水戦隊は第五、第六潜水隊と中部太平洋艦隊第四潜水戦隊第一二潜水隊を統一指揮し、ハワイ〜マーシャル間の索敵攻撃に任ず。中部太平洋艦隊・第四潜水戦隊のうち、特殊潜航艇を積載する八隻は第四潜水隊と同様、後退する米空母の捕捉撃沈。

4　オアフ島攻略の前哨戦

(1) ミッドウェー・ジョンストン両島攻略の部隊編成

昭和十七年四月二十日の統合幕僚会議決定を受けて、連合艦隊と中部太平洋方面軍の各級指揮官は、隷下部隊配備の調整と兵器・器材の点検整備を開始した。

そして両島に対する攻撃開始が五月十日と決定された故、ジョンストン島攻略の海上機動第五旅団はヤルート島〜ジョンストン島間二七〇〇キロ、ミッドウェー島攻略の海上機動第七旅団はブラウン環礁〜ミッドウェー島間二八〇〇キロに要する時間を前提に機動作戦計画を立てた。

海上機動旅団のSS艇（機動艇）の速力一四ノット（二五キロ）の時速では、第五旅団は約一〇八時間（四日と一二時間）、第七旅団は一一二時間（四日と一六時間）を必要とし、概ね等距離・同時間の行程となる。SS艇（八五〇屯）の時速一四ノットは一般の中型輸送船に比べて特に遅くはなく、七五ミリ舟艇砲一、一五〇ミリ迫撃砲一、二〇ミリ高射機関砲三を装備して一応の自衛力を有している。

したがって、上空直衛のため改造空母（搭載機五三）とその護衛部隊（中部太平洋艦隊の駆逐艦四隻）のほかは、旧一等駆逐艦、旧二等駆逐艦、掃海艇、水雷艇各一隻、計四隻、の対潜用艦艇で一五隻の機動艇を護衛する。

しかし攻略部隊として最も注意を要するのは、一九四一年末以来ミッドウェー島に増強されている基地航空機の問題である。軍令部の纏めた情報による米空軍の戦力は、海兵隊のF4Fワイルドキャット戦闘機二六、艦爆二七、艦攻六、哨戒飛行艇三二のほか陸軍のB26双発爆撃機四、ボーイングB17重爆撃機一六程度とある故、奇襲によりこれを殲滅しなければ海上機動旅団の上陸は困難となる。

ミッドウエー米基地の航空機情報を受けた連合艦隊は、商船改造空母「隼鷹」のみの護衛（二四一四〇屯、二五・五ノット、搭載機五三）に不安を持ち、先のジョンストン島沖海戦でフレッチャー機動部隊撃滅に活躍した勇将・田中頼三少将の率いるc夜襲部隊（青葉型重巡二、軽巡一、駆逐艦四、改装空母・瑞鳳）を増派して攻略部隊の総指揮を執らせた。軽空母の「瑞鳳」は当初から空母改造用に設計されていた給油艦を潜水母艦を経て空母に改造されたもので、性能は一一二〇〇屯、二八ノット、三〇機搭載であり、商船改造空母より速力が速く船体の装甲も強かった。

(2) ミッドウエー島攻略戦の概要

日米ともに前進基地としての価値は、その防備兵力や軍事施設の点から評価してジョンストン島よりもミッドウエー島の方が遙かに高かった。前項で述べたとおり海上機動第五・第七旅団とも、出発基地のヤルート島及びブラウン環礁からの距離は概ね等しいため、両旅団ともほぼ同時にそれぞれの基地を発進した。すなわち五月十日の上陸開始時間から逆算し、五月五日の一二時～一六時の間に発進したのである。

さらに陽動作戦としてギルバート海域にあった大型空母「翔鶴」「瑞鶴」のうち、角田覚治中将の指揮する翔鶴機動部隊が米豪連絡線の遮断を思わせるごとくサモア諸島方面に向かって南下した。

「翔鶴」を護衛するのは新鋭の重巡「利根」と西村祥治少将率いる第四水雷戦隊軽巡一と駆逐艦六という布陣。そのうえ報国丸型仮装巡洋艦（一〇四四〇屯、二〇・九ノット、一五糎砲八門、魚雷発射管二、水上偵察機二）の報国丸と愛国丸を空船で装備はすべて積荷に見えるようシートのカバーが掛けられていた。

この二隻の貨客船を機動部隊に編入し、上陸作戦を企図するかに見せかけてミッドウェー、ジョンストン両島攻略作戦をカムフラージュすると共に、好機あらば米豪間の交通戦の破壊を狙った。この方面には一九四一年十一月以来、戦略的遠距離索敵目的のため第三潜水戦隊一二隻が出動していた。すなわち最も南のサモア諸島海域に第七潜水隊の四隻、ギルバートの東南東一七五〇キロ（サモア諸島の北方一四六〇キロ）のカントン島海域に第八潜水隊の四隻、ギルバートの真南エリス諸島フナチナ環礁海域に旗艦伊七号と第九潜水隊で合計一二隻の大型潜水艦が配置されていた。

翔鶴機動部隊は、米基地航空隊の攻撃を避けつつカントン島〜エリス諸島の中間を通り、五月十日のミッドウェー・ジョンストン上陸日に合わせて、サモア諸島北方海域からフィジー諸島北方海域にかけて交通破壊作戦を目論んだ。

ミッドウェー・ジョンストンに上陸を意図して出撃した海上機動第五、第七旅団の舟艇と改装空母を伴う護衛艦隊の攻略部隊は、いずれも内南洋諸島の境界線を越えて間もなく米軍潜水艦に発見されてその追尾を受けた。またサモア諸島方面を目指した翔鶴機動部隊も、カントン島〜エリス諸島の中間海域で米軍哨戒機に発見され、「翔鶴」の搭載零戦に撃墜されたが、哨戒機は無線報告をすでに実施していた。

すなわち三方面に向かった日本軍部隊は総べて米軍司令部の知るところとなり、米軍は日本軍の意図の解明に懸命の努力を傾注した。

ニミッツ大将「参謀長、日本軍の動きをどう読むかね」

スプルーアンス参謀長「艦艇のみに限って比較すれば、南方を目指している機動部隊が断然強力です。しかし随伴している商船が大型二隻だけであるのに対し北上している部隊は一千トン級輸送船が多く、護衛に空母もついているが制式空母ではありません。南方部隊が本命で北方部隊は陽動作戦ではないでしょうか。大至急サモア方面の防備を固めましょう」

サモア諸島方面の米海軍艦艇には、カントン島上陸支援部隊の大部分が移動しており、その勢力を再度示すと次の通り。旧式戦艦八隻、重巡四隻、大型軽巡四隻、軽巡五隻、嚮導駆逐艦四隻、駆逐艦四〇隻、駆逐母艦四隻、ボーク級護衛空母三隻。

しかし旧式戦艦八隻の速力は二一ノットが最高であり、護衛空母は最高一八ノットである。ポナペ島沖海戦での米軍には重巡と大型軽巡がカントン島上陸支援部隊から廻されたと思われその損害を受けた艦もある。それが重巡二隻と大型軽巡一隻とみれば、翔鶴機動部隊にとって注意を要するのは陸上の基地航空部隊と言えよう。

「翔鶴」の艦載機八四機と三五ノット級の俊足艦を揃えた機動部隊の戦力からして、仮装巡洋艦を直接間接に援護することは可能とみられる。さらに第三潜水戦隊一二隻の大型巡洋潜水艦と協同作戦も可能であり、交通破壊作戦の成功は間違いなかろうと連合艦隊司令部は判断していた。

ミッドウェー島上陸援護のため地上米航空戦力の撃滅を期して、上陸予定日の前日未明に一個戦隊三六機の九六式陸攻が敵飛行場を奇襲した。同時に田中頼三少将直率のc夜襲部隊（青葉型重巡三、軽巡一、駆逐艦四、改装空母瑞鳳）が艦砲射撃を加え、「瑞鳳」搭載の零戦三〇機が全力で陸攻部隊を援護して米戦闘機を撃墜すると共に、地上敵機の攻撃を潰しに実施した。

ミッドウェーの米軍基地は文字通り壊滅し、五月十日未明の海上機動第七旅団の戦闘は無血上陸に等しかった。「ミッドウェー島の攻略成功。海上機動旅団の損害なし。九日未明の航空奇襲の損害は、九六陸攻三、瑞鳳の零戦二のみ」の報告に連合艦隊司令部は沸いた。

(3)　ジョンストン島攻略の不成功

ジョンストン島がミッドウェー島と異なる最大の点は、オアフ島からの距離が後者の二一五〇キロに対し前者は一三〇〇キロしかない点である。一三〇〇キロとは米陸軍の中型爆撃機が往復可能な距離であり、オアフ島基地の制空権内に入っていることに他ならない。故にジョンストン島を占領すれば絶えず、米軍中距離爆撃機の攻撃を受ける点を覚悟しなければならない。

マーシャル群島のクェゼリン基地からハワイまでは約四〇〇〇キロあるが、ジョンストン島を占領すれば僅か一三〇〇キロとなり、日本陸軍の一〇〇式司令部偵察機Ⅲ型（最高時速六三〇キロ、航続三〇五〇キロ）は俊足を活かして自由にハワイ群島の偵察可能となり、九六陸攻や一式陸攻も真珠湾の爆撃が可能となる。但し援護戦闘機は日本の零戦二三四〇キロに対し米のP38双発重戦は三八六〇キロもあり、この点の劣勢は如何ともし難い。

マーシャル群島の線を超越して間もなく米潜水艦に発見されたジョンストン島攻略部隊は、ジョンストン島までの二〇〇〇キロの半行程を零戦に、さらに七〇〇キロを天山艦攻に上空護衛されながら進み、最後の三〇〇キロは攻略支援艦隊の改装空母「飛鷹」（五三機搭載）が全力で上空直衛を行った。マーシャル基地を発進した九六陸攻三六機が五月九日早朝にジョンストン島の海兵隊基地を攻撃し、地上の航空機と兵舎を略全滅させた。

しかし、陸攻部隊を護衛した改装空母「飛鷹」の零戦二〇機と上空待機のF4Fワイルドキャット戦闘機二〇機の間に激烈な空中戦が展開され、F4Fの一〇機が撃墜されたが零戦の損害も七機を数えた。ハワイに近いジョンストン島の場合、上陸日の五月十日の前日に行う航空撃滅戦が終了したからといって、翌十日未明の上陸作戦が成功するとは限らない。

五月十日午前四時、ジョンストン島南西三〇キロの地点に迫った海上機動第五旅団のSS艇一五隻は、米陸軍のマーチンB26マローダー中爆撃機（時速四五五キロ、航続四五九〇キロ、爆弾一三六〇キロ）二〇機及びロッキードP38双発重戦（時速六三六キロ、航続三八六〇キロ）二四機の奇襲を受けた。米軍の攻撃方法は、三月二十八日ジョンストン島東方沖海戦での高木夜襲部隊（軽空母翔鳳、那智型重巡二、軽巡二、駆逐艦四）が受けたのと同様の反跳爆撃が中心であった。

B26マローダー中爆の低空から進入して投下される爆弾の命中率は絶大で、八五〇屯、一四ノットのSS艇一五隻は見る見るうちに被弾し、火災を発し沈没していった。さらに改装空母「飛鷹」の防空戦闘機は前日の航空撃滅戦の損害で稼動機数が半減しており、米軍のロッキードP38戦闘機の敵ではなかった。

「飛鷹」は飛行甲板に直撃弾を受けて護衛駆逐艦四隻と共に戦場から避退した。ここに海上機動旅団によるジョンストン島攻略作戦は不成功に終わった。ミッドウェーでは成功したがジョンストンでは大失敗の結果に終わった最大の理由は、ハワイ空軍基地の爆撃圏内に我が攻撃目標が存在したか否かの相違に他ならない。ジョンストン攻略作戦の立案に高木夜襲部隊敗戦の戦訓が生かされなかったのは、真に遺憾の極みと言わなければなるまい。

⑷　米豪交通破壊作戦

角田覚治中将率いる翔鶴機動部隊（大型空母・翔鶴、新鋭重巡・利根、第四水雷戦隊・軽巡一、駆逐艦六、仮装巡洋艦・報国丸、愛国丸）は予定通りカントン〜エリス諸島の中間を通過し、サモア諸島北方海域に近づいた。

また、第三潜水戦隊司令官・三輪茂義少将は、カントン島が強力な米軍基地となり警戒厳重な現在、第八潜水隊四隻を翔鶴機動部隊の米豪交通破壊作戦に協力せしむるため、サモア諸島の第七潜水隊四隻の西方に連携する形でフィジー諸島〜ニューヘブライズ諸島海域に行動せしむるのを至当と判断し、角田機動部隊と協議のうえ第六艦隊（潜水艦隊）山口多聞中将の承認を得て直ちに南下した。

当時ニューヘブライズ諸島のエスピリッサント基地には下記の航空戦力が存在した。F4F戦闘機二四機、ボーイングB17重爆三六機、ロッキード・ハドソン哨戒爆撃機一二機、その他旧式のPBYカタリナ飛行艇三二機。

また、第七潜水隊の四隻が索敵行動中のサモア諸島には、第十章で述べたギルバート諸島攻略支援任務の砲火支援部隊（鈍足の旧式戦艦八隻基幹）が、フレッチャー機動部隊（中型空母二隻基幹）の壊滅によって避退した基地がある。

サモア諸島及びフィジー諸島の概要は次の通り。

◆サモア諸島＝本諸島はフィジー諸島の東北東約六〇〇浬（一〇九五キロ）にあり、ツツイラ島、サバイ島のほか数個の島からなっている。マーシャル諸島のヤルートの南東約一二〇〇浬（二一九〇キロ）の距離にあり、その間にギルバート諸島、エリス諸島が連なっている。ツツイラ島を含む東サモア諸島は米領で、サバイ島を含む西サモア諸島はニュージーランド委任統治領である。ツツイラ島のパゴパゴは大型船舶の利用に適する本諸島唯一の良港である。

本諸島は南太平洋の中央にあって、米国、豪州、及びニュージーランド間の海上交通路の中枢に位置するばかりでなく、アリューシャン、ハワイ及びミッドウェーとともに米国の西方防衛線上の南の要点にあたるため、米国はパゴパゴに軍港を設置し、警備兵力を配置していた。

◆フィジー諸島＝本諸島はニューカレドニアの東北東約七〇〇浬（一二七七キロ）、サモア諸島の西南西約六〇〇浬（一〇九五キロ）にあるビチレブ島、バヌアレブ島のほか約二五〇の島からなる英領植民地で、一部仏領を含んでいる。本諸島は印度人等の移民により砂糖、パイナップル等の産地として開発された。ビチレブ島は道路が整備され一部には鉄道も敷設されていた。

ビチレブ島の南岸にあるスバは本諸島の首都で、英国西太平洋諸島の民生長官が駐在した。スバ港は南太平洋における海上交通路の要衝であり、かつ、大型船舶多数を収容し、暴風時にも安全な南太平洋第一の良港で港湾施設も整備されていた。米国、カナダ、豪州及びニュージーランド間の航行船舶はすべて本港に寄港した。

前記サモア諸島ツツイラ島パゴパゴには強力な米空軍基地があり、米豪連絡線の遮断にはこの空軍基地を撃滅しなければ目的を達成できないと判断した角田中将は、先ず二隻の大型仮装巡洋艦に二隻の駆逐艦を随伴させてフィジー諸島方面に分派し、敵の注意をフィジー方面に向けさせた。仮装巡洋艦・報国丸と愛国丸は搭載の水上偵察機を発進させて連合国商船の発見に努め、二隻の駆逐艦は仮装巡洋艦の二万m北方を間接護衛しながら航行していた。

翔鶴機動部隊本隊は、ミッドウェー・ジョンストン両攻略部隊の上陸計画に合わせて五月十日午前四時、サモア諸島パゴパゴ港と空軍基地を奇襲した。

滑走路には四発重爆B17の一五機をはじめ、中型爆撃機ノースアメリカンB25、マーチンB26等約三〇機、F4Fワイルドキャット戦闘機約二〇機が翼を並べていたが、その大半は「翔鶴」の艦載機全力八〇機の攻撃により撃滅炎上した。

飛行場の敵機と燃料タンクを破壊した日本空軍は、港に停泊中の旧式戦艦には目もくれず、巡洋艦と駆逐艦及び護衛空母（貨物船改造）に攻撃を指向し、重巡二隻、大型軽巡二隻、軽巡三隻、護衛空母二隻、駆逐艦一〇隻を撃沈または大破せしめた。まさに日本艦隊の完勝であった。

一方、フィジー海域に向かった第二四戦隊の仮装巡洋艦部隊は五月十一日の早朝、ニューカレドニア方向に向かって航行する八〇〇〇屯級タンカー三隻を発見し、全速の二〇ノットで接近した。シートを取り払った一五糎砲八門（二隻で一六門）が一斉射撃を開始した。タンカーはたちまち火災を起こし、約一五分でいずれも海底に沈んだ。

二四戦隊司令官・堀内茂礼《しげのり》少将は、戦果を角田長官に報告すると共に西進してニューヘブライズ諸島海域での交通破壊戦を提案して了承を得た。但し、ニューヘブライズ諸島のエスピリッサント島には強力な航空基地があり、不用意接近しないよう指示された。

二四戦隊はフィジー諸島とニューヘブライズ諸島の略中間北方海面を北上しつつエリス諸島西方に向かった。その北上中、ニューギニア方面に向かう兵員を乗せた一万屯級輸送船二隻に遭遇し、これも偵察機による早期発見で見事に捕捉し砲撃により撃沈した。その後ギルバート基地への帰還を命じられ、撃沈五隻・約四万五千屯の戦果を得た仮装巡洋艦戦隊は意気揚々とタラワ基地に帰還した。

期間は短かったが交通破壊戦及びサモア米軍基地並びに艦隊攻撃は大成功であり、ハワイ攻略作戦の陽動作戦目的を十分に達成したものと評価できよう。

5　ハワイ・オアフ島攻略作戦の再検討

(1)　統合幕僚会議（十七年四月二十日）決定事項の大要

a　パナマ運河作戦は十七年七月末までに準備を完了し、八月中旬までに攻撃時期を決定する（潜水艦搭載の天山艦上攻撃機で爆破）。

b　米本土及びハワイ諸島に対しては、潜水艦隊の主力をもって対豪州を含む交通線を遮断、その結果を見ながらオアフ島の攻略またはその軍事施設の覆滅を図る。

◆以上の方針による五月十日までに実現した日本陸海軍の戦果は次の通り。

(イ)　五月十日のミッドウェー島攻略は大成功であったが、ジョンストン島攻略作戦はハワイを基地とする米陸空軍の強力な迎撃により、上陸兵団たる海上機動第五旅団のSS艇一五隻は撃沈され、商船改造空母の「飛鷹」も飛行甲板に被弾し戦場より離脱した。

(ロ)　米豪交通破壊作戦のため出動した大型空母「翔鶴」基幹の機動部隊は、仮装巡洋艦二隻の第二四戦隊をフィジー諸島方面に分派して、タンカー三隻、輸送船二隻の計約四万五千トンを撃沈した。本隊の翔鶴機動部隊はサモアのパゴパゴ基地を奇襲し航空基地に大損害を与えた他、港に停泊中の重・軽巡七隻、護衛空母二隻、その他駆逐艦等一〇隻を撃沈ないし大破の大戦果を挙げて今後の交通破壊戦を有利にした。

(2) 新戦力の加入状況

昭和十七年夏頃に竣工予定であった有力艦で四月末までに竣工したものは次の通り。

＊戦艦「武蔵」(大和の姉妹艦)六四〇〇〇屯、二七ノット、四六糎砲九門、一五・五糎砲一五門、一二・七糎高角砲一二門、二五ミリ機銃三六丁、水上偵察機七機、カタパルト二基

＊空母「龍鳳」(潜水母艦改造)一三三〇〇屯、二六・五ノット、搭載三一機

＊空母「雲鷹」(商船改造)一七八三〇屯、二一ノット、搭載二七機

＊空母「冲鷹」(商船改造)一七八三〇屯、二一ノット、搭載三〇機

＊軽巡「阿賀野」六六五二屯 三五ノット、一五糎砲六門、長八糎高角砲四門、二五ミリ機銃六丁、魚雷発射管八門、水上偵察機二機

以上、戦艦については戦力増強といえるが、問題の空母に関しては東部太平洋での決戦に貢献できる新造艦はないのが現状である。結局、空母で決戦に活躍できるのは大型空母の「赤城」「加賀」「翔鶴」「瑞鶴」の四隻(搭載機数三四八機)に変化はない。

(3)　極めて強力な航空基地を有する島嶼群の攻略成功条件

事例として南洋委任統治領のマーシャル群島と、東太平洋最大の米軍基地のあるハワイ群島を比較してみよう。

マーシャル群島は環礁の集まりであるが、ハワイ群島は主要な島八個から成っており、総面積は一六六三四平方キロ、最大の島ハワイ島は一〇四一四平方キロで日本の四国の半分の面積がある。日本の千島の国後島とほぼ同面積のオアフ島には真珠湾軍港があり、一九四一年十月十五日、日本の対オランダ宣戦布告より四十二年五月十日のミッドウェー島占領まで七か月。ジョンストン島攻略は失敗したとはいえ、日本軍がハワイ攻略を計画していることは明白となった。

その間、米本土からボーイングB17重爆、ノースアメリカンB25中爆、マーチンB26中爆、ロッキードP38重戦等を大量にハワイに集中したことであろう。

その正確な数を予測することはできないが、オアフ島に六個の有力飛行場の存在を考えると各飛行場一〇〇機、計六〇〇機と考えるのが常識だろう。

これを機種別に推定すると、海軍機＝グラマンアベンジャー艦攻七五、SBDドーントレス艦爆七五、F4Fワイルドキャット戦闘機一五〇、計三〇〇機。

陸軍機＝ノースアメリカンB25中爆七五、マーチンB26中爆七五、ボーイングB17重爆五〇、ロッキードP38重戦一〇〇、計三〇〇機、合計六〇〇機。

これに対するハワイ攻略支援艦隊の制式空母四隻の搭載機数は、「赤城」九〇、「加賀」九〇、「翔鶴」八四、「瑞鶴」八四、合計三四八機。

すなわち米軍の六〇〇機対日本軍の三四八機となり、しかも彼らは浮沈空母であるから正面からの強襲では明らかに日本軍の不利である。しからば果たして奇襲が成立するかどうかという問題になる。

先ず第一に米潜水艦の動向である。米太平洋艦隊は日本機動部隊の東進をジョンストン島海域で阻止すべく、新S型とT型の潜水艦一五隻をジョンストン島周辺に派遣し、カントン島防衛のため分派した五隻も再びジョンストン海域に呼び戻した。米潜水艦のこの二種の型は、魚雷発射管を新S型は八門、T型は一〇門で攻撃力では日本潜水艦の六門より優れている。

これらがジョンストン周辺に一五隻、ハワイ諸島周辺に一五隻、計三〇隻配置されておれば、空母四隻基幹の大機動部隊による隠密裏のハワイ進撃は困難と判断される。その上に七〇〇浬（約一二八〇キロ）という長大な索敵距離を厳守している米空軍の監視網を逃れることも容易ではなく、以上の二点からして奇襲は難しく、強襲は大きな損害を伴い失敗の可能性が高いと判断せざるを得ない。

(4) ハワイ孤立作戦の展開とパナマ運河破壊作戦

前記(1)～(3)の検討結果から今後採るべき構想としては、この場合性急なハワイ決戦を避け、ハワイに対しては海空からするゲリラ作戦を展開して補給を遮断すると共に、米国の注意をこの方面に引きつけながら、計画中のパナマ運河破壊作戦を若干時期を早めて七月の前半に決行するという戦略も考えられる。

パナマ作戦と同時に、ハワイ以外の敵の戦略要点を攻略できれば上々と言えるが、それは何処か？　それはジョンストンでもなければカントンでもない。先般、痛めつけたばかりのサモア諸島であり特にパゴパゴの占領である。これによって米国と豪州の交通線は完全に遮断されるから連合国の受ける打撃は甚大である。

サモアの攻略戦は角田機動部隊が全力で参加することになろうが、終了後ギルバートとの中間に位置するエリス諸島を確保すれば我が作戦線の連鎖は完成する。

連合艦隊司令部では、参謀長・宇垣纏少将（海兵四〇期）を中心に以上の戦略構想を練り上げた。宇垣少将は軍令部作戦部長を経験した海軍有数の戦略家である。

司令長官近藤大将の決裁を得て宇垣参謀長は東京に飛び、軍令部次長・伊藤整一中将（海兵三九期）に説明した。上申案は四月二十日の統合幕僚会議決裁内容の一部変更であるが、実戦の経過から見て止むを得ない方針変更であり、かつ急を要するので軍令部総長と次長、参謀総長と次長の四名で連合艦隊案を承認し、他の統幕会議構成員には事後承諾の処置をとった。

サモア攻略の陸軍兵力は一個師団とし、ハワイ・オアフ島上陸予定三個師団のうち第五師団を充当することになった。

また、パナマ運河破壊作戦の潜水艦と搭載する天山艦攻の準備は、海軍の責任において全力を挙げることとし、七月十日を目標に予定通りの編成で決行が可能との見通しが立った。

6　パナマ運河破壊作戦の決行とパゴパゴ基地の占領

(1) パナマ運河破壊作戦

この作戦は予定を早め、統幕会議で了承された七月十日を予定し、使用潜水艦、天山艦上攻撃機の編成と指揮官の選任は五月二十日までに決定した。

伊号潜水艦の七型、九型、一五型計八隻のうち、七型は二隻とも戦隊旗艦であり、九型三隻のうち二隻が戦隊旗艦、一五型は三隻とも旗艦でない故、パナマ運河攻撃の潜水艦は次のように決定した。

伊号一一（九型）一九四二年五月十六日竣工、第二潜水戦隊。伊号一五（一五型）一九四〇年九月三十日竣工、第一戦水戦隊。伊号一七（一五型）一九四一年一月二十四日竣工、第一戦水戦隊。伊号一九（一五型）一九四一年四月二十八日竣工、第一戦水戦隊。

以上の四隻をもってパナマ運河特別攻撃隊を編成し、指揮官は醍醐忠重少将（海兵四〇期）が任命された。また天山艦攻（乗員三名）の各機長には、関行男大尉、山田恭司大尉、近藤寿男中尉、五島智勇喜中尉が指名され、天山攻撃隊長には関大尉が任命された。

天山艦攻の発進位置としてはパナマ運河の西方、コスタリカ領の小さな湾が予定されており、情報収集のため特殊潜航艇を搭載した第四潜水戦隊（中部太平洋艦隊所属）から伊七〇と伊七一の二隻が六月二十日に現地に到着し、母艦は湾外から広く偵察すると共に特潜は湾内に侵入して陸上の防備状況を偵察した。その結果は警戒艦艇の姿も見えず、航空機の哨戒飛行も実施されていなかった。

特別攻撃隊は昼間潜航、夜間水上航行で攻撃予定日の二日前の夕方に目的地であるコスタリカ領の小さな湾に到着した。

攻撃決行の七月十日早朝、天山艦攻隊指揮官・関大尉は二番機となり、一番機の山田大尉機の爆弾が命中しない場合、自らはガツン湖最上段の閘門《こうもん》に体当たりして破壊するつもりでいた。搭載爆弾は一、二番機が五〇〇キロ爆弾一個、三、四番機が二五〇キロ二個となっていた。

一番機の五〇〇キロ爆弾は僅かに外れて閘門破壊に至らず、二番機の関大尉機はかねてよりの決心に基づいて猛然と急降下による体当たりを敢行した。閘門は完全に破壊され、最上部の湖水はたちまち巨大な滝となって大西洋側の閘門を次々と破壊し、攻撃は完全に成功した。三番機、四番機の二機は太平洋側の閘門に爆弾を叩きつけて破壊し戦果を拡張した。四隻の潜水艦は不時着水の天山艦攻乗員を収容して、マーシャル群島クェゼリン島の基地に帰還した。

パナマ運河完全破壊の情報はほとんど同時に日米両軍司令部の知るところとなり、米太平洋艦隊司令長官ニミッツ大将は色を失った。エセックス級大型空母七隻が完成しても南米最南端のケープホーンを回らなければ太平洋に出ることができない。ケープホーンは南極大陸から僅か数百キロしか離れていない地球の果てである。

アフリカ大陸の最南端の喜望峰は南緯三五度位であるが、南米大陸最南端のケープホーンは南緯約五五度であるから、その位置の距離的な違いと航行の過酷度の相違を推察できよう。二七〇〇〇屯の大型空母が翻弄される荒波に護衛の巡洋艦や駆逐艦が耐えられるはずがないのである。ニミッツ司令部は呆然自失の状態であった。

そして折りも折、米軍にとってさらなる敗北ニュースが飛び込んで来た。サモア諸島の要衝パゴパゴ基地に強力な日本陸海軍の上陸作戦が敢行されたとの報告である。

(2) サモア・ツツイラ島パゴパゴ基地の占領

ツツイラ島は火口が沈降し崩壊してできた奥深いパゴパゴ港をもち、一九世紀から米国捕鯨船や海軍の重要な補給基地であった。サモアの概略の位置はマーシャル・ヤルート島の南東約一二〇〇浬（二一九〇キロ）にあり、その間にギルバート諸島、エリス諸島が連なっている。前回、角田中将の翔鶴機動部隊がパゴパゴ基地を奇襲したのは五月十日未明であり、現在はそれからちょうど二か月を経過している。

米軍はパゴパゴ港が戦略的要衝であることを十分に承知しており、ここを維持強化したいのは当然であるが、前回の日本軍の猛攻による基地損害が余りにも甚大であったため、その後は滑走路と埠頭の修理を行い、索敵基地兼艦艇移動の中継基地としての役割を持たせるにとどめた。
常駐の兵力はロッキード・ハドソン哨戒爆撃機とカタリナ飛行艇を含めて二〇機程度とし、地上兵力は陸軍一個大隊と推定された。結論的に米軍はサモアまで日本軍が占領するとは想定しなかったと判断される。
これに対する日本軍の陣容は、第二機動艦隊（角田中将）が纏まって進撃した。
攻撃部隊＝大型空母「翔鶴」（二五六七五屯、三四・二ノット、搭載機八四機）、「瑞鶴」（要目は翔鶴と同じ）、戦艦「伊勢」「日向」（二九九八〇屯、二五・四ノット、三六糎砲一二門、水偵三）、重巡「利根」「筑摩」（一一二一三屯、三五ノット、二〇糎砲八門、水偵六）、重巡「青葉」「衣笠」（九〇〇〇屯、三三・四ノット、二〇糎砲六門、水偵二）、軽巡一、駆逐艦一〇
上陸兵団護衛＝重巡「古鷹」「加古」（青葉型）駆逐艦六、
上陸兵団＝陸軍第五師団。明治二十一年広島編成。「日清戦争」京城南方一〇〇キロの成歓の役、平壌攻略戦、鴨緑江渡河作戦。「日露戦争」遼陽、沙河、奉天会戦に参加。「日中戦争」チヤハル、大原攻略戦、徐州会戦、広東攻略戦、「北部佛印進駐」等に参加。特徴として『上陸作戦』の十分な訓練を実施した師団として有名である。
◆上陸作戦用艦船の使用
第一次上陸部隊＝強襲揚陸艦・神州丸（七一〇〇屯、一九ノット）、熊野丸（九一九〇屯、二一ノット）、戦車連隊　戦車揚陸艇（八五〇屯、一四・五ノット、中戦車一〇両搭載）一

第二次上陸部隊＝一等輸送艦（一五〇〇屯、二二ノット、高角砲二、機関砲一九、爆雷一八個、上陸用舟艇四隻、貨物搭載二六〇屯）一〇隻、後続部隊＝一般輸送船〇隻

機動部隊は七月七日午前六時にヤルート発、七月九日二四時（十日午前〇時）サモア北側海域に到着し上陸兵団と会同した。

機動部隊の陣形は、「翔鶴」と「瑞鶴」を縦に一〇キロの距離を保ち、戦艦「伊勢」は「翔鶴」の右方七キロ、「日向」は「瑞鶴」の左方七キロ。重巡「利根」と「筑摩」は戦艦と反対方向にそれぞれ七キロとし、重巡「青葉」と「衣笠」は空母の前方七キロを八キロの間隔で横隊をとり、以上の輪型陣の外側五キロを水雷戦隊の軽巡一隻と駆逐艦一〇隻が取り囲む形をとった。

対空戦力について検討すれば、空母の高角砲は各艦一六門で計三二門、戦艦は各艦八門で計一六門、利根型重巡も同じく二隻で一六門、青葉型重巡は各艦四門で計八門、合計で七二門の一二・七糎高角砲を装備していた。また今回、臨時に水雷戦隊に配属された新鋭の防空駆逐艦「秋月」と「照月」は主砲として一〇糎高角砲八門を装備しており、この一六門を含めると角田機動部隊の高角砲は八八門という強力なものであった。

七月十日午前四時、角田機動部隊の第一次攻撃隊・九九艦爆五〇機と制空隊の零戦二〇機計七〇機はパゴパゴ港と飛行場を急襲した。米軍の航空機は見当たらず、すでに退避したも

のと判断された。港にも目ぼしい在泊艦船はなく、日本機動部隊の進攻を察知しての対応と見られた。

第一次上陸部隊は一兵の損失もなくツイラ島（一三五平方キロ、最大標高六五三m）を占領し米軍守備隊は降伏した。第二次上陸部隊から混成一個連隊（歩兵二個大隊、迫撃一個中隊、工兵一個小隊）が西隣のウボル島（一一一五平方キロ、最大標高一一〇〇m）に上陸し戦車一個中隊の協力を得て島内の要点を確保した。

パゴパゴ基地占領の報告を受けた連合艦隊司令部では、ヤルートより九七式大型飛行艇（航続六六〇〇キロ）九機と九六式陸上攻撃機（航続六〇〇〇キロ）一二機を急遽パゴパゴ基地に移動させ、周辺七〇〇浬の索敵を開始した。

また、軽空母「瑞鳳」（潜水母艦改造、一一二〇〇屯、二八ノット、三〇機搭載）はマーシャル決戦終了後に夜襲部隊が解散されて連合艦隊直轄となっており、二〇機の零戦と一〇機の艦爆を搭載してサモアに急行し、搭載機を飛行場に進出させた。

七月十日夕刻までに第五師団のサモア上陸は完了し、米豪連絡線の要点に鑑みて次の特科部隊をその指揮下においた。七・五糎高射砲一個連隊三〇門、二〇ミリ高射機関砲一個大隊三〇門、一五糎中迫撃砲一個大隊二四門、独立工兵一個連隊。

◆サモア攻略作戦を終了した角田機動部隊と輸送艦船は一部を交通破壊戦用に残置して、主力はエリス諸島の西方海域を通過してヤルート島に帰還したが、エリス諸島に米軍基地の建設は着手されていなかった。残置艦艇の内容は次のとおり。第九戦隊　青葉型重巡二隻、

第四水雷戦隊の一等駆逐艦六隻、一等輸送艦三隻、戦車揚陸艇五隻。

なお、戦車揚陸艇は第五師団長の指揮下に置き、他の全艦艇は第九戦隊司令官田中少将が統一指揮をとった。

また、日本軍の基地航空兵力を纏めると以下の通りとなる。零式艦上戦闘機二〇機、九九式艦上爆撃機一〇機、九七式大型飛行艇九機、九六式陸上攻撃機一二機、合計五一機。

田中部隊の米豪交通線遮断区域は、サモア諸島～フィジー諸島～エリス諸島の三角海域と定め、三輪少将の率いる第三潜水戦隊と一体となって重要任務の達成に当たることになった。

Ⅲ　オアフ島基地機能の制圧

すでに記述したとおり、米海軍が現在建造中の大型空母は排水量二七〇〇〇屯、一〇〇機搭載のエセックス級七隻が、一九四三年から一九四四年にかけて就役予定との情報であり、また軽巡の船体を利用して空母に設計を改めた軽空母・インデペンデンス級（一一〇〇〇屯、四五機）九隻も一九四三年中に竣工するものと予想された。したがって、米軍新空母の勢揃いは一九四三年の後半から一九四四年の前半にかけてと予想される。

これは一九四二年七月のパナマ運河破壊から一年半～二年後であり、その間、米軍は中破の空母「サラトガ」と大西洋から回航された中型空母「ホーネット」を米本土西岸のサンジエゴ軍港に後退させ、ハワイの陸空軍を増強して時間稼ぎの態勢に戦略転換を行ったのである。

一方の日本軍は中型空母二隻を喪失したのみで大型空母四隻が健在であり、オアフ島の占領を目論んだが、米軍のレーダー及び空軍の索敵能力からみて日本軍の奇襲は困難であり、強襲には大きな損害を伴うと判断してパナマ運河の破壊とサモア諸島の攻略を先行させた。

ハワイ作戦の陽動作戦であるミッドウェー島及びサモア諸島・ツツイラ島の攻略は成功したが、ハワイとの距離一三〇〇キロと近いジョンストン島攻略は、ハワイ米陸空軍の制空権内にあるため進攻部隊は全滅的損害を受けるに至った。

上陸作戦の前日にジョンストン島基地を叩いても肝心の上陸当日において船団上空直衛が弱体であれば、制空権を持つ米陸空軍の強力な逆襲を受けるという戦訓の好例を提供した形となった。

ここにおいて、戦略持久作戦に転じた米軍に対し、攻撃力で優位に立つ日本軍が如何なる方針を採用するか。太平洋戦争の勝敗分岐点が目前に迫ってきたと日本陸海軍の高級指揮官及び幕僚達は思案した。

その主要なメンバーは次の通り。連合艦隊司令長官・近藤信竹大将、同参謀長・宇垣纒中将、第一機動艦隊司令長官・小沢治三郎中将、軍令部次長・伊藤整一中将、参謀本部次長・石原莞爾中将、中部太平洋方面軍司令官・安達二十三中将、同参謀長・武藤章中将。以上、海軍四名、陸軍三名、計七名。

1　問題点の整理

(1)　ジョンストン島はハワイに近過ぎて中継基地に適さず

地理的な関係はクェゼリン〜ハワイが四〇〇〇キロ、両者を結ぶ線上にあるジョンストン島はハワイから一三〇〇キロ、すなわち三分の一の距離で近い。同島は珊瑚礁の環礁で面積二・八平方キロ、海岸線の総延長三・四キロ、最高点は五mという米粒大の島である。

米陸軍のB17重爆は約五トンの爆弾を搭載できるから五〇キロ爆弾約一〇〇発、二〇機で二〇〇〇発となり、これを絨緞《じゅうたん》爆撃で均等に投下すると二八〇〇平方mに二〇〇〇発では一・四平方m毎に五〇キロ爆弾一発が投下される計算となり、島全体が爆砕されるに等しい。

ジョンストン島は占領しても、揚陸した人員、兵器、資財はB17重爆二〇機以内で完全に抹殺される計算となる。B17を半分撃墜したとしても結果は同じである。

したがってジョンストン島の占領は、ハワイに近過ぎて島の面積も小さく中継基地としての攻略対象価値は無いものと結論づけられる。

(2)　ハワイ・オアフ島への最も有効な対策

六個の飛行場を有するオアフ島が六〇〇機を展開している場合、日本機動部隊空母四隻の搭載機数三四八機では強襲は成立せず、米空軍と潜水艦の索敵能力から見て奇襲も困難と判断した（前項Ⅱ―五―⑶）。では他の手段はないのか？

実はハワイにおける米軍戦力の弱点は水上艦艇にあった。すなわち二隻の空母「サラトガ」と「ホーネット」は米本土西岸にあり、旧式戦艦八隻はサモアから米本土に避退中である。巡洋艦部隊は日本海軍のパゴパゴ攻撃と先のポナペ島沖海戦で大損害を受け、生き残りは旧式戦艦と共に米本土西岸のサンジェゴ軍港に向かっている。すなわちオアフ島軍港には空母・戦艦・重巡が皆無というガラ空きの状態であった。

この状況下で日本軍として可能な攻撃方法を挙げると次の通りであろう。

(イ)九六式陸上攻撃機の大部隊による夜間爆撃

日本海軍の長距離機には次の三機種がある。九六式陸上攻撃機（最高時速四一〇キロ、航続力六〇六六キロ）、九七式大型飛行艇（最高時速三八〇キロ、航続力六六七二キロ）、二式大型飛行艇（最高時速四二七キロ、航続力七〇九五キロ）

この三機種は総べて航続六〇〇〇キロを超えており、ミッドウェー～オアフ島間の距離二一五〇キロを余裕をもって往復可能である。すなわちミッドウェー島を発進基地としてオアフ島の夜間爆撃を実施し再びミッドウェーに帰還可能であり、かつハワイ諸島上空での滞空時間も十分確保できる。

九六陸攻の進攻速度を三三〇キロとすれば、オアフ島までの二一五〇キロの所要時間は約六時間半となり、ミッドウェー発夕方六時での目的地到着は午前〇時三〇分、爆撃後のオアフ島発午前一時、ミッドウェー帰着は朝方の七時半と計算される。

(ロ)夜間爆撃に続く戦艦・重巡部隊による艦砲射撃

日本の戦艦部隊「大和」「武蔵」「長門」「陸奥」「伊勢」「日向」「金剛」「榛名」「比叡」の九隻はすべて速力二五ノット以上である。主砲は四六糎砲一八門、四〇糎砲一六門、三六糎砲四八門、計八二門。副砲は一五糎砲六六門、一四糎砲七二門、計一三八門。

重巡部隊一五隻の内容は、愛宕級四隻（二〇糎砲四〇門）、那智級二隻（同二〇門）、最上級三隻（同三〇門）、利根級二隻（同一六門）、青葉級四隻（同二四門）、計一三〇門。

この他に護衛の水雷戦隊を構成する一等駆逐艦は一二・七糎砲六門を装備しており、二個戦隊三二隻とすれば一九二門が追加される。

戦艦一隻の持つ艦砲の弾量は一九〇〇屯であり、その半分を使って陸上目標に艦砲射撃した場合、その殺傷と破壊力は地上師団五個師団分に相当すると計算されていた。したがって戦艦九隻で四五個師団分に相当し、その他に重巡の二〇糎砲一三〇門は陸軍の攻城重砲一六個連隊（一個連隊は二四糎榴弾砲八門）に相当し、また駆逐艦の一二・七糎砲一九二門は陸軍の野戦重砲一二個連隊（一個連隊は一〇糎加農砲一六門）に匹敵する。

ハワイ・オアフ島の面積は一七七八平方キロで千島の国後島とほぼ同じである。妙高型重巡の二〇糎砲の射距離（仰角四〇度）が二五三〇〇ｍであるから、正方形の島であれば約四二㎞四方となり、重巡の主砲で東西または南北から射撃して届かない場所はない計算となる。オアフ島はやや梯形の形状をしているので、以上の計算を適用して支障ないだろう。まして三六糎や四〇糎砲の戦艦の射程は三万ｍ以上だから、オアフ島を戦艦九隻、重巡一五隻で包囲した場合、その軍事施設は完全に破壊される。

しかも昭和十七年の前半には、戦艦・重巡用の三式弾が実用化されていた。「三式弾」とは一個の砲弾から多数の焼夷弾が漏斗状に飛び散って敵機を捕捉するという、本来は対空射撃用に考案されたものである。三六糎砲用は四七〇個の焼夷弾を内包していた。これをオアフ島の飛行場攻撃に使用し、九六式陸攻の爆撃時に滞空避難していた米航空機の帰着時に射撃すれば極めて効果的である。

◆水上部隊は夜間爆撃終了の午前一時に、オアフ島の六飛行場及び主要軍事施設（造船所、石油タンク等）に対し艦砲射撃を実施する。

水上部隊はミッドウェー島発進部隊（ハワイまで二一五〇㎞）、マーシャル発進部隊（マーシャル・マロエラップよりハワイまで三七〇〇㎞）に分かれ、各戦艦部隊の速力に合わせることになるから、往復の所要時間は概ね次の通りとなろう。

＊ミッドウェー発進部隊

「長門」「陸奥」の最高速度二五ノットを基準に八掛けの二〇ノットを平均速度とすれば、二一五〇㎞／三六・五㎞＝五九時間（二日と一一時間）

＊マロエラップ発進部隊（高速戦艦中心）

金剛級の三〇ノットを基準に八掛けの二四ノットを平均速度とすれば、三七〇〇㎞／四三・八㎞＝八四時間＝三日と一二時間以上の時間を基準に発進時刻を計算する。

夜間爆撃の終了は八月二日午前一時、これからミッドウェー部隊（北方部隊）の発進日時を逆算すると七月三十日午後二時となり、マロエラップ発進部隊（南方部隊）の発進時刻は七月二十九日午後一時となる。すなわち、北方及び南方の両部隊とも夜間爆撃終了の八月二日午前一時にオアフ島に到着し、直ちに艦砲射撃を開始する時間設定となっている。

到着時間が遅れると夜間爆撃終了時刻との間に空白が生ずるし、到着時間が早すぎると米軍魚雷艇の反撃機会を与える可能性が高くなる。陸戦であれ海戦であれ、作戦計画は時間計算の上に成り立っているものである。

2　オアフ島制圧作戦、遂に開始

昭和十七年八月一日午後六時、ミッドウェー島を発進した九六陸攻の美幌空三六機、元山空三六機、第一空三六機、合計一〇八機は、時速三三〇キロで二一五〇キロ東方のオアフ島を目指して進撃した。オアフ島爆撃開始時刻は夜中の一二時半、爆撃時間は三〇分。爆撃目標は六か所の飛行場と造船所、石油タンク。

陸攻の爆撃終了に付接して艦砲射撃に任ずる戦艦九隻と重巡一五隻は二手に分かれて出撃した。また、昼間において艦砲射撃部隊の上空を援護する機動部隊もマーシャル、ミッドウエーの二か所から出撃した。

◆マーシャル（マロエラップ）進発部隊（南方部隊）

＊砲撃部隊＝高速戦艦「金剛」「榛名」「比叡」、先任司令官・西村祥治少将（海兵三九期）。重巡・利根型二隻、那智型二隻、司令官・阿部弘毅少将（海兵三九期）。第四水雷戦隊主力・軽巡一、駆逐艦一〇、司令官・梶岡定道少将（海兵三九期）
＊南方機動部隊＝空母「翔鶴」「瑞鶴」、第二機動艦隊司令長官・角田中将直率（海兵三九期）。重巡・最上型三隻、司令官・五藤存知少将（海兵三八期）。第三水雷戦隊（駆逐艦八）
◆ミッドウェー進発部隊（北方部隊）
＊A砲撃部隊＝中部太平洋艦隊司令長官・草鹿任一中将直率（海兵三七期）。新戦艦「大和」「武蔵」（四六糎砲搭載）、戦艦「長門」「陸奥」（四〇糎砲搭載）、重巡・愛宕型四隻、司令官・原顕三郎少将（海兵三七期）。第一水雷戦隊・軽巡一、駆逐艦一六、司令官・大森仙太郎少将（海兵四一期）
＊B砲撃部隊＝戦艦「伊勢」「日向」（三六糎砲搭載）、司令官・志摩清秀少将（海兵三九期）。重巡・青葉型二隻、第四水雷戦隊・駆逐艦六隻、司令官・田中頼三少将（海兵四一期）
＊北方機動部隊＝空母「赤城」「加賀」、第一機動艦隊司令長官・小沢治三郎中将直率。重巡・青葉型二隻、第三水雷戦隊・軽巡一、駆逐艦八、司令官・橋本信太郎少将（海兵四一期）

九六陸攻によるオアフ島の夜間爆撃で、米海軍のSBDドーントレス艦爆と陸空軍のB25、B26中爆及びB17重爆に大きな被害を与え、夜間爆撃終了の午前一時に水上部隊が艦砲射撃を実施する。帰路に着く午前二時から約四時間の離脱距離（三〇ノットで二二〇㎞）と往路のうちハワイ寄り三〇〇㎞以西は機動部隊による上空直衛を実施する。

そのため日本空母には戦闘機を中心に搭載し、米陸軍の中型爆撃機の来襲に対してはさらに戦艦・重巡の三式弾をもって対処する。

3　オアフ島制圧作戦の経過

ミッドウェー島を発進した松永少将を司令官とする第二二航空戦隊の美幌空三六機と元山空三六機はオアフ島南岸のヒッカム、エヴァ、フォード島の三飛行場を目標に、また第二四航空戦隊の第一空は中央部のホイラー飛行場と西北部のハレイワ飛行場に向かった。二式飛行艇による気象偵察の結果は、オアフ島上空の快晴を伝えてきたし、日本軍スパイによるオアフ島各飛行場の米軍機の機種と機数も判明した。その概要は次の如くであった。

南岸＝ヒッカム飛行場（陸軍）Ｂ25中爆六〇機、Ｂ26中爆五〇機、Ａ二〇攻撃機一三機、その他偵察機等八機、計一三一機。エヴァ飛行場（海軍）グラマンＦ４Ｆワイルドキャット戦闘機四八機、ＳＢＤドーントレス艦爆三二機、他六機、計八六機。フォード島基地（海軍）ＰＢＹカタリナ飛行艇三三機、計三三機。

中央部＝ホイラー飛行場（陸軍）Ｐ40戦闘機一〇〇機、Ｐ36戦闘機四四機、Ｐ26戦爆二〇機、Ｐ38重戦五〇機、計二一四機。

西北岸＝ハレイワ飛行場（陸軍）Ｂ24重爆一六機、Ｂ17重爆四八機、計六四機。

東岸＝カネオヘ基地（海軍）ＰＢＹカタリナ飛行艇三六機。

東南岸＝ベロース飛行場（陸軍）＝偵察機一三機。総計五七七機

機数は当初予想の約六〇〇機であるが、内容的には旧式機も少なからずあった。カタリナ飛行艇は鈍足であり、Ｐ36モホーク戦闘機は空戦性能が悪い。米陸軍の主力Ｐ40トマホークは性能のよい戦闘機といわれていた。海軍のＦ４Ｆワイルドキャット戦闘機の最高速度五一五キロは零戦と同レベル。

しかし日本には米陸軍のような四発の重爆はなく、双発中爆の性能も米軍が上位であった。米軍航空基地に対する夜間爆撃の重点目標は、南岸ではヒッカム飛行場の中型爆撃機と海軍のドーントレス艦爆、中央部ではホイラー飛行場のカーチスＰ40戦闘機とロッキードＰ38双発重戦闘機、西北部ではハレイワ飛行場の四発重爆Ｂ17とＢ24。第一空（三六機）はホイラーとハレイワの合計二七八機を対象とするので、二航空戦隊より一個中隊（一二機）が松永少将の命により増強された。

⑴　九六陸攻一〇八機、オアフ島上空を蔽う

八月一〇日午後六時にミッドウェー島を発進した九六陸攻の大編隊は、ハワイ諸島到達の直前に友軍の砲撃部隊を超越し、五個中隊六〇機が南岸の、四個中隊四八機が中央部と西北部の各重点目標へ殺到した。各飛行場に照明弾を落とすと、四発と双発の陸軍爆撃機は概ね半数が地上にあったが、双発重戦のＰ38や艦爆のＦ４Ｆは空中退避したかほとんど見当たらない。

単座戦闘機は陸海とも地上にあり、陸攻の五〇キロ爆弾は先ずこれらの地上機に集中し敵の主要基地は火の海と化した。そしてフォード島の海軍燃料タンクや飛行場のガソリンタンクも爆撃の対象となり、海軍工廠その他の軍事施設は砲撃部隊の砲火に委ねられた。

松永少将は、ハレイワ飛行場の重爆とヒッカム飛行場の中爆の各半数及びホイラー飛行場のP38重戦、エヴァ飛行場の艦爆など有力機種の行方はハワイ島の飛行場に退避したと判断し、我が二四航空戦隊の第一空全力（三六機）に対しハワイ島西岸のコナ飛行場と東岸のヒロ飛行場の攻撃を命じた。

また松永少将は、攻撃前日、すなわち八月一日午後四時過ぎに砲撃部隊及び護衛の空母部隊が米陸空軍のP38重戦闘機三〇機に護衛された中爆二五機に襲撃されたことを知ったが、空母及び戦艦・重巡に損害なく、砲撃部隊の対空砲と空母の零戦の猛反撃により米空軍は全滅したことを承知していた。

ハワイ島の両飛行場に退避していた足の短い艦爆や陸軍の中爆の一部等は我が第一空の急襲によって大部分が破壊された。但し航続力のあるB17、B24等の重爆及び飛行艇は、米本土方面並びにカントン島方面に移動したものと判断された。

ここで米空軍の我が砲撃部隊や昼間の対空護衛に当たる機動部隊に対する攻撃について触れてみよう。砲撃部隊のオアフ島到着は八月二日午前一時の計画であり、米海軍の艦爆（航続一七八〇キロ）と陸軍の中爆（航続二一七五キロ）の来襲地点を艦爆航続力の四分の一とすれば、概ねオアフ島より四五〇㎞となる。四五〇㎞は二八ノット（約五〇キロ）に増速した砲撃部隊の九時間分の距離である。

すなわち八月二日午前一時にオアフ島に到着予定の砲撃部隊は、この九時間前は八月一日午後四時であり、米空軍にとって十分に攻撃時間を確保できる位置にある。四隻の大型空母に各三機ずつ搭載された最新式の一七試艦上偵察機（彩雲・時速六〇〇キロ、航続距離二〇〇〇浬＝三六五〇キロ）は、砲撃部隊の前方に厳重な警戒線を構築していた。

オアフ島に向かって急進中の連合艦隊主力の隊形は、次のようなものであった。

◆前衛部隊

本隊の前方五〇〜六〇キロに前衛を横広に配置して米空軍の攻撃を吸収、破砕する任務を与えた。前衛を構成するのは金剛型高速戦艦三隻と利根型重巡三隻、那智型重巡三隻、第四水雷戦隊の軽巡一隻（旗艦）と駆逐艦一〇隻でマーシャル発進の南方砲撃部隊である。

この部隊の対空火器は一二・七糎高角砲五六門、二五ミリ高角機銃一〇〇丁、一三ミリ同八丁。

米陸空軍の中爆とP38重戦、海軍のＳＢＤドーントレス艦爆が日本艦隊を襲撃したオアフ島西方四五〇キロの地点では、日本の南北両部隊はすでに合流して一大輪型陣を形成済みであった。

◆本隊

砲撃部隊主力の対空火器が三式弾を含む主砲の対空砲火と共に昼間の空母機動部隊を護衛

し、空母の戦闘機（搭載能力の八〇％＝二七八機）をもって砲撃部隊の護衛をする戦法である。その隊形の概要は、第一梯団に新戦艦の「大和」と「武蔵」が八㎞の間隔で横に並び、その後方八㎞に空母「赤城」と「加賀」が並ぶ。さらにその後方八㎞に四〇糎砲八門装備の戦艦「長門」と「陸奥」が続く。

これはA砲撃部隊と北方機動部隊の集団であり、その対空火器は次の通り。A砲撃部隊（戦艦四隻、愛宕型重巡四隻）一二・七糎高角砲七二門、二五ミリ高角機銃一二〇丁、一三ミリ高角機銃二四丁。北方機動部隊（空母二隻、青葉型重巡二隻）一二・七糎高角砲二八門、二五ミリ高角機銃五〇丁。

第二梯団として、B砲撃部隊の三六糎砲一二門装備の戦艦「伊勢」「日向」が第一梯団同様の陣形をとり、青葉型重巡二隻が含まれる。最後が南方機動部隊の「翔鶴」「瑞鶴」となり最上型重巡三隻が続く。B砲撃部隊の対空火器は、一二・七糎高角砲二四門、二五ミリ高角機銃五六丁、一三ミリ高角機銃八丁。南方機動部隊の対空火器は一二・七糎高角砲五六門、二五ミリ高角機銃九六丁、一三ミリ高角機銃一二丁。

◆米空軍の来襲

八月一日午後三時四〇分頃、米陸空軍が誇るロッキードP38双発重戦二〇機が双胴の悪魔と称された特異な姿を日本軍前衛部隊の上空に現した。すでに快速の日本艦上偵察機がP38の来襲を報告していたので、本隊第一梯団の空母「赤城」「加賀」から発進した零戦四〇機

スピードで勝るP38も零戦の旋回性能には手が出ない。零戦に対し一撃離脱戦法をとったP38が前衛の上空を離れようとすると、三式弾の猛射を受けて次々と海面に落下した。一〇分間の戦闘でP38は二〇機のうち一〇機を失い、零戦の損害は二機に止まった。前衛部隊はその任務を完全に遂行したと言える。

午後四時、米空軍のノースアメリカンB25中型爆撃機二五機が、日本軍前衛部隊の上空を避けて二手に分かれ、P38の残存一〇機を含む二〇機の重戦に護衛されて超低空から第一梯団の空母に対し反跳爆撃を、新戦艦「大和」「武蔵」に対し高度三〇〇〇mから緩降下爆撃を実施した。この敵機に対し第一梯団の一二・七糎高角砲一〇〇門、二五ミリ機銃一七〇丁の火網と、戦艦の主砲、副砲と重巡の主砲計三五〇門から発射された三式弾の威力に、敵機は文字通り全滅の損害を被った。米空軍の完敗である。

前衛・高速戦艦「金剛」艦長の小柳冨次大佐、新戦艦「大和」艦長の高柳儀八少将、空母「赤城」艦長の長谷川喜一大佐らは、それぞれ艦橋で戦闘を見守っていた各長官と固い握手を交わしていた。

(2)　艦砲の威力

砲撃部隊の目標のうち、夜間の水平爆撃でやり難い対象の一つに高射砲陣地がある。しかし、その位置は概ね空襲部隊で把握できたので、これを砲撃部隊総指揮官・中部太平洋艦隊司令長官草鹿任一中将に報告した。他の目標は夜間爆撃目標と同じであり、特に効果不十分と連絡のあった対象を重点とした。

また砲撃部隊所属の水雷戦隊（軽巡二隻、駆逐艦三二隻）は、島影に潜んでいる米軍魚雷艇の襲撃に備えて、魚雷艇狩りの名人艦長を要所要所に配置してその撃滅を期した。さらに真珠湾南側海面での敵潜水艦出現予想地点に対する爆雷投下も実施した。

昭和十七年八月二日午前一時、世界戦史に未だ例を見ない未曾有の大砲撃部隊がオアフ島を包囲した。大輪型陣の五〇～六〇㎞前方を進撃した前衛部隊（高速戦艦三隻、重巡洋艦四隻、第四水雷戦隊の軽巡一隻、駆逐艦一〇隻）は、オアフ島西北部のハレイワ飛行場（陸軍の四発重爆六四機）、中央部のホイラー飛行場（陸軍の単発戦闘機一六四機、双発重戦闘機五〇機）の二飛行場の砲撃を担当した。

すでに九六陸攻の夜間爆撃で単発戦闘機の相当数が破壊されたとの報告を受けていたが、飛行場近辺の石油タンクや軍事施設も含めて徹底を期するため、前衛部隊は戦艦の三六糎砲二四門、重巡の二〇糎砲三六門、駆逐艦の一二・七糎砲六〇門の火力が二飛行場一帯に集中された。

◆砲撃部隊本隊の戦闘

オアフ島南岸のヒッカム飛行場（陸軍・中爆一一〇機、その他、計一三一機）エヴァ飛行場（海軍・戦闘機四八機、艦上爆撃機三二機、その他、計八六機）フォード島基地（海軍・飛行艇三三機）の三飛行場と、フォード島周辺の海軍工廠及び石油基地等の軍事施設破壊の任務もった第一、第二梯団がオアフ島南側海面に進入した。

本隊の露払いは第一梯団の愛宕型重巡四隻が第一水雷戦隊駆逐艦六隻の護衛のもとに一列縦陣で進み、その左後方二㎞を戦艦「長門」「陸奥」、軽巡「阿武隈」、新戦艦「大和」「武蔵」と並び、戦艦部隊の護衛に第一水戦の駆逐艦一〇隻が配置された。

そして第一梯団の右後方約二㎞を田中頼三少将率いる青葉型重巡二隻先導のもと、戦艦「伊勢」「日向」と続き、第四水雷戦隊の駆逐艦六隻が第二梯団戦艦部隊の護衛をした。

砲撃部隊本隊の進入方向は真珠湾の南南西方向からであったが、その理由はハワイ諸島の並び方が関係していた。すなわちハワイ諸島の主な島は南東から北西方向にかけてハワイ島、マウイ島、モロカイ島、オアフ島、カウアイ島と五島が連なり、カウアイ島の西隣に小島のニイハウ島が、モロカイ島の南とマウイ島の西に隣接するラナイ島、マウイ島の南西に隣接するカフラウイ島の三つの小島がある。

このうちモロカイ島とラナイ島及びマウイ島北部に囲まれた海面は「ラハイナ泊地」と呼ばれ、大型艦の泊地にもなるが駆逐艦や魚雷艇の出撃基地としても絶好の位置にあった。このラハイナ泊地方面からの魚雷攻撃を防止するため、彼らの襲撃を撃攘し易くするために一定の距離を保つ進入方向であったと考えられる。したがって、魚雷艇狩りの名人艦長の駆逐艦は砲撃部隊の右側に配置されていた。
☆八月二日午前一時、西北方の二飛行場制圧に向かった前衛部隊と同時刻に、本隊の戦艦、重巡の主砲が一斉に巨弾を発射した。新戦艦の「大和」「武蔵」の四六糎砲はもちろんのこと、四〇糎砲八門搭載の「長門」「陸奥」も実戦参加は初めてであり、主砲の砲撃は未だ経験していなかった。

大和級四六糎砲の最大射程は四二〇〇〇m（東京～大船間に相当）、重巡・愛宕級の二〇糎砲でさえ二五三〇〇mも飛ぶ。索敵重巡「利根」「筑摩」から発進してオアフ島上空に待機中の水上偵察機から照明弾が投下され、各航空基地や軍事施設が明々と照らされると、戦艦六隻、重巡六隻の全主砲が火を噴いた。

四六糎砲一八門、四〇糎砲一六門、三六糎砲二四門、二〇糎砲五二門、すなわち戦艦五六門、重巡五二門、計一〇八門の陸軍でいえば大型攻城重砲が一斉射撃を開始したのである。筆者がビルマで体験したのは、せいぜい一五糎級の野戦重砲程度であるから、砲撃部隊本隊主砲の威力は想像以上のものであろう。米軍の弾薬庫や石油タンクの爆発炎上によりオアフ島全島が爆発したように見え、砲撃部隊本隊の各艦長たちはその凄まじい威力に驚いた。

ラハイナ泊地からする魚雷艇の襲撃も散発的で、日本駆逐艦の反撃ですべて撃沈破された。正味三〇分間の砲撃で砲撃部隊は反転し、往路の前衛が帰路は後衛を勤めながらマーシャル方面に二五ノットの速力で避退作戦に移った。九六式陸上攻撃機一〇八機の大空襲に続く戦艦九隻以下の猛砲撃によりオアフ島制圧作戦は成功した。

中部太平洋方面に展開する日本陸海軍に勝鬨《かちどき》が上がり、中部太平洋艦隊司令長官草鹿任一中将、第一機動艦隊司令長官小沢治三郎中将、第二機動艦隊司令長官角田覚治中将、潜水艦隊司令長官山口多聞中将、陸軍・中部太平洋方面軍司令官安達二十三中将並びに連合艦隊司

令長官近藤信竹大将に対し最高戦争指導会議より祝電が発せられた。

Ⅳ　米国統合参謀本部の情勢判断と国策の転換

米軍の太平洋艦隊・太平洋方面最高指揮官ニミッツ大将は、八月二日のオアフ島の被害が甚大である点を重視し、統合参謀本部に対し統合参謀会議の開催を要請した。アメリカ陸海軍総司令官ルーズベルト大統領は直ちにこれを承諾し、八月六日、サンフランシスコにおいて開催した。参加メンバーはルーズベルト大統領、大統領付幕僚長レーヒ提督、マーシャル陸軍参謀総長、キング海軍作戦部長兼合衆国艦隊司令長官、アーノルド戦略空軍司令官及びニミッツ大将であり、司会はレーヒ提督が担当した。

レーヒ提督　ニミッツ提督にオアフ島の損害状況と主な要因の説明を求めたい。

ニミッツ提督　真珠湾を基地とする米軍空母が皆無となり、日本海軍長距離爆撃機の渡洋爆撃と強力な戦艦部隊の艦砲射撃を許したこと。

その遠因としてギルバート攻撃を支援したフレッチャー機動部隊が、日本潜水艦の雷撃に会い、「ヨークタウン」「エンタープライズ」の二隻を失うという大損害を被ったことが挙げられる。この一戦によって我が太平洋艦隊の空母は四隻から二隻に半減した。

これに対し日本海軍は六隻の制式空母全力を中部太平洋マーシャル～ギルバート海域に集中した。六対二では勝敗は自ずから明らかとなるに不思議はない。空母搭載機数は「サラトガ」「レキシントン」の一八〇機に対し、日本空母は六隻で約五〇〇機と判断されるから勝負にならない。　中型空母の「蒼龍」「飛龍」の二隻を陸空軍の協力で撃沈したのが精一杯の働きであった。

空母の損害では、ポナペ島沖で大西洋から回航された空母「ワスプ」と英海軍の「ヴィクトリアス」も撃沈されている。

総括的に見て日本海軍は陸上攻撃機を効果的に運用したが、米海軍には長距離攻撃機がなく陸空軍に依存せざるを得なかった。地上攻撃専門の陸軍爆撃機では、魚雷攻撃も行う日本の長距離攻撃機の敵ではない。また水上艦艇の優劣を見ると、米国戦艦は旧式が多く二一ノットの鈍足、しかし日本の金剛型は三〇ノットを出し、大和級は六万四千トンの巨体ながら二七ノットも出る。

潜水艦を比較しても「ヨークタウン」と「エンタープライズ」は日本潜水艦に撃沈されたし、ポナペ島沖の英空母「ヴィクトリアス」及び新戦艦「プリンス・オブ・ウエルズ」と巡洋戦艦「レパルス」の沈没は、日本軍の長距離攻撃機と潜水艦の同時攻撃と考えられる。

以上、日本軍は戦力の集中に勝り、航空・水上・水中の戦技も優秀であり、米軍は敵を甘く見ていたのではなかったか？……という結論に本官は達している。

キング海軍作戦部長　私の意見もニミッツ長官と同じだ。

レーヒ提督　それでは今後とるべき戦略についての討議に移ろう。アーノルド戦略空軍司令官、何かご意見を。

アーノルド戦略空軍司令官　一九四二年二月十日の東京空襲はゲリラ的作戦で敵に与えた損害も小さい。中国大陸の日本軍も撤退したから、B17重爆（航続距離五八〇〇㎞）基地を東京まで二五〇〇㎞以内に推進して、主要都市の無差別爆撃を実施し、日本経済を破綻させてはどうか？

レーヒ提督　日本軍を撤退させた中国の国土を重爆の基地とすることは、撤退を要請した米国として大義名分がなく賢明な策とは言えないだろう。破壊されたパナマ運河に関するご意見をキング提督に伺いたい。

キング提督　斜面の急な大西洋側を完全に破壊されているので、ガツン湖の水位が急速に低下した。相当期間艦船の航行は不能であり、たとえ門扉を修理しても湖の水位が元に復するには周囲の山から流れ込む水に頼らねばならない。二万七千トンのエセックス級空母の如き大型艦船が通行可能となるには相当の長期間を必要とする。

米艦隊が大西洋から太平洋に出るには南米大陸最南端のケープホーンを回らねばならず、ケープホーンは南極大陸から僅か数百キロしか離れていない地球の果てである。大型空母が翻弄される荒波に巡洋艦や駆逐艦が耐えられるはずがない。南アフリカ南端の喜望峰が南緯約三五度であるのに対し、南米大陸最南端のケープホーンは南緯約五五度であることをもって理解できよう。パナマ運河の復旧なくして太平洋への艦隊回航は不可能に等しい。

要するに、現在のところ日本軍に対する有効な作戦計画の立案は困難と考えたい。新型空母が竣工しても、これを太平洋に回航できないのでは戦闘はできない。とすれば石油の全面禁輸に端を発した日米の争いであるから、この措置を撤回して和解すべきタイミングが今だと考える。

蔣介石軍に対する支援が中国共産党軍の強化にならないように、またソビエトの満州侵略を未然に防止する有効策として、日本軍の存在意義を認めるべきではなかろうか。日本の満州領有を承認する代わりに仏印からの撤兵を重ねて求め、石油禁輸を撤回して日米友好条約を締結するのが妥当な国策と信ずる。

レーヒ提督 結論が出たようです。大統領、如何ですか？

ルーズベルト大統領 不本意ながら承認せざるを得ない。

V 終戦

日米戦争の終結に関する工作活動は、マーシャル決戦が開始された頃より様々なルートによって模索されていた。その一つに在欧の某海軍武官補佐官が単独で、米秘密情報機関を通じて終戦工作を推進しつつあった。この工作は米国政府も認めていたものであったが、日本政府は懐疑的であった。

昭和十七年七月十日、日本海軍機によるパナマ運河破壊作戦が成功した直後、駐独大使館付海軍武官補佐官・藤村義朗中佐（スイス在勤）から海軍大臣と軍令部総長とに宛てた作戦緊急電が届いた。その内容は、在スイス米要人ダレスから同補佐官に対して、日本が和平を希望するならワシントン政府に伝達するという申し入れがあったので、指示を得たいというものであった。

ダレスとは、欧州における米戦略情報機関（OSO）―戦後中央情報局（CIA）の母体となった―の総局長のアレン・ダレスのことであった。藤村電は海軍省、軍令部の関係者には喜びをもって迎えられたものの、ダレス機関なるものは初耳であったので外務省に照会して見たところ、同省でもよくわからなかった。

米側から和平提案を、しかも一海軍中佐に申し入れて来たということも関連して関係者は一様に、あるいは米側の謀略ではないかと疑ったが、軍令部次長・伊藤整一中将は、たとえそれが謀略であっても米国側の対日和平条件の一端でも知る手掛かりになるかも知れないと考え、この交渉を推進させたいと考えた。

藤村中佐は伊藤軍令部次長の指示により、ダレスに対し米国の望む和平条件の内容を聞くと共に、日本としての要望条件を伝え、具体的に次の項目を示した。

①　日本は支那大陸から撤兵するが、満州は日本が領有して対共産主義の防波堤とする。

②　米国が対日石油輸出再開を認めるならば、仏印及び蘭印から撤兵する。

③　日米友好条約締結の条件として、日本はミッドウェーとギルバートを返還とし、米国はグアムとウェークを日本に譲渡する。日独伊三国同盟および日ソ中立条約は廃棄する。

日米両国ともハイレベルの協議を行い、中立国スイスにて両国の全権大使が会合し和平交渉の妥結に向けて最大の努力を行うこととなった。

全権大使は外務大臣クラスとし、日本側は外務大臣・重光葵、米国側はハル国務長官。両者は八月十五日にスイス外務省において会談し、概ね原案通り意見の一致を見て八月十八日調印に至った。


【東太平洋から印度洋に至る主要な海空戦】

日米を主要交戦国とする太平洋戦争は、昭和十六年八月一日の米国による対日石油全面輸出禁止に端を発し、日本の蘭印占領とその石油資源の獲得に始まった。昭和十六年十一月二十八日～二十九日の対英印度洋海戦の勝利、アラフラ海航空戦の勝利による豪州軍のチモール島進攻阻止、マッカーサー比島最高司令官の戦死、西部アリューシャンを基地とする米戦略空軍ボーイングB17重爆撃機二〇機による昭和十七年二月十日東京空襲の成功、二月二十六日の比島及びマレーに対する航空撃滅戦の敢行、さらに全比島の占領を経て十七年三月下旬からは中部太平洋を舞台としたマーシャル決戦が開始された。

すなわちギルバート諸島への進攻を企図したフレッチャー機動部隊は、日本潜水艦隊の猛攻を受けて三月二十七日、中型空母二隻が撃沈され、米太平洋艦隊に所属する空母四隻は二隻に半減した。さらにジョンストン島北方を東方に避退中のハルゼー機動部隊は、マーシャル諸島のマロエラップ島を発進した九六式陸上攻撃機一八機の雷爆同時攻撃により大型空母「レキシントン」は撃沈、同型の「サラトガ」も中破の被害を被った。

ここにマーシャル決戦は日本海軍の勝利となったが、日本側にも中型空母の「蒼龍」と「飛龍」の喪失があった。しかし「赤城」「加賀」「翔鶴」「瑞鶴」の大型空母四隻が健在であり、戦艦重巡の損害も僅かであった。この日本海軍の優勢を背景としてパナマ運河を破壊して米艦隊の大西洋からの増援を困難にし、太平洋における米軍最大のハワイ・オアフ島基地に対し一〇八機の九六陸攻による夜間大空襲と、戦艦九隻、重巡一〇隻の砲撃部隊による艦砲射撃で壊滅的な打撃を与え、米軍をして顔色なからしめた。

このマーシャル決戦の勝利とパナマ運河の破壊こそ、太平洋戦争を引き分けに持ち込み、石油全面禁輸の解除や満州の領有を容認させたキーポイントであった。

◆最後に日米英三か国における主要艦艇の喪失（沈没）のうち、空母・戦艦・重巡に関するリストを提示し、特徴乃至教訓とすべき事項について纏めた。

連合軍と日本軍の喪失軍艦の各合計を再記して比較すれば次の通り。

米英合計＝空母九隻、一八四六五〇屯、戦艦四隻、一二七七二七屯、重巡七隻、六五〇〇〇屯、計二〇隻、三七七三七七屯。

日本軍計＝空母四隻、五五〇〇〇屯、戦艦一隻、三一九八〇屯、重巡三隻、三八四〇〇屯、計八隻、一二五三八〇屯。

両者の比率を求めると、総トン数で日本は米英の三三・二％にあたり、艦種別では空母で二九・八％、戦艦で二五・〇％、重巡で五九・一％にあたる。

【日米英海軍の主要喪失艦一覧】

国・艦種	艦　名	屯　数	海戦場所	年月日	対戦相手
米・空母	レンジャー	14500	アラフラ海	16/12/3	九六陸攻
空母	ヨークタウン	19800	ジョンストン南	17/3/27	潜水艦
空母	エンタープライズ	19800	ジョンストン南	17/3/27	潜水艦
空母	レキシントン	36000	ジョンストン北	17/3/28	九六陸攻
空母	ワスプ	14700	ポナプ沖	17/4/12	九六陸攻特
重巡	4隻	39200	ジョンストン南	17/3/27	潜水艦・巡洋艦
重巡	1隻	9800	ポナプ沖	17/412	九六陸攻
米軍合計	空母5、重巡5				
英・空母	インドミタブル	23000	セイロン沖	16/11/29	潜水艦
空母	フォーミタブル	23000	セイロン沖	16/11/29	潜水艦
空母	ハーミス	10850	アンダマン沖	16/11/28	九九艦爆
戦艦	ウォースパイト	30000	セイロン沖	16/11/29	潜水艦
戦艦	ロイヤルサブリン	29000	セイロン沖	1611/29	九九艦爆・九七艦攻
空母	ヴィクトリアス	23000	ポナペ沖	17/4/12	陸攻・特潜
戦艦	プリンス・オブ・ウエルズ	36727	ポナペ沖	17/4/12	陸攻・特潜
戦艦	レパルス	32000	ポナペ沖	17/4/12	陸攻・特潜
重巡	2隻	16000	セイロン沖	16/11/29	九九艦爆
英軍合計	空母5、戦艦4、重巡2	223577			
米英軍合計	空母9、戦艦4、重巡7				
日・空母	祥鳳	11200	ジョンストン東	17/3/28	B17重爆
空母	蒼龍	15900	カントン島西	17/3/29	艦爆・B25
空母	飛龍	17300	ポナペ沖	17/4/12	B17重爆
空母	龍攘	10600	ポナペ沖	17/4/12	B17重爆
戦艦	霧島	31980	カントン島西	17/3/29	艦爆・B25
重巡	妙高	13000	ジョンストン東	17/3/28	B17重爆
重巡	那智	13000	ジョンストン東	17/3/28	B17重爆
重巡	鈴谷	12400	カントン島西	17/3/29	艦爆・B25
日本合計	空母4、戦艦1、重巡3	125380			

以上、日米英海軍の空母、戦艦、重巡の沈没状況を一覧表にして、日本対米英軍のとった戦略の可否と勝敗に影響を及ぼした諸要因を解明し、本著のまとめと致

します。

なお、艦種別の空母には商船改造空母を含まず、英軍の採用している巡洋戦艦は戦艦とし、重巡については軍縮条約に定められた八吋《インチ》砲（二〇糎砲）搭載艦としました。

【まとめ】

a　日本軍のとった戦略的集中

日本海軍は伝統的な漸減作戦としてマーシャル海戦を決戦と定め、開戦直後に蘭印を占領して豊富な石油を確保し、占領した南方地域を西方から脅かすセイロン島基地の英国東洋艦隊（主力空母二、軽空母一、旧式戦艦五、重巡二、軽巡五、駆逐艦一六、潜水艦七）の主力をセイロン島沖で撃滅して後顧の憂いを絶った。

そのうえで中部太平洋艦隊と第一機動艦隊の全力をトラック諸島からマーシャル諸島にかけて展開し、さらに印度洋作戦を含む南方作戦で勝利した第二機動艦隊の全力も中部太平洋方面に追加した。すなわち、米太平洋艦隊の大型二、中型二の四空母に対し、日本は大型四、中型二の六隻全力を太平洋中部の最前線に集中したのであった。

b　日本潜水艦隊を甘く見た米軍

中部太平洋から米本土にかけて展開した日本の第六艦隊すなわち潜水艦隊は、三個戦隊三六隻の長距離巡洋潜水艦（伊号）で編成されており、他に中部太平洋艦隊の第四潜水戦隊が特殊潜航艇（甲標的）八隻の搭載潜水艦を含め一二隻の伊号潜水艦がマーシャル諸島に展開していた。

ジョンストン島南方でフレッチャー機動部隊の中型空母「ヨークタウン」と「エンタープライズ」を撃沈して米空母を半減させたのは、散開線をしいて網を張っていた四隻の我が潜水艦であり、インド洋のセイロン島南方に散開線を張って英空母二隻を撃沈したのも、南方方面艦隊所属の第五潜水戦隊の伊号潜水艦三隻であった。

さらに圧巻はポナペ島沖海空戦である。九六陸攻に関しては後述するが、ポナペ島沖にはマーシャルのクェゼリンから急行した特殊潜航艇搭載潜水艦八隻が、陸攻の雷爆撃で損傷を受けた英空母と英戦艦二隻を一九ノットの水中高速で接近襲撃し、一瞬のうちに英輪型陣の主力三隻は大爆発を起こして轟沈させた快挙がある。

セイロン島沖、ジョンストン島沖、ポナペ島沖海空戦を合計すると、特潜を含めた日本潜水艦は米英の中型空母五隻と英戦艦四隻、重巡二隻を撃沈しており、隻数で空母の五五％戦艦の一〇〇％、重巡の二九％にあたる大戦果である。これらは潜水艦の散開線の位置、水中高速の特潜（甲標的）の使用、酸素魚雷の威力、多年鍛えた米英輪型陣に対する伝統的迎撃戦略の成果に起因するものと思われる。

c　日本海軍独特の長距離陸上攻撃機

昭和十二年八月、木更津・鹿屋両航空隊の九六式陸上攻撃機部隊が、荒天下の渡洋爆撃を行ってから一躍有名となった。その航続距離が三三〇〇浬（約六〇〇〇キロ）に及び、最高時速も二二四ノット（約四一〇キロ）。搭載爆弾も八〇〇～一〇〇〇kgと大きく雷撃も可能である。陸軍の爆撃機は海上を高速で走る空母や重巡を狙っても命中は無理であるが、日本海軍の陸攻は日頃の訓練でそれが可能となっていた。

したがってアラフラ海で米空母「レンジャー」を、ジョンストン島沖で米大型空母「レキシントン」を沈め、同型の「サラトガ」を中破せしめた。またポナペ島沖では米中型空母ワスプに対し、索敵攻撃の九六陸攻が体当たり特攻で撃沈している。

また前項で述べたポナペ島沖の特潜による戦果（空母一、戦艦二）は、三沢空陸攻の三個中隊二四機が雷爆同時攻撃によって大中破せしめた直後に特潜の雷撃により撃沈したものである。米陸軍にはB17のような大型爆撃機もあるが、米海軍には長距離攻撃可能な陸上機を装備していなかった。大型艦に対する雷撃の威力は大きく、三沢空のうち二個中隊一六機は雷装で戦闘加入し、英空母「ヴィクトリアス」に三本、新戦艦「プリンス・オブ・ウエルズ」に二本の魚雷を命中させ、空母は大きく傾斜し戦艦は急速に速度を低下している。ポナペ島沖海戦はまさに水中と空中からの同時攻撃であった。

d　統合幕僚会議の設置を中心とする軍上層組織の改正と高級指揮官の人選

第七章で記述した如く日本軍の中央組織は、支那事変が拡大し始めた昭和十二年十一月において、日露戦争当時からの戦時大本営条例に代わる大本営令が制定され終戦まで継続された。しかし基本的には日露戦争当時と変わらず、軍の最高方針や重要戦略の決定に際して陸海軍が協議して立案したものは無かった。

ハワイ空襲やミッドウェー海戦は海軍独自の主張を計画化したものであるのみならず、山本連合艦隊司令長官個人の発想を彼が強力に推し進め、もし採用されなければ辞職するとまで参謀に言わせ、長野軍令部総長も、「山本がそこまで言うのならやらして見てはどうか」の一言で決定された。

ガダルカナル島に至っては陸軍に一言の相談も無く決定し、ラバウルから一千キロも離れたソロモン諸島の東南端近くに飛行場を建設し、完成直後に米海兵師団に占領されてしまい、慌てて陸軍に奪回を要請して来たのである。陸軍参謀本部でもガダルカナル島の位置を知る者はいなかったと言われている。

以上の事例が当時の陸海軍、特に海軍において陸海協調の精神に欠ける点の大なりし証明であり、太平洋戦争開戦後の僅か八か月間においてさえかかる状態であった。したがって本著においては、米軍または英軍のように陸海あるいは陸海空の一体化を図り、協同作戦を遂行できる体制作りと、その体制の趣旨に沿える高級指揮官の人選を最重点課題の一つとして臨んだ。それが第二章で述べた陸海軍上層部の人事であり、連合艦隊構成の各司令長官であり、陸軍の各軍司令官の人選であった。

★人事の具体的な特徴としては次の事項が指摘できる。

(イ) 視野が広くかつ柔軟な思考を持つ人物は、予備役の者でも積極的に現役復帰させて任命した。その例としては次の人物が挙げられる。

海軍大臣　米内光政大将(海兵二九期)、軍令部総長　高橋三吉大将(海兵二九期)、陸軍大臣　多田駿中将(陸士一五期、大将に特進)、参謀総長　小畑敏四郎中将(陸士一六期、大将に特進)、参謀次長　石原莞爾中将(陸士二一期)。

海軍の米内大臣は、ロシア・ドイツ・ポーランド・中国等に勤務しロシア語・ドイツ語・中国語に通じ、大変国際情勢に明るい情勢判断のベテランであった。高橋軍令部総長は、軍令部次長と連合艦隊司令長官を経験し各艦隊の統括指揮に秀で、かつ軍令系統にも詳しく適任とされた。また、多田陸軍大臣、小畑参謀総長、石原参謀次長は支那事変不拡大論者であったので、支那大陸からの撤退という国策の転換に適任であった。

(ロ) 前項を重視した必然の結果として年功序列人事を排し、実力主義に徹した。顕著な例として連合艦隊司令長官は、三二期の山本大将(軍政系統)から軍令系統の三五期・近藤信竹中将(大将に特進)へ、第一機動部隊長官は空母運用に詳しい三七期の小沢治三郎中将へ、第二機動部隊長官は勇将と言われた三九期の角田覚治を中将に特進のうえ任命した。また潜水艦隊長官には支那の奥地爆撃で活躍した山口多聞少将(元々は潜水艦乗り)を中将に特進のうえ任命した。

e　仮説の前提と引き分け論

本著の仮説は対戦国を日・米・英の三か国としたが、これは印度洋以東～米本土以西に存在する空母・戦艦・重巡を網羅した艦隊編成の海軍国は他に無いからであった。

また、日独伊三国同盟は存在したが、日独の協定により印度洋上の東経七〇度線以東を日本、以西を独の担当区域とする了解事項があったので、本著ではマダガスカル島への攻撃やスエズ運河を含む中東地域への進出等は論外として考慮の外に置いた。

繰り返すが本著は仮説であり、仮説には一定の範囲を設定して限定された地域・海域内での戦闘を想定し、このような戦争の進展も予想されたであろうとの思考の中から教訓を得ようと企画したものである。したがって指揮官名はもちろん、海軍の艦種、艦名、性能、空軍の機種、正式名称、性能等はすべて実在したものを使用した。単なる「イフ」では無いと最初にお断わりしたとおりである。

単行本　平成二十四年八月　元就出版社刊

NF文庫

新説・太平洋戦争引き分け論

二〇一八年八月二十一日　第一刷発行

著　者　野尻忠邑

発行者　皆川豪志

発行所　株式会社　潮書房光人新社

〒100-8077　東京都千代田区大手町一-七-二

電話／〇三-六二八一-九八九一(代)

印刷・製本　凸版印刷株式会社

定価はカバーに表示してあります

乱丁・落丁のものはお取りかえ致します。本文は中性紙を使用

ISBN978-4-7698-3082-5　C0195

http://www.kojinsha.co.jp

NF文庫

刊行のことば

第二次世界大戦の戦火が熄《や》んで五〇年——その間、小社は夥しい数の戦争の記録を渉猟し、発掘し、常に公正なる立場を貫いて書誌とし、大方の絶讃を博して今日に及ぶが、その源は、散華された世代への熱き思い入れであり、同時に、その記録を誌して平和の礎とし、後世に伝えんとするにある。

小社の出版物は、戦記、伝記、文学、エッセイ、写真集、その他、すでに一、〇〇〇点を越え、加えて戦後五〇年になんなんとするを契機として、「光人社NF（ノンフィクション）文庫」を創刊して、読者諸賢の熱烈要望におこたえする次第である。人生のバイブルとして、心弱きときの活性の糧《かて》として、散華の世代からの感動の肉声に、あなたもぜひ、耳を傾けて下さい。